POUVOIR ET LIBERTÉ EN POLITIQUE

Paul Cazayus

Pouvoir et liberté en politique

Actualité de Spinoza

MARDAGA

© 2000 Pierre Mardaga, éditeur
Hayen, 11 - B-4140 Sprimont (Belgique)
D. 2000-0024-31

Avertissement

Deux événements traversent l'existence brève de Benoît de Spinoza. Le premier est son excommunication suivie de son exclusion de la communauté juive d'Amsterdam (1656). Le second est l'assassinat du Grand Pensionnaire de Hollande, Jean de Witt, et de son frère, Corneille Ces deux hommes sont mis en pièces par une foule fanatisée (1672).

Agé de moins de vingt-cinq ans, Spinoza, solennellement condamné et rejeté par les siens, cesse d'être Juif pour eux. Mais il ne cesse pas de l'être pour lui-même, car la rupture qui lui est infligée dans son histoire personnelle ne le délivre pas de ses origines ni de l'histoire de sa lignée. On ne saurait interpréter autrement sa longue analyse critique de la Bible et de l'histoire ancienne des Hébreux — y compris ses quelques marques d'amertume, et même d'aversion envers le «peuple élu» — et la ferme exhortation à la tolérance par laquelle il conclut son *Traité Théologico-Politique* : «Dans une libre République chacun a toute latitude de penser et de s'exprimer» (titre du chapitre XX). L'histoire des Juifs se continue dans les temps modernes après la dispersion du peuple d'Israël à travers le monde. Du rameau séphardé implanté dans la péninsule ibérique durant plus d'un millénaire, Spinoza est, sans doute, le plus illustre représentant. Et la culture marrane, cette culture des convertis de force par l'Inquisition — durant la tragique période qui s'étend du XIIIe au XVIe siècle jusqu'à l'exclusion générale prononcée par les Rois Catholiques en 1492 —, est aussi au sein de sa famille, sa première culture. S'il décide de s'en affranchir à mesure qu'il s'éloigne de sa communauté, c'est en ayant à surmonter un héritage moral où dominent des attitudes et des sentiments négatifs : la passivité, la crainte, le remords, une dissimulation résignée. Sa philosophie et sa politique ne sont pas seulement l'œuvre d'un remarquable esprit rationnel. Elles représentent aussi la victoire d'un homme seul sur la répression et la culpabilité imposées naguère à ses ascendants par l'acharnement tortueux de l'Inquisition.

Agé de quarante ans, Spinoza assiste au désastre de 1672 : l'invasion des Pays-Bas par les armées de Louis XIV, l'inondation des riches terres de Hollande, la montée au pouvoir du jeune Prince d'Orange-Nassau, nommé d'abord Capitaine Général, puis Stathouder héréditaire des Cinq Provinces ; ce qui met fin au régime libéral présidé presque vingt ans durant par Jean de Witt. A cette époque, Spinoza a écrit l'essentiel de l'*Ethique*; son *Traité Théologico-Politique* a été publié (anonymement) en 1670.

Bientôt, il entreprend la rédaction du *Traité Politique* resté inachevé à sa mort, en 1677. L'œuvre politique représentée par ces deux Traités, si elle est fortement liée à sa philosophie et à ses concepts métaphysiques (comme le montre le scolie 37 de la Quatrième partie de l'*Ethique*) s'inspire également des événements de son temps et de l'histoire de sa propre patrie à laquelle il se réfère plusieurs fois. Un penseur de la taille de Spinoza ne peut manquer de percevoir avec une acuité particulière — comme témoin et comme patriote libéral — les contradictions qui agitent cette période, notamment entre 1650 et 1672, ainsi que les tensions religieuses si fortement liées alors, et depuis le début du siècle à la vie de la Cité.

Spinoza est réputé comme auteur révolutionnaire en politique comme en philosophie, et souvent destructeur d'idées reçues (d'où, par la suite, ses nombreux détracteurs et la violence haineuse de leurs critiques commencées dès 1670 lors de la publication du *Traité Théologico-Politique* — dont l'auteur fut vite identifié). Révolutionnaire, il l'est sans doute par sa méthode réaliste et par le contenu manifeste de sa politique ; il l'est aussi par sa façon originale d'intégrer et de synthétiser les thèmes et les idées qui, circulant sous de nombreuses influences, n'ont cessé de se développer depuis les débuts de la Renaissance jusqu'au milieu du XVIIe siècle, qu'il s'agisse des prolongements du thomisme médiéval ou de conceptions plus récentes : l'évangélisme humaniste d'Erasme, le réalisme de Machiavel, le rigorisme de Luther et de Calvin, l'absolutisme de Bodin ou le despotisme sécuritaire de Hobbes, etc. Entre Spinoza et ces divers auteurs, il existe de mêmes préoccupations, des concepts communs, plusieurs points de rencontre. Le fait que Spinoza dépasse ce riche ensemble de spéculations politiques par sa volonté de rationaliser, de laïciser et de démocratiser les rapports humains dans la

Cité, n'exclut pas, bien au contraire, que l'analyse de ses propres Traités soit préparée par le commentaire d'auteurs dont la plupart — y compris des Anciens : Sénèque, Aristote, Tacite — figurent dans sa bibliothèque.

La partie introductive de ce travail comporte plusieurs divisions. La première est un chapitre consacré à l'histoire des Juifs d'Espagne et du Portugal et à la longue persécution qu'ils subissent du fait de l'Inquisition et du pouvoir royal. Cette histoire se continue par celle des émigrés vers les Pays-Bas dans les débuts du XVIe siècle — Anvers puis Amsterdam — après que les Juifs ont été chassés successivement d'Espagne (1492) et du Portugal, quelques années plus tard, sous réserve de conversions forcées en masse. Le deuxième chapitre consiste en une biographie de Spinoza dans laquelle est soulignée la façon inflexible dont il supporte l'excommunication, contrairement à deux autres exclus qui, dans la même période, choisissent, l'un, le suicide, l'autre, le compromis. (A la fin du chapitre, on trouvera en notes une brève évocation de l'histoire ancienne des Hébreux, et diverses précisions sur les Livres saints du judaïsme). Le troisième chapitre retrace l'histoire des Pays-Bas, à l'époque de Spinoza, et durant ce Siècle d'Or qui s'achève tragiquement en 1672 ; d'autres indications sont données sur la situation sociale et économique, sur l'organisation politique héritée de la période médiévale, sur les conflits religieux à l'intérieur de l'Eglise calviniste et sur la diversité des sectes (ces divers thèmes seront repris en détail dans d'autres chapitres). Le quatrième et dernier chapitre de cette partie introductive s'applique aux conceptions politiques développées par divers auteurs avant Spinoza. Certains de ces auteurs (Machiavel, Hobbes en particulier) se retrouvent par la suite pour confrontation directe avec les thèses de Spinoza.

Ces thèses — celles du *Traité Théologico-Politique*, du *Traité Politique*, de l'*Ethique*, éventuellement — sont exposées dans les divisions de la Partie suivante consacrée entièrement à la Politique de Spinoza. Si, en stricte objectivité, ces thèses conduisent à une prise de position en faveur de la Démocratie considérée comme l'union volontaire des hommes dans la Cité, psychologiquement et moralement, elles reposent sur la dénonciation et le refus absolu de «la haine et du remords, les deux ennemis fondamentaux du genre humain» (*Court Traité-Premier dialogue 8*).

PREMIÈRE PARTIE

INTRODUCTION À LA PENSÉE POLITIQUE DE BENOÎT DE SPINOZA

Chapitre 1
Histoire des Juifs d'Espagne et du Portugal
L'émigration aux Pays-Bas

1

Des colonies juives se sont probablement installées en Espagne, en des époques reculées, bien avant notre ère, dans le sillage des navigateurs phéniciens.

Le territoire exigu de ceux-ci, une bande ravinée d'à peine cinquante lieues sur dix entre la mer et le Liban, les avait contraints à se tourner vers le large. Ils devinrent ainsi le premier peuple marin de l'Antiquité. Au Sud, ils longèrent la côte d'Afrique jusqu'au fleuve Sénégal; au Nord, ils remontèrent jusqu'à la Cornouaille; sur le pourtour du Bassin méditerranéen, ils établirent de nombreux comptoirs et colonies de commerce. A mesure, ils laissaient des accompagnateurs s'installer sur les nouveaux sites. En Espagne, la progression des Juifs en peuplement dut être importante et rapide puisque, dès l'an 330, le Concile d'Elvira (l'actuelle Grenade) adressait des recommandations aux chrétiens sur leurs relations avec les descendants d'Israël. Au cours des trois siècles suivants, ces derniers furent d'ailleurs soumis à une législation sévère et minutieuse édictée par les rois wisigoths. Plusieurs de ces prescriptions se retrouvent même, un millénaire plus tard, reprises par le Saint Office de l'Inquisition. Fait remarquable : dès cette époque, il arriva que des Juifs choisissent de se convertir par précaution, inaugurant cette pratique de la conversion simulée qui, bien plus tard, aboutit au marranisme. Il en alla ainsi jusqu'au VIe siècle où commence la conquête musulmane, celle-ci souvent aidée par des Juifs mécontents de l'oppression que les rois wisigoths, eux-mêmes convertis au catholicisme, leur faisaient subir.

Face à cette invasion de l'Islam, rapide et facile, la monarchie wisigothe s'effondra, ne conservant plus, au Nord, que quelques principautés chrétiennes en Galicie, Leon, Navarre, celles-ci étant les bases futures, mais dans un futur éloigné, de la Reconquista. L'islamisation de l'Espagne fut alors quasi complète aussi bien dans sa culture et dans ses mœurs que dans sa politique. Néanmoins, les trois religions coexistèrent. Au Sud, sous domination arabe, ni les chrétiens, ni les juifs ne furent persécutés; au Nord, dans ce qui restait de l'Espagne chrétienne, les Juifs continuèrent à se consacrer, soit au commerce, soit à la gestion des terres agricoles que certains travaillaient eux-mêmes. Leur condition sociale dans le Sud devint même plus enviable à mesure que se développait une civilisation judéo-musulmane fastueuse dans les arts et en architecture et féconde en philosophie. En outre, plusieurs, engagés en politique, devinrent des conseillers proches des émirs. Il y eut ainsi un Age d'Or de l'Espagne musulmane où chaque culte était, non seulement agréé, mais protégé et encouragé. Chaque fidèle conservait ses rites et ses croyances, les conversions étaient rares, nullement sollicitées, faisant même scandale s'il s'en produisait. Des cérémonies réunissant les trois cultes, des processions, par exemple, avaient lieu couramment. Par paradoxe, cet état de grande tolérance entraîna un relâchement de la pratique religieuse, en particulier chez ceux des Juifs qui, appartenant à la classe aisée, inclinaient au luxe et à la facilité. Nombreux étaient les tièdes et les sceptiques, quelques-uns mécréants ou libertins. A l'imitation des musulmans, la polygamie se répandit. Pour l'essentiel, cette coexistence religieuse put se maintenir longtemps en dépit de quelques signes de discrimination dans le système pénal où les sanctions étaient dissemblables entre Juifs et Chrétiens, au détriment des Juifs. Significative d'un état général de concorde est la répartition démographique : encore au début du XIVe siècle, la population urbaine comportait trois cents mille Juifs, soit entre le quart et le cinquième des habitants des villes.

Il est vrai, cependant, que des violences se produisirent plusieurs fois avant ce XIVe siècle, mais sans avoir jamais pris le caractère de persécutions systématiques. Et surtout, elles ne furent jamais le fait d'aucune autorité en place. Au contraire, les autorités, royale et religieuse, continuaient à protéger les Juifs. Initialement, les dommages furent infligés par des bandes de chevaliers français traversant l'Espagne pour s'en aller affronter les Sarrazins en Terre Sainte. Ces Croisés mirent à profit leur chevauchée pour piller des quartiers juifs dans les villes du Nord de l'Espagne. Ces brigandages marqués d'épisodes sanglants eurent lieu dès la fin du XIe siècle en 1066 et 1090, puis en 1142, et encore plus tard en 1212 — continuation d'excès analogues commis ailleurs, en Rhénanie, en Allemagne, en 1189-1190. Un siècle plus tard, la folle Croisade des

Pastoureaux dégénéra en massacre de Juifs dans plusieurs villes d'Aragon, en particulier à Pampelune, en 1321. Fait remarquable : l'ordre fut rétabli par la population aragonnaise elle-même sur mandement des Autorités. Par contre, à la fin de ce même siècle, d'autres violences sont perpétrées, non par des étrangers, mais par des citadins eux-mêmes obéissant à des mobiles ou prétextes différents. Il faut incriminer ici le petit peuple des villes, jaloux de l'opulence de certaines familles juives, et le bas clergé catholique qui s'indigne du manque de religiosité et de l'arrogance des plus riches. Des bandes de jeunes gens appartenant aux classes pauvres prennent alors licence de s'introduire dans les quartiers juifs où ils se livrent à des provocations, des brutalités, des tentatives de pillage.

Au milieu du XIVe siècle, à Barcelone, une épidémie de peste noire donne un nouvel alibi à des émeutes et à des attentats contre les juifs tenus pour responsables de propager la maladie — ce processus du bouc émissaire s'était déjà manifesté en Allemagne un siècle et demi plus tôt. A la différence des agitations antérieures dictées par l'envie et la rapacité vis-à-vis de négociants et commerçants jugés trop prospères, des signes d'antisémitisme se font jour. On se propose d'interdire aux Juifs de libres déplacements hors de leurs quartiers — les aljamas. On veut les marquer par un signe distinctif et les obliger à rendre compte de leurs activités. Il est clair que derrière le mobile racial s'abrite un motif économique. Il s'agit d'empêcher les Juifs dans leurs pratiques commerciales. Mais, en agissant ainsi, en voulant les écarter des sources du profit, on prépare un comportement d'exclusion qui les éloignera non seulement de leur contribution utile à la vie économique, mais aussi de leur participation à la vie politique et, par conséquent, pour certains, de leur proche rapport au pouvoir. On doit savoir que, même au temps des Rois Catholiques, Isabelle avait encore quelques conseillers juifs. Leur élimination fut un facteur supplémentaire de désintégration de leur communauté. La dernière phase du processus pourrait être alors mise en place : repousser le Juif en tant que Juif, le contraindre au reniement par la conversion forcée ou, sinon, à l'exil, hors de la citadelle chrétienne d'Espagne.

Dans la seconde moitié du XIVe siècle, les mobiles politiques, puis religieux, viennent au premier plan. L'ébranlement se produit en Espagne centrale, en Castille, par suite du conflit qui oppose le monarque régnant, Pierre le Cruel, à son frère bâtard, Henri de Testamare. Les financiers juifs soutiennent de leurs deniers le monarque légitime. Mais celui-ci est évincé par son rival qui, pour mieux asseoir psychologiquement son autorité, fait répandre la rumeur que le roi détrôné, son frère, était soumis aux Juifs, Juif lui-même, et, par surcroît, assassin de sa propre femme avec la complicité des Juifs. Dans un pays ruiné par les misères de la guerre, saccagé par les exactions des compagnies de mercenaires, le peuple de Castille impute aux Juifs exploiteurs, conseillers pernicieux du roi déchu, la responsabilité de ces malheurs. De leur côté, les Juifs désemparés, faute de constituer un groupe social suffisamment homogène et solidaire, se résignent à ces accusations. Puis, leur tiédeur en matière religieuse, leur intégration dans les mœurs et les coutumes du reste de la population, les incite à éviter les représailles par la voie commode du baptême. Il s'agit, de nouveau, d'un marranisme avant la lettre, sollicité de plus par les prêches enflammés de plusieurs dignitaires catholiques tel, à Séville, l'archidiacre Martinez d'Ecija. Ce religieux fanatique commence en 1378 une campagne violemment antisémite qui durera plus de dix ans (1391), jalonnée par des sermons accusateurs dans de nombreuses villes d'Espagne.

Le drame finit par éclater après la mort de Jean Ier, roi de Castille, et de l'archevêque de Séville, Barroso. Sous la régence de la reine-mère Léonore, alors que l'Infant Henri III est à peine âgé d'une dizaine d'années (1390), le véritable maître de l'Etat est l'archidiacre d'Ecija qui continue à propager sa vindicte contre les Juifs. Le 15 mars 1391, la foule envahit le quartier juif de Séville et le met à sac. De même, le 6 juin : et l'on compte alors quatre mille morts. Le seul choix est entre la conversion sur-le-champ ou l'égorgement. L'émeute gagne ensuite l'Andalousie, le reste de la Castille, les îles Baléares, la Catalogne. Cet assassinat de masse à travers le pays fait cinquante mille victimes. Beaucoup d'autres reçoivent le baptême, le couteau sur la gorge. Conséquence étrange : à la fin du siècle, on verra des rabbins convertis devenir prélats au sein de l'Eglise catholique et dans leur propre ville. Salomon Halévi, rabbin de Burgos, reçoit le titre d'évêque au même endroit sous le nom de Pablo de Santa-Maria. Appellation doublement symbolique : non seulement Salomon Halevi a été frappé par la Révélation tout comme Paul sur le chemin de Damas, mais aussi, il se réclame de la tribu de Lévi d'où fut originaire Marie, mère de Jésus.

Vingt ans plus tard, sous l'égide du prêcheur Vincent Ferrier et du converso Josué de Lorca, devenu le meilleur champion des chrétiens dans les joutes oratoires, s'engage une fameuse controverse connue sous le nom de *Disputation de Tortosa* (1412). Les représentants du judaïsme sont tenus d'argumenter devant les prélats catholiques afin de justifier leur croyance. Ces assemblées se font en présence d'une foule composée de chrétiens hostiles et de juifs apeurés et résignés. De janvier 1413 à novembre 1414, trois mille juifs acceptent le baptême. Finalement, les rabbins, épuisés, renoncent à l'interminable dispute, mais se retirent invaincus. L'année 1413-1414 est, néanmoins, l'année de l'apostasie. Partout en Espagne, de Perpignan à Cadix, les conversions se multiplient. Le judaïsme se trouvera bientôt divisé en deux camps : les conversos et les irréductibles. Ces derniers, ayant pour guide le rabbin de Burgos, Hasdai Crescas, s'efforcent de reconstituer leurs communautés détruites. Ils y sont encouragés, aidés même par la couronne d'Aragon, inquiète des excès commis. La machine répressive est cependant lancée, non seulement comme puissance matérielle, mais comme force idéologique. Son dynamisme trouve à se renforcer encore dans le même temps par la cessation du grand schisme à l'intérieur de l'Eglise catholique.

Durant la période du Grand Schisme, commencé en 1378, trois papes se sont partagé la souveraineté. L'un d'eux, Clément VII, régnant en Avignon, est le seul reconnu par l'Espagne où il a pour bras droit le prélat Pedro de la Luna, lequel lui succède en 1394 sous le nom de Benoît XIII. Ce nouveau pontife, enclin aux persécutions contre les Juifs, donne son aval à la Disputation de Tortosa. A l'inverse, son successeur, Martin V, dans les années qui suivent la résolution du schisme de 1471, condamne fermement tous les excès commis et dénie toute authenticité au baptême forcé (Bulles de 1421 et 1422). Ces condamnations qui leur sont favorables ont pourtant des effets ambigus sur le comportement des Juifs — et, à un moindre degré, sur le petit clergé catholique. Ceux qui ont résisté à la conversion mettent à profit cet appui de la papauté pour manifester avec ostentation leur pratique religieuse. Pourtant, parmi ces irréductibles appartenant pour la plupart à la classe moyenne ou aisée, les esprits forts ne manquent pas. Portés à la critique et au dénigrement des valeurs traditionnelles, il se sont conservés juifs par défi plutôt que par conviction. Au contraire, les convertis, socialement les plus humbles, sont restés Juifs de cœur : de pratique chrétienne formelle, ils gardent leur croyance judaïque sincère bien que dissimulée. Mis à part ceux qui ont pu s'expatrier en y mettant de coûteux moyens, la plupart, faute de l'énergie et des ressources nécessaires, s'accommodent de leur situation sur place et du désarroi moral qui en résulte. D'étranges compromissions s'établissent aussi avec les prêtres qui, à certains, accordent contre argent comptant des indulgences leur permettant de judaïser. Telle est cette religiosité coupable, ce marranisme qui se transmet de père en fils, où l'on est baptisé à la naissance, mais circoncis à l'âge adulte ou, souvent, à l'article de la mort. Juifs en tout, dira-t-on, sauf pour le nom, Chrétiens en rien, sauf pour la forme. Une illustration de cet état paradoxal réside, par exemple, dans le fait que, en 1480, la Haute Cour de Justice et les Cortes sont présidés par des conversos.

2

Converso, cette dénomination a été souvent utilisée pour désigner les convertis récents; ou bien, christiano nuevo — nouveau chrétien — par opposition à vieux chrétien, le chrétien authentique dont la souche est sans tache. Les Juifs emploient pour leur part le terme «anoussim», c'est à dire contraint, violé. Parfois, dans une intention péjorative, on a recours au nom Alborayco : il s'agit du coursier de Mahomet qui, selon la légende, n'est ni mâle ni femelle, ni cheval ni mulet. La désignation la plus fréquente est le terme marrano, auquel on attribue diverses origines et significations : de marat ayin (apparence de l'œil et, par extension, apparence de chrétien), de mumar (apostat) accompagné d'une terminaison espagnole : mu marrano. Contre ces hypothèses approximatives, l'origine la plus probable est celle du vieux castillan marrano ou marrào — porc — provenant de l'arabe mar'han (ce qui est interdit, prohibé). Le terme ainsi défini est doublement péjoratif : il rappelle l'aversion des Juifs pour la viande de porc et, en même temps, il assimile le juif à un porc, animal réputé impur et sale. Raillerie et mépris se décèlent aisément sous ce mot, racisme et antisémitisme, une sorte d'enfermement péjoratif. Malheureusement pour le peuple espagnol dans son ensemble, le terme se répandit si rapidement que bientôt, dans l'Europe entière, il s'appliquait indifféremment à tout ressortissant ibérique. On le trouve sous la plume de Rabelais aussi bien que sous celle de Luther. Par réaction naquit en Espagne un culte ombrageux et vétilleux de la pureté du sang ou «limpieza de sangre» (voir ci-dessous), réaction de fierté, de parade d'honneur, d'arrogance, mais qui aboutit finalement à la discrimination raciale, à la première forme d'un racisme d'Etat organisé.

Les auteurs contemporains utilisent une expression volontairement objectivée : celle de Crypto-Juif qui désigne les Juifs convertis de force et retournant au judaïsme par des pratiques dissimulées (de Krupto : caché). L'exception remarquable du Portugal mérite d'être signalée; le terme marrano n'y fut jamais en usage. La raison en est que jusqu'à la fin du XVe siècle, les monarques portugais se montrèrent d'une grande tolérance vis-à-vis de leurs ressortissants juifs, d'ailleurs fort nombreux et bien intégrés dans le reste de la population. Le problème des conversos qui agitait l'Espagne depuis un siècle déjà (1391) ne se posa que bien plus tardivement au Portugal (mais alors avec une brutalité exceptionnelle). Jusque-là, le monarque portugais donnait liberté aux Juifs d'exercer leur propre justice, civile et criminelle, de se conformer à leurs traditions, d'exercer leur culte, d'accomplir toute activité économique à leur convenance et d'être propriétaires de biens fonciers. S'il y eut une animosité croissante contre les Juifs à partir du XVe siècle, cette animosité fut de classe, venant des gens du peuple envieux parce que démunis, mais sans caractère racial ou religieux. C'est ainsi que, peu d'années encore avant l'expulsion des Juifs hors d'Espagne (1492), ceux du Portugal continuaient à bénéficier de la protection royale. Chaque ville importante, de Lisbonne à Coimbra, de Bragance à Covilhà et à Evora, avait sa communauté. Les Juifs résidaient librement sur tout le territoire. Ce n'est que tout à la fin du XVe siècle que violences et persécutions se déchaînèrent par la décision absurde de vouloir convertir tous les Juifs de force. Dès lors, leur condition ne cessa de se dégrader au point que des formes extrêmes de cruauté furent atteintes presque à la fin du XVIIe siècle.

Par conséquent, s'il est vrai que la désignation marrano est typiquement hispanique, il est tout aussi vrai que le phénomène religieux-culturel appelé marranisme est de plus grande extension. A travers le temps, durant plusieurs siècles, il a été la réponse malheureuse — au sens de conscience malheureuse — que tous les convertis de force, tous les nombreux Juifs sépharades de la péninsule ibérique, qu'ils fussent portugais ou espagnols, s'efforcèrent de donner à une oppression polymorphe dont l'aboutissement ne pouvait être qu'une assimilation de façade ou l'exclusion. La culture marrane qui subsista longtemps, même en exil, même après retour autorisé, et parfois favorisé, au judaïsme (comme ce fut le cas en Hollande) est une culture complexe, sinon contradictoire, car elle est tissée d'inclinations diverses qui vont du scepticisme, si ce n'est du cynisme chez quelques-uns, à une foi sincère mais dénuée d'élan, chez d'autres, en passant par maintes attitudes à dominante généralement négative : l'affliction, la gêne, la culpabilité, le remords et, toujours, la dissimulation. Selon Poliakov : «... l'impression est qu'en majeure partie ils ne croyaient plus au Dieu d'Israël et, sans grande conviction, pratiquaient quelques rites chrétiens par superstition ou par prudence, y mêlant parfois un résidu de rites juifs. Considérés comme Juifs par leur entourage, mais ne croyant trop ni à Dieu ni à Diable, ils étaient devenus des «Juifs aliénés» avant la lettre. Leur histoire n'avait plus à leurs yeux aucun sens, aucune foi ne venait soulager ou ennoblir leurs souffrances, leur culpabilité était sans péché et sans rédemption» (*op. cit.*, p. 178). Retrouvée dans les archives de l'Inquisition, une prière marrane atteste la désolation de ces âmes déchirées : «Seigneur, je t'ai failli par ma petitesse et par mon indignité, entraîné malgré moi par ma méchanceté et par ma trahison, toi, dont la véritable justice m'a visité et chéri comme ton fils, vois comme je suis tombé dans une tribulation si grande et si périlleuse dont je ne puis me relever ni sortir, me sachant coupable, je me tourne vers toi, Seigneur, repenti en soupirs et en larmes, comme un fils vers son père, en demandant pardon à ta sainte miséricorde pour que tu me relèves du grand tourment et de la grande tribulation dans laquelle je suis tombé».

Il est vrai que cette tradition d'auto-accusation et de lamentations redoublées se trouve dans maintes prières du culte catholique, y compris jusqu'aux temps contemporains, témoin cette invocation à la Vierge Marie : «... je cours, je vais, je viens, et, gémissant sous le poids de mes péchés, je me prosterne à tes pieds, ô mère du Verbe, etc». Mais, dans le cas particulier du marranisme, c'est l'opprimé qui se sent coupable, c'est la victime qui consent à son indignité. Est-il surprenant dès lors que ses accusateurs se sentent justifiés dans leurs pires répressions ? A Tolède, dès 1449, une ordonnance est publiée contre les conversos : «descendants de la perverse lignée des Juifs... en raison des hérésies, délits, insultes, séditions, crimes, etc.. ils doivent être tenus de par le droit, infâmes, inhabiles, inaptes et indignes d'avoir tout office et bénéfice public et privé dans la dite ville de Tolède et en ses terres...»

Ils sont donc exclus du lien social et de l'activité économique et les statuts de la pureté du sang qui sont définis à la même date et pour la première fois ont évidemment pour but de renforcer cette exclusion et de la rendre irréversible. L'Inquisition s'appliquera ensuite à maintenir ces statuts en vigueur aussi longtemps que possible. Elle montera ainsi un réseau de propagande anti-juive où les motifs économiques l'emportent largement sur les motifs religieux, ce qui montre son implication dans les bases matérielles du pouvoir. Appliquée initialement en Castille, cette réglementation finit par s'étendre à toute l'Espagne. Plus tard encore, avec une rigueur accentuée jusqu'à l'extrême, elle gagna le Portugal. Une loi dite d'«extermination», visant tous les Juifs adultes, fut promulguée par le monarque Pierre II en 1683. On doit remarquer à ce sujet que si le tribunal du Saint-Office de l'Inquisition a été abrogé en 1821 (seulement en 1821 !), les statuts de la «limpieza de sangre» ne le furent jamais. Tombés en désuétude, certes, mais non abolis.

3

Par le fait même de leur union en 1474, Ferdinand d'Aragon et Isabelle de Castille, ceux que l'on nommera les Rois catholiques, contribuent à l'unification de l'Espagne. Ils entreprennent de rétablir l'ordre plusieurs fois menacé dans les villes en raison de nouvelles violences contre les conversos, de réprimer le brigandage qui se répand partout et de mener la Reconquista à son terme. Celle-ci, commencée dès le XIe siècle, avait été poursuivie activement durant le XIIIe par Ferdinand III le

Saint qui reprit le Sud espagnol et Cordoue en 1236. Grenade, le dernier Etat arabe sur le sol européen, Grenade réputée pour sa splendeur, fut enlevée aux Musulmans en 1492. Dans le même temps, ayant encouragé la colonisation du Nouveau Monde, les Rois Catholiques faisaient de l'Espagne la première puissance en Europe. L'unification religieuse couronna enfin cette entreprise. Il s'agissait de régler le sort des conversos car ceux-ci, bien que baptisés officiellement, n'en étaient pas moins regardés comme des hérétiques ou des simulateurs toujours prêts à l'apostasie. Par exemple, en 1478, Isabelle séjourne à Séville, et, durant ce séjour de plus d'un an, on surprend une célébration religieuse organisée secrètement par des Juifs et des marranes au moment de la Semaine Sainte. La découverte de cette cérémonie impie a pour effet politique immédiat la mise à l'écart de conseillers conversos encore proches de Ferdinand et d'Isabelle et qui s'efforçaient jusque-là de contrecarrer les exigences des dignitaires catholiques. Ceux-ci réclamaient, en effet, l'établissement généralisé de tribunaux de l'Inquisition, c'est-à-dire rien de moins que l'instauration d'une persécution systématique et officielle.

Précisément, le 1er novembre 1478, le pape Sixte IV autorise les Rois catholiques à mettre en place une juridiction spécialisée contre les hérétiques. Le premier tribunal d'Inquisition est mis en place à Séville en 1480, en dépit d'un complot de résistance organisé par des marranes. Ceux-ci sont arrêtés et jugés. Six d'entre eux seront brûlés vifs un an plus tard, le 6 février 1481. Puis, en 1483, tous les Juifs sont expulsés d'Andalousie. Ailleurs, à partir de 1482, d'autres tribunaux sont créés et se mettent à fonctionner aussitôt avec une rigueur implacable, notamment en Aragon. Au point que des soulèvements populaires — auxquels participent de Vieux Chrétiens — se produisent à Valence, Teruel, Saragosse. Partout, durant une dizaine d'années, jusqu'en 1492, les procédures de l'Inquisition deviennent de plus en plus féroces, par les moyens de torture employés dont le caractère ritualisé, codifié, minutieux ne se démentira jamais; par la condamnation des irréductibles à être brûlés vifs au cours de cérémonies morbides où l'Eglise, après avoir prononcé la sentence, laisse à l'autorité royale le soin de l'appliquer; enfin, par la condamnation de beaucoup d'autres passés aux aveux — « les réconciliés » — à des peines de prison, à la confiscation de tous leurs biens, à des humiliations publiques (comme le port du « sanbenito », vêtement d'opprobre ridicule), la déchéance morale du condamné se transmettant en outre, indéfiniment, à sa postérité — on remarquera que cette incrimination héréditaire est, sur le plan légal, comme un dévoiement odieux du principe théologique du péché originel : la faute ne s'efface jamais, on doit punir et réprimer sans cesse. Le Grand Inquisiteur s'égale au Dieu cruel de l'Ancien Testament plus qu'à Celui des Evangiles.

Les protestations de la papauté contre de telles iniquités, à commencer par celles de Sixte IV dès 1482, se heurtent au fait que les Inquisiteurs ne dépendent pas de Rome. Ce sont des fonctionnaires royaux agissant impunément sous le couvert du monarque, quels que soient les excès commis : par exemple, à Séville, en sept années de répression, cinq mille conversos réputés hérétiques sont « réconciliés ». Sept cents autres, irréductibles et relaps, sont brûlés — une centaine chaque année. Parfois, on brûle aussi les ossements — qu'il a donc fallu déterrer. La populace se repaît de ces horribles inepties. Pas seulement la populace : la délectation sadique est affaire d'individu, non de catégorie sociale. A titre d'exemple, on signalera que, non pas en 1492, mais deux siècles plus tard, en 1691, à la suite de plusieurs autodafés dans l'île de Majorque, un Jésuite, auteur d'un ouvrage intitulé « La foi triomphante », décrit ainsi la mort d'un notable juif sur le bûcher : « Il était aussi gros qu'un cochon de lait... il commença à brûler de l'intérieur, de sorte que les flammes ne l'ayant pas encore atteint, ses chairs ardaient comme un tison : il creva par le milieu et ses entrailles se répandirent comme Judas ». On sait que toute une littérature provocante, d'inspiration basse et sadique, s'est répandue au cours des siècles sur les méthodes cruelles de l'Inquisition — qui ne lui étaient pas particulières, du reste, que l'on retrouve partout durant de longues époques dans les institutions judiciaires. Mais cette littérature s'est nourrie aux sources du Saint-Office. Les témoignages directs abondent, les archives de l'Inquisition regorgent de compte-rendus méticuleux, imperturbables, des séances d'interrogatoire. Il n'y a aucun doute que l'Eglise d'Espagne s'est alors couverte d'opprobre, cultivant terreur et morbidité, contre les avis mêmes de la papauté. Les lugubres processions de la Semaine Sainte en Espagne ne sont-elles pas encore de regrettables évocations des autodafés de jadis avec leurs pénitents encagoulés ?

Au lendemain de leur entrée à Grenade, le 2 janvier 1492, Ferdinand et Isabelle décident de mettre en acte une disposition majeure et définitive contre les Juifs dans leur ensemble. Il s'agit du décret d'expulsion qui sera promulgué le 31 mars 1492 et qui s'applique à tout le royaume. Le texte a été rédigé par l'Inquisiteur général, Fray Tomas de Torquemada, qui dénonce le judaïsme comme « un crime grave et détestable », de sorte que lorsque ce crime « est commis par quelques membres d'une corporation ou d'une communauté, il est légitime d'anéantir cette corporation ou communauté et de punir les petits pour les grands et les uns pour les autres... » (légitimation, par conséquent, d'un principe de culpabilité collective combiné à celui de culpabilité héréditaire précédemment mentionné). Puisqu'il y a danger de perversion et de contagion, puisqu'on ne saurait douter de tentatives de corruption et de séduction exercées sur les chrétiens afin de les entraîner au judaïsme, Torquemada écrit, au nom de Don Ferdinand et de Dona Isabelle : « Nous avons résolu d'ordonner que tous les Juifs et Juives de nos royaumes les quittent et ne reviennent plus jamais dans aucun d'eux ni dans aucune de nos terres ». Un délai de quatre mois, jusqu'à la fin de juillet, est accordé aux Juifs qui, durant cette période, seront sous protection royale. Ils pourront ainsi, soit préparer leur départ en paix, soit accepter de se convertir.

Pour l'Eglise espagnole, c'est l'occasion de se livrer à une activité militante souvent couronnée de succès. Un exemple remarqué sera donné par le rabbin Abraham Senior qui, encore favori de la Reine, consent au baptême. La cérémonie sera célébrée le 15 juin 1492, en présence de sa royale protectrice. S'il est vrai que de nombreux Juifs, cinquante mille environ, suivent cet exemple — peut être parmi les plus pauvres, car, contrairement à ce qui a été souvent affirmé, les Juifs se rangent dans toutes les catégories sociales —, bien plus nombreux sont ceux qui choisissent l'exil, la plupart vers le Portugal : entre cent et cent cinquante mille selon les auteurs, cent vingt mille d'après Abraham Zacuto (1580). Ceux qui partent se défont de leurs biens à des prix dérisoires, par exemple, on échange une maison contre un cheval. Le pire est qu'il leur restera seulement cinq années pour se ressaisir dans cet asile précaire. Car, alors qu'ils espéraient que l'exclusion serait provisoire et que bientôt ils pourraient retourner en Espagne, de nouvelles épreuves se préparent pour eux au Portugal où la persécution, sous une forme aggravée, finit par les rejoindre. Si le dernier acte a eu lieu en Espagne, c'est ici, au Portugal que se joue l'épilogue.

4

En l'espace d'un siècle, de 1391 à 1492, la situation des Juifs d'Espagne avait changé du tout au tout. Après 1492 ne subsistaient plus sur le territoire que ceux qui s'étaient résignés à l'apostasie. Tous les autres avaient été exclus. Mais, même parmi les convertis récents, nombreux furent ceux qui finirent par s'exiler à leur tour, fuyant les rigueurs persistantes de l'Inquisition. Car celle-ci continuait à s'acharner sur ces nouveaux chrétiens qu'elle accusait de judaïser en secret. Ces derniers exilés rejoignirent donc au Portugal la vague précédente des exclus qui essayaient de s'intégrer à la population grâce à l'aide des Juifs portugais de souche. Mais l'entrée des uns et des autres fut moins aisée, économiquement qu'ils ne l'avaient espéré. Aux spoliations qu'ils avaient subies lors de leur départ d'Espagne vinrent s'ajouter celles que leur infligea le monarque portugais, Jean II, qui avait ses propres méthodes d'extorsion.

On n'accédait au Portugal qu'en acquittant un droit d'entrée et c'était, de plus, contre la promesse d'un départ à terme. Les six cent familles les plus riches payèrent soixante mille cruzados d'or. Au total, trois mille ducados furent recueillis, somme fabuleuse pour l'époque. Certains nouveaux arrivés préférèrent s'embarquer pour l'Afrique. Beaucoup d'autres, à bout de ressources, furent contraints de rester. Mais, le délai écoulé, le roi n'hésita pas à vendre des familles entières comme esclaves à la noblesse portugaise. Par contre, un peu plus tard, son fils, Manuel I, ordonna la libération de ces malheureux. Un épisode infâme est à mettre au compte de Jean II : la déportation sur les côtes d'Afrique, dans l'archipel de Sao Tomé, d'enfants de 2 à 10 ans enlevés à leurs parents et abandonnés (1493). On peut voir là le début des persécutions au Portugal et la marque d'une incohérence politique encore accentuée lorsque Manuel, à la suite d'un projet d'union avec l'Infante de Castille, fut mis en demeure par les parents de celle-ci, les Rois Catholiques, ou de christianiser les Juifs, ou de les expulser, comme en Espagne.

Cette incohérence politique conduisit le monarque à des décisions contradictoires. En décembre 1496, il signait un premier décret obligeant les Infidèles, Maures et Juifs, à quitter le Portugal dans un délai de dix mois sous peine de mort, à moins de conversion. Il escomptait, d'ailleurs, la conversion du plus grand nombre. Or, contre toute attente, plusieurs milliers de personnes se réunirent à Lisbonne, prêtes au départ. Suivit un second décret qui imposait le baptême aux enfants de moins de 14 ans et leur répartition ultérieure dans des familles chrétiennes. Comme cette demi-mesure perverse fut de peu d'effet, Manuel, craignant un fiasco économique, renonça à sa procédure d'exclusion. Par un troisième décret définitif, il décida que tous les Juifs étaient interdits de quitter le pays et que tous devaient se faire baptiser. Aux Pâques de 1497, le 19 mars, on commença par administrer le sacrement aux enfants arrachés à leurs parents, puis, dans les semaines suivantes, aux parents eux-mêmes. Les Juifs portugais étaient également soumis à ces mesures. Nombreux furent ceux qui choisirent le suicide. Une nouvelle vague de baptêmes forcés eut encore lieu à l'automne (octobre 1497). Vingt mille Juifs furent rassemblés de force et la plupart se résignèrent. D'autres, cependant, au cours de ces journées de terreur, parvinrent à quitter le territoire clandestinement, fuyant soit vers l'Italie, l'Afrique, le Levant, soit vers le Nord, les Pays-Bas, le port d'Anvers en particulier.

A Rome, la situation était jugée tellement scandaleuse que le pape, Alexandre Borgia, en vint à un extraordinaire compromis : les baptisés de force seraient autorisés à célébrer les cérémonies et offices de leur culte originel, tout en se conformant par ailleurs aux usages et rites chrétiens. En définitive, deux voies divergentes avaient été suivies en Espagne et au Portugal. En Espagne avaient été exclus tous ceux qui refusaient de se convertir. Et ceux qui avaient accepté étaient restés suspects au regard de l'Inquisition, constamment surveillés et réprimés sur le simple soupçon de judaïser. Au Portugal, on n'avait pas exclu. On avait retenu et baptisé de force tous ceux que l'on avait pu retenir, quitte ensuite à délivrer des concessions paradoxales à ces convertis. Ce chevauchement de deux religions, cette hybridation théologique débordait le marranisme même, puisque ces Juifs baptisés n'avaient pas à se cacher de ce qu'ils faisaient en matière religieuse si, du moins, ils faisaient quelque chose. Car l'une des conséquences d'un tel syncrétisme — qui se conserva et s'accentua dans les générations suivantes, y compris en exil — ne pouvait être qu'une lassitude indifférente sinon un scepticisme déclaré en matière de foi. Significative est, en 1536, la réaction du Régent des Juifs d'Allemagne, en visite à Anvers : «C'est, dit-il, un pays où il n'y a pas de Juifs». Il n'y en eut plus guère, en effet, un siècle plus tard (pour des raisons qui sont exposées ci-dessous), mais, au milieu du XVIe siècle, ceux qui s'y trouvaient étaient encore assez nombreux. Il s'agissait des «hommes du négoce», portugais pour la plupart (des «hommes de la nation», comme on les désignait alors), peu enclins à manifester leur judaïsme ou, peut-être, devenus athées.

Le caractère opportuniste et contradictoire de la politique royale au Portugal ne se démentit pas après la phase des baptêmes forcés. Au lendemain de cette parodie de christianisation, Manuel I promulgua une loi censée protéger les conversos : pour une durée de vingt ans, toute enquête sur leur pratique religieuse était interdite. C'était une autre manière de rendre possible le compromis voulu par le pape Alexandre Borgia. Mais cette disposition libérale n'empêcha nullement l'accroissement de l'animosité du bas peuple des villes contre les conversos prospères. Cette animosité, encore aggravée par une crise économique au Portugal dans le début du siècle, aboutit en 1506 au massacre de quatre mille Juifs à Lisbonne et au pillage de tous leurs biens accessibles : or, argent, objets précieux. Plus tard, après la mort de Manuel I, son successeur, Jean III, abolit toute disposition libérale. L'impératif économique devint alors dominant. La Couronne et les groupes dirigeants voulaient marginaliser le négoce juif jugé trop entreprenant. Le Roi finit par obtenir du pape Paul III l'établissement du Saint Office de l'Inquisition à la date du 23 mai 1536. Dans l'intention de Jean III, il ne s'agissait point, d'ailleurs, de persécuter trop rudement les conversos. Il s'agissait de brider ces chrétiens douteux dont les réseaux commerciaux parcouraient le monde et de les exploiter sous la férule complaisante de l'Inquisition. En 1539, ce monarque avisé nommait son propre frère, l'Infant Don

Enrique, Grand Inquisiteur. Et, en 1543, il exprimait ses intentions au pape en termes fort clairs : « non pas couper la gorge à mes propres brebis, mais les tondre, oui ! ». Il n'empêche que quinze seront brûlés vifs à Lisbonne le 14 octobre 1552. Et cette politique se continuera en s'aggravant au siècle suivant. En l'espace de vingt ans, seulement trois tribunaux organiseront cinquante autodafé. Entre 1620 et 1640, il y aura 162 brûlés. Dans l'espace de sept ans, de 1633 à 1640, deux mille conversos comparaîtront sous des accusations diverses.

Il est vrai que, alors, le Portugal est sous domination espagnole, car, en 1580, le dernier représentant de la couronne d'Avez, Henri le Cardinal, étant mort sans héritier, c'est Philippe II, roi d'Espagne, qui fut proclamé roi du Portugal. Et c'est seulement en 1640 que les Portugais, révoltés, choisirent pour roi le Duc de Bragance, sous le nom de Jean IV (1640-1656). Et l'on peut supposer que la politique royale sera moins répressive une fois l'indépendance retrouvée. Elle l'est, en effet, sous le règne de Jean IV et grâce à l'influence de son conseiller Vierra — lequel joue au Portugal le même rôle libéral que, vers 1640, le comte-duc Olivarès lorsque celui-ci accordait sa protection aux conversos portugais revenus chercher refuge en Espagne. Mais la politique de Jean IV n'est pas suivie par ses successeurs, au point que c'est dans la dernière période du XVIIe siècle, sous le règne de Pierre II, que le Portugal atteint sa forme extrême de persécution par la loi d'extermination de 1683 : tous les nouveaux chrétiens ayant avoué le crime de retour au judaïsme furent chassés du royaume. Mais non pas leurs enfants de moins de 7 ans, tous retenus et confiés à des familles chrétiennes. Plus tard encore, en 1704, soixante personnes furent condamnées pour judaïsme au cours d'un seul autodafé.

Mais faut-il rappeler qu'à la même époque, dans un XVIIIe siècle déjà largement entamé, l'Inquisition espagnole n'était pas en reste. A l'époque des Lumières, on vit à Madrid un immense autodafé où soixante-quinze judaïsants furent exécutés en personne et soixante-quatorze en effigie. Au cours du siècle précédent, bien que passant par des phases de moindre violence, la persécution n'avait jamais cessé, des mobiles d'ordre économique l'emportant même parfois sur les prétextes religieux. Il arrivait que l'Inquisition réglât à sa manière la compétition entre Espagne et Portugal en éliminant des négociants portugais dont l'activité commerciale était supposée porter préjudice aux marchands espagnols Vieux chrétiens : six riches commerçants juifs portugais furent brûlés à Madrid, Plaza Mayor, à la date du 4 juillet 1632 (année de naissance de Spinoza). D'autres autodafés eurent lieu, à Valladolid, le 25 juillet 1644 (dans une de ses lettres, Spinoza cite le nom de Judah le Croyant brûlé à cette date), à Séville, en 1660, à Madrid, en 1680, de nouveau à Valladolid, à la fin du siècle. On emprisonnait alors des dizaines de personnes dans les geôles de l'Inquisition sur simple accusation de judaïser. La répression fut donc constante dans les deux pays, même bien après les mesures d'expulsion ou de conversion forcée. En ce qui concerne le Portugal, pour résumer sur une évaluation d'ensemble s'appliquant sur la longue durée, entre 1540 et 1827, au Tribunal du Saint Office de la seule ville de Lisbonne, ce tribunal aura jugé et condamné à des peines diverses, au cours de cette période, environ 18.000 personnes.

5

L'installation aux Pays-Bas des Juifs sépharades (marranes ou conversos) venus d'Espagne et du Portugal (plus tard, aussi, arriveront des Juifs ashkénazes ou tudescos originaires d'Allemagne) se fait par coïncidence avec le début du règne d'un Habsbourg d'Autriche, Philippe le Beau (1494-1506). Celui-ci, par son mariage avec Jeanne, fille des Rois Catholiques, détermine la soumission des Pays-Bas à l'Espagne. Après sa mort, son père Maximilien I de Habsbourg se charge d'assurer une régence durant laquelle il confie le gouvernement des Pays-Bas à sa fille Marguerite d'Autriche, de 1506 à 1516. Ensuite commence le long règne de Charles-Quint, Empereur du Saint Empire romain germanique et Prince des Pays-Bas (1516-1555). Dans la première partie de ce règne, l'Espagne développe son hégémonie territoriale (1524-1543) par annexions successives de la Belgique, de la Hollande, de la Frise, d'Utrecht, etc., en tout dix-sept provinces érigées en cercle d'Empire par la Diète d'Ausbourg en 1548. Durant la même période, surtout à partir de 1511, le port d'Anvers devient un centre commercial d'importance majeure pour les commerçants conversos portugais, « les hommes du négoce ». Plusieurs dispositions prises par les édiles d'Anvers favorisent ces marchands par divers privilèges comme l'exemption de taxes municipales. Mais, au lendemain de la Diète d'Ausbourg, l'Espagne fait sentir son rigorisme par un Edit (1549) qui ordonne l'expulsion des Pays-Bas de tous les nouveaux chrétiens arrivés du Portugal au cours des cinq années précédentes. Seuls sont autorisés à séjourner les originaires d'Espagne. Cet Edit, renouvelé le 30 mai 1550, ne sera pourtant guère appliqué, les raisons économiques l'emportant finalement sur les mobiles politiques et religieux. Même la population des conversos d'Anvers continue de croître jusqu'en 1556. A cette date, sous le règne de Philippe II, commence la lutte des Pays-Bas pour leur indépendance. Les raisons sont politiques — l'absolutisme de l'Empereur — et religieuses — un catholicisme intolérant principalement dirigé contre les trop nombreux calvinistes, mais qui menace aussi les convertis.

A partir de 1568, après la révolte des Gueux — c'est-à-dire les petits nobles provinciaux hostiles à l'installation de l'Inquisition en Hollande et aux prétentions hégémoniques du catholicisme romain —, et bien que cette révolte ait échoué, les soulèvements se multiplient jusqu'en 1581. Entre-temps, dès la pacification de Gand (1576), les troupes espagnoles ont commencé à se retirer. Les provinces wallonnes se rallient à Philippe II par l'Union d'Arras de janvier 1579, tandis que, au Nord, l'Union d'Utrecht (20 janvier) pose les bases des Provinces-Unies, prélude à la répudiation de l'autorité de Philippe II par les Etats Généraux de La Haye en 1581. Dès lors, l'émigration séphardite, en particulier portugaise, tend à se déplacer du Sud, Anvers, toujours sous domination espagnole avec suprématie catholique, vers le Nord, Amsterdam, désormais libre politiquement et religieusement sous influence calviniste. C'est ainsi que, dans le commencement du XVIIe siècle, la communauté judéo-hispanique et portugaise d'Amsterdam devint l'une des plus importantes en Europe occidentale. Les fondateurs de cette communauté sont venus, pour la plupart, soit du Portugal, soit d'Anvers, mais d'autres, aussi, de régions plus éloignées, d'Italie, du Levant. Certains, d'Allemagne, s'y adjoindront plus tard. Ceux, émigrés du Portugal, sont arrivés, soit directement, soit par étapes et séjours intermédiaires, surtout en France, ce fut le cas, par exemple, pour la famille Despinoza (le grand-père Abraham,, le père Micaël, tous deux conversos). Après avoir quitté le Portugal vers 1600, les Despinoza séjournèrent quelque temps à Nantes — comme d'autres à Bordeaux, à Bayonne (quartier Saint-Esprit) ou dans plusieurs bourgades du Sud-Ouest (Peyrehorade, Bidache, Orthez) — avant de s'exiler plus loin lorsque, après la mort d'Henri IV, la franchise accordée aux Juifs fut abolie.

D'Anvers émigrèrent vers le Nord — surtout à partir de 1585 lors de la reprise de la ville par les Espagnols — ceux que l'on nommait les « hommes de la nation » ou « les hommes du négoce ». Car ils concentraient leurs efforts sur la marchandise et l'échange. Leur dispersion à travers le monde, leur connaissance de plusieurs langues leur permettaient d'avoir des contacts, et donc des réseaux très bien organisés, entre parents éloignés dans l'espace. Ainsi s'explique l'un des objectifs — économique — de l'Inquisition qui fut (comme signalé précédemment) de briser ces réseaux. C'est aussi pourquoi, à certaines époques, aussi bien en Espagne qu'au Portugal, mais de préférence au Portugal, elle s'attaquait aux riches conversos de la moyenne et haute bourgeoisie. Ceux-ci, bien qu'éloignés du lieu des persécutions, craignaient toujours les rigueurs de l'Inquisition ibérique et son expansion vers les Pays-Bas. Ils ne furent pas les seuls : on estime à cent mille le nombre de calvinistes qui, dans le même temps, se retirèrent des Flandres et du Brabant où s'installait, de nouveau par l'entêtement de Philippe II, un catholicisme intégriste hostile aux Réformés autant qu'aux Juifs. Parmi les commerçants conversos d'Anvers, certains allèrent s'installer à Hambourg de façon durable, mais d'autres, après y avoir séjourné quelque temps, partirent pour Amsterdam. Du port de cette ville en plein essor, ils comptaient pouvoir commercer aisément avec la péninsule ibérique ainsi qu'avec les pays du Nouveau Monde, le Brésil en particulier. Par leur installation, ils contribuèrent à l'exceptionnelle prospérité d'Amsterdam et de la province de Hollande dans les premières décennies du XVIIe siècle — le Siècle d'Or des Provinces Unies. Il n'est pas douteux que la migration de ces hommes du négoce, d'Anvers à Hambourg et Amsterdam, fut massive en une trentaine d'années. Les registres d'exemption des taxes accordées à ces négociants par la municipalité d'Anvers permettent d'en faire la preuve. En 1570, ils sont au nombre d'un millier environ, soit une centaine de familles fort aisées assistées de nombreux domestiques, conversos également. Mais, en 1604, il ne reste plus que vingt-six hommes. Et, environ un siècle plus tard, un certain rééquilibrage s'étant produit, ils sont à peine une soixantaine, hommes et femmes.

Par la suite, leur descendance, au XVIIIe siècle, se fondra par assimilation dans la bourgeoisie catholique d'Anvers.

Au début du XVIIe siècle, ni les autorités municipales d'Amsterdam, ni les Régents de la Province de Hollande n'avaient encore pris aucune mesure d'administration applicable aux nouveaux arrivants. Une première communauté juive constituée sous le nom de Beth Yakocov (« la demeure de Jacob ») fut, néanmoins, reconnue de facto. La municipalité de Haarlem se montra plus entreprenante : elle donna à un groupe de sefardim l'autorisation de célébrer publiquement leur culte dans une synagogue et d'avoir leur propre cimetière. Dans le même temps, des conversos d'Amsterdam, célébrant en secret une cérémonie où ils utilisaient la langue espagnole, furent dénoncés par des voisins et surpris par la police croyant à une réunion de comploteurs catholiques. Ce malentendu étant éclairci, les Autorités décidèrent que les Juifs seraient non seulement autorisés, mais invités à célébrer ostensiblement leur culte. Il s'agissait d'éviter toute confusion avec le catholicisme. A Rotterdam, des dispositions analogues à celles de Haarlem furent adoptées. Mais les conversos, peu nombreux dans ces deux villes, préférèrent rejoindre Amsterdam où une seconde communauté s'établit (1608) sous le nom de

Neveh Shalom («La maison de la Paix»). Et, dix ans plus tard, une troisième, Beth Israël («La demeure du Seigneur», 1618).

L'instauration d'un statut pour les Juifs devenait nécessaire. La municipalité d'Amsterdam chargea Hugo de Groot (le jeune Grotius, déjà juriste réputé) de le rédiger. A la suite de son rapport, un décret fut publié le 8 novembre 1616. Les dispositions prises étaient à la fois libérales et systématiques. On peut les résumer ainsi :

1. Les Juifs sont autorisés à célébrer leur culte librement; leur religion est reconnue comme authentique; ce n'est pas une idôlatrie; il est fait obligation à chacun de proclamer solennellement sa foi par un engagement pris au début de l'adolescence; la communauté a le pouvoir d'excommunier ceux qui transgressent sa loi religieuse — à ce sujet, il est important de remarquer que la décision n'appartient pas aux seuls rabbins; elle dépend du directoire de la communauté qui peut prolonger et amplifier l'excommunication par l'exclusion.

2. Les Juifs ne sont pas tenus de vivre dans un quartier réservé (telles les «aljamas» d'Espagne); ils ne seront donc pas «ghettoïsés»; ils n'ont pas, non plus, à porter de signe distinctif; ils ont toute liberté d'impression et de publication — à l'exception d'ouvrages de polémique antichrétienne.

3. En dehors du domaine religieux, deux autres dispositions importantes sont à signaler : les principales villes de Hollande sont autorisées à accueillir des communautés comportant jusqu'à deux cents familles, trois cents pour Amsterdam. Il s'agit donc de colonies de peuplement appelées certainement à se développer — ce fut le cas pour Amsterdam qui, en 1612, comptait cinq cents personnes, plus de mille en 1620, et près de quatre mille vers la fin du siècle. En outre, les Juifs ont toute liberté de commercer et de fonder des manufactures ou toutes autres entreprises. Une restriction leur est imposée cependant : ils ne pourront pratiquer le commerce de détail placé sous le contrôle de puissantes guildes citadines.

Cette réglementation, dans l'ensemble fort libérale, permit à la plupart des nouveaux arrivants de prospérer de façon extrêmement rapide, du fait également de leurs relations avec tous ceux qui, après leur départ d'Espagne ou du Portugal, s'étaient établis sur d'autres continents, jusqu'en Chine. L'activité commerciale hollandaise fut, de plus, favorisée à la même époque par le développement du crédit et du système bancaire. La Bourse d'Amsterdam fut fondée en 1608, la Banque d'Amsterdam l'année suivante. Plusieurs conversos investirent leur avoir en Bourse, devinrent courtiers. La Compagnie des Indes Orientales créée en 1602 progressa rapidement grâce aux avances que lui consentait la nouvelle banque. Dans l'autre Compagnie des Indes Occidentales, établie une vingtaine d'années plus tard, les Juifs détinrent vingt-cinq pour cent des parts. Dans ces années-là, les négociants conversos avaient déjà le quasi monopole du commerce du sucre et de sa transformation en produit consommable. Dans la ville d'Amsterdam, ils étaient présents dans l'industrie de la soie, le traitement du tabac importé d'Espagne, la taille des diamants, aussi bien que dans la construction navale. De même dans l'impression et la diffusion de livres «Juifs» (le Talmud de Babylone — récapitulation considérable d'écrits religieux, voir plus loin — fut publié à Amsterdam) et de bien d'autres ouvrages d'apologétique. Ces publications furent à l'origine de rencontres entre érudits chrétiens de l'Eglise réformée et rabbins, et de débats théologiques appelés «rencontres amicales». La communauté juive, conversa ou marrane, de quelque nom qu'on la désigne, connut donc à cette époque, première partie du XVIIe siècle, une expansion exceptionnelle où la jouissance économique allait de pair avec la pleine reconnaissance du fait religieux, du judaïsme. Il n'est pas sans intérêt de remarquer que, en 1656, lors de l'excommunication et de l'exclusion de Spinoza hors de sa communauté, parmi ses seize juges, cinq étaient inscrits comme actionnaires de la Compagnie des Indes Occidentales. Cette remarque doit être comprise ainsi : l'intérêt pratique de la communauté juive était de censurer toute perturbation idéologique et d'adopter en tout une attitude conformiste. Le mercator prospère et le sapiens conservateur s'allient tout naturellement contre les «esprits forts».

Bien des familles de négociants portugais étaient privilégiées du point de vue économique, y compris, par exemple, la famille de Spinoza. Mais ce ne fut pas le cas pour tous les membres de la communauté. Les émigrants les plus récents de la péninsule ibérique, jusque vers le milieu du XVIIe siècle et au-delà, arrivaient fort démunis. Plus encore, les réfugiés ashkénazes venus d'Allemagne, ces «tudescos», chassés après la guerre de Trente Ans, pauvres parmi les pauvres, étaient souvent traités avec dédain par les riches de la «nation portugaise» qui les employaient comme domestiques, et leurs filles comme bonnes à tout faire. Néanmoins, lorsque les trois communautés conversos décidèrent de se fondre en une seule communauté Talmud Torah («Etude de la Loi») en 1630, une réglementation complète en matière sociale et religieuse fut établie. Cette réglementation confirmait des dispositions prises antérieurement afin de venir en aide aux plus nécessiteux. Un fonds commun, financé par un impôt communautaire, l'ymposta, avait alors été constitué. Par la suite, plusieurs Caisses de bienfaisances furent également mises en place en vue de fournir des subsides aux Juifs qui s'efforçaient de regagner la Terre Sainte.

A partir de 1639, la communauté unifiée Talmud Torah se dote d'un comité directeur, le *mahamad*, composé de sept personnes élues, des Régents ou *Parnassim*, renouvelables chaque année. Ce directoire exerce une entière tutelle sur les activités de la communauté, y compris religieuses. Les rabbins eux-mêmes sont des fonctionnaires appointés et contrôlés par le mahamad et qui, par conséquent, doivent se conformer aux décisions des régents. Cette subordination n'empêche pas les rabbins d'avoir leur propre ascendant sur la communauté dans une orientation religieuse rigoriste (cette intransigeance se retrouve, à la même époque, dans l'Eglise calviniste où les pasteurs réactionnaires l'emportent sur les libéraux — voir plus loin). Le rabbin Saül Levi Morteira, italien d'origine ashkénaze venu à Amsterdam en 1616, fut, par exemple, un agent déterminant dans l'excommunication de Spinoza — bien qu'ayant été l'un des maîtres préférés de ce dernier au cours de son adolescence. En tant qu'interprètes de la *halakah* — c'est-à-dire l'ensemble des codes et prescriptions religieuses —, les responsables de la synagogue pouvaient compter sur l'appui des Parnassim traditionalistes. De plus, à l'extérieur, l'Eglise d'Etat s'accommodait fort bien d'un judaïsme confiné dans une orthodoxie ritualiste, mais ne voulait en aucun cas d'un néo-judaïsme porté au libéralisme et à l'individualisme. Contre les partisans de la libre pensée et de la liberté de jugement, un autre rabbin, Menasseh ben Israël, écrivait, en 1636, un ouvrage polémique bizarrement intitulé : « De la résurrection des morts ».

Environ vingt-cinq ans plus tard, un autre champion de l'orthodoxie, venu d'Espagne et soutenant les thèses du judaïsme le plus conformiste, se faisait connaître sous le nom d'Isaac (ou Baltazar) Orobio de Castro en lançant son Epître Invectif contre certains esprits libres, « adversaires de la vertu, amis de leur propre opinion », les uns seulement contempteurs de la loi juive orale, mais d'autres « monstrueux Athéistes qui osent nier l'Ecriture sacrée ». Parmi ceux-ci, un jeune homme « infecté » par un rationalisme et un naturalisme pernicieux : Benoît de Spinoza.

Chapitre 2
Biographie de Benoît de Spinoza

Baruch (ou Bento) de Spinoza (plus tard Benedictus, Benoît) est né à Amsterdam le 24 novembre 1632. Ses parents étaient des juifs portugais originaires d'une bourgade aux confins de l'Espagne du Sud et du Portugal. Exilés, ils appartenaient à la communauté marrane installée à Amsterdam depuis la fin du siècle précédent et qui, vers 1650, compterait environ trois mille personnes. Les marranes étaient ces Juifs convertis de force, parfois depuis plusieurs générations, mais qui, en général, retournaient au judaïsme dès que les circonstances le permettaient, *a fortiori* lorsque de nouvelles autorités les y incitaient. On a vu que c'était particulièrement le cas en Hollande où les Juifs ne furent jamais maltraités ni méprisés. Au contraire, à condition de professer ouvertement leur judaïsme, ils étaient respectés. Ils étaient les Hommes du Livre : l'Ancien Testament, la Bible, les premiers dépositaires de la loi mosaïque, les interprètes méticuleux des Prophètes — d'où les rencontres amicales entre érudits de plusieurs confessions.

La famille de Spinoza était aisée et respectée. Comme d'autres marranes habiles au négoce, le père, Micaël, se consacrait avec succès à l'importation des produits coloniaux et, surtout, de denrées venues d'Espagne et du Portugal : vins, fruits, tabac, huile d'olive. Le grand-père, Abraham, était lui-même une personnalité appréciée : administrateur du cimetière juif en 1622-1623, député de la communauté en 1628-1629, gestionnaire de plusieurs assemblées vers 1630. Micaël, fut, lui aussi, administrateur de sociétés et de banques, membre du Mahamad, et, à ce titre, responsable à plusieurs reprises de l'administration d'ensemble de sa communauté, entre 1637 et 1650. A cette date, son compte personnel de gestion le situe dans la catégorie des citoyens d'Amsterdam les plus fortunés, soit une minorité de un pour mille. Le jeune Spinoza fut associé quelque temps à cette entreprise commerciale avant et après la mort de son père (1654). Il s'en détacha un peu plus tard, peut-être moins par une conséquence de son excommunication que par un choix délibéré, ayant décidé d'être penseur et non marchand.

Durant son enfance et son adolescence, Spinoza fréquenta la principale école juive de sa communauté, Ets Haïm («l'arbre de vie») chargée de l'éducation élémentaire des enfants et des adolescents et où les enseignements étaient donnés en espagnol. On a souvent remarqué que les Juifs sépharades d'origine ibérique restaient fidèles à leur première langue en dépit des souffrances et des humiliations subies dans leur patrie. (N.B. : Sépharade se dit par identification de l'Espagne, ou du Portugal, au pays Sépharad dans lequel furent exilés, d'après l'Ancien Testament, les enfants de Jérusalem, la fleur du judaïsme antique ; ashkenaze se dit des Juifs originaires de Germanie.) Spinoza s'exprimait lui-même couramment en espagnol. On sait qu'il écrivit un texte dans cette langue au lendemain de son excommunication : «Apologia para justificarse». Ce texte s'est perdu. On en retrouve cependant quelques passages offensifs dans le *Traité Théologico-Politique* publié environ quinze ans plus tard. Au cours de ses études, Spinoza apprit l'hébreu, lut la Bible, fut initié au Talmud (voir en fin de chapitre, note 1 sur l'histoire ancienne du peuple hébreu ; note 2 sur les Livres Saints du judaïsme), s'intéressa à la philosophie judéo-arabe au temps de Maïmonide (XIIe siècle ; le *Guide des Égarés* de ce grand médecin et philosophe juif, né à Cordoue en 1135 — à l'époque où l'Espagne du Sud était encore musulmane — figure dans l'inventaire de sa bibliothèque). Ses parents et ses maîtres le destinaient au rabbinat. Mais, dès sa quinzième année, il se montra réservé envers le dogmatisme des responsables de la synagogue, Saül Morteira en particulier. Rebuté également par le caractère humiliant de certaines sanctions dont il fut peut-être le témoin : la flagellation publique, en 1647, d'Uriel da Costa, juif d'éducation chrétienne retourné au judaïsme, mais réfractaire au traditionalisme de sa communauté. Peu de temps après avoir subi cette épreuve et, ayant écrit une autobiographie qui était, en même temps, un plaidoyer en faveur d'une «religion naturelle» fondée sur la Raison et la vertu de Charité, Uriel da Costa se suicida.

Il est possible que ses écrits aient eu, par la suite, une influence sur la pensée de Spinoza dans sa propre orientation naturaliste ainsi que dans ses réserves sur le caractère ostentatoire des cérémonies religieuses et sur la tendance commune à trop de prêcheurs d'imposer la foi par la menace de châtiments éternels. On peut se demander aussi quel put être l'effet sur une jeune conscience — celle d'un adolescent de quinze ans déjà attentif aux témoignages d'autres persécutés venus d'Espagne ou du Portugal — de cette cérémonie punitive à laquelle il assista probablement en compagnie de son père. Cérémonie où l'on tourmente un homme en lui infligeant le fouet et où, par surcroît, on le ridiculise en le forçant de s'étendre à l'entrée de la synagogue afin que tous ceux de la communauté l'enjambent à tour de rôle, sautillant au-dessus de lui, enfants et vieillards compris. Certains événements de l'enfance, sans effet sur tel ou tel, peuvent avoir un retentissement durable sur tel autre, surtout si, par la suite, ils se répètent sous une forme de plus grande portée symbolique et sociale.

A partir de sa dix-huitième année, Spinoza commence à nouer des relations amicales hors de sa communauté, dans le milieu des chrétiens libéraux. Un peu plus tard, il fréquente une école latine dirigée par un libre penseur, ancien Jésuite, Van den Enden. Dans les années suivantes (1652) et, plus encore, après la mort de son père (1654), ses anciens maîtres de la synagogue lui montrent une méfiance grandissante tout en essayant de le retenir au sein de la communauté par une offre en argent. Puis, de jeunes fanatiques juifs le dénoncent comme irréligieux, corrompu par la fréquentation d'athées et de libertins. L'un d'eux tentera de le poignarder si l'on en croit les témoignages de deux de ses contemporains, Colerus, pasteur luthérien à La Haye, et Lucas, médecin français calviniste, né à Rouen. Selon d'autres sources, Spinoza aurait été approché vers 1655-1656 par des émissaires de l'Inquisition qui firent un rapport sur lui aux autorités religieuses espagnoles (en le dépeignant même au physique). Bien que restant associé à la maison de commerce léguée par son père et, par conséquent, toujours en rapport avec sa famille — sa sœur et son beau-frère — et continuant à fréquenter la synagogue où il fait un don pour les pauvres en 1655, ses relations avec les rabbins se détériorent de plus en plus.

A la même date, il rencontre un personnage haut en couleurs, professant des opinions philosophiques paradoxales. Il s'agit de Juan de Prado, né à Cordoue vers 1614, ayant fréquenté les universités espagnoles et obtenu le grade de docteur en médecine, à Tolède, vers 1638. Converso, comme bien d'autres de sa génération, mais refusant de feindre une foi chrétienne qu'il n'éprouve nullement, Prado prend le chemin de l'exil. Il s'installe à Amsterdam où, retourné au judaïsme, il s'intègre dans un groupe d'études religieuses dirigé par Saül Morteira. A ce groupe participe encore Spinoza, alors âgé de 23 à 24 ans. Cet enseignement donne souvent lieu à des discussions et à des disputes philosophiques. Prado, plus âgé que les autres, prolixe, véhément, tient tête aux rabbins et développe des points de vue téméraires qui jettent le doute dans l'esprit de plus jeunes que lui. Il met en question l'élection du peuple d'Israël par Jéhovah. A la manière des philosophes déistes, il se représente Dieu comme une simple Cause Première ayant fixé une fois pour toutes les lois de la nature et, par conséquent, il nie la notion de miracle. De même, il conteste les Prophètes et l'authenticité de la Révélation. Mis en demeure, sur décision des rabbins, de faire amende honorable par rétractation publique, il y consent mais reprend ensuite ses propos iconoclastes. Finalement, il subit l'excommunication en février 1657. Mais sans grande conséquence, puisqu'il continue à fréquenter la communauté, s'efforçant de faire annuler la sanction et restant toujours dans une position équivoque jusqu'à sa mort accidentelle survenue en 1660.

Pour le jeune Spinoza, la situation évolue autrement et plus vite, sans bravades ni complaisances. Ayant soutenu Prado dans ses opinions hétérodoxes, il est lui-même appelé à faire amende honorable. Mais il s'y refuse, ne voulant ni temporiser ni sauver les apparences en échange de faveurs matérielles (selon Colerus «les Juifs lui offrirent une pension fixée à mille florins pour l'engager à se faire voir de temps en temps dans leur synagogue». Spinoza, rejetant cette bassesse, s'en va, anticipant l'arrêt d'exclusion prononcé contre lui, le 27 juillet 1656. Il y est accusé «d'effroyables hérésies» et, pour cette raison, il subit «l'excommunication, l'expulsion, l'anathème et la malédiction» (Colerus donne le détail du «Formulaire d'excommunication générale en usage chez les Juifs». Ce texte, de plusieurs pages, est d'une violence impressionnante, tout autant que les furieuses déclamations de l'Inquisition contre les hérétiques. Ceci peut expliquer la teneur de certains textes de Spinoza où s'exprime un profond ressentiment contre les Juifs (dans le *Traité Théologico-Politique* : sur la circoncision, sur la haine envers les autres peuples, sur «le devoir sacré de détester férocement» tout étranger, sur l'inimitié des Hébreux — selon Tacite — à l'égard du genre humain). Maints auteurs ont signalé cet antisémitisme qui serait affectif et personnel chez Spinoza avant d'être systématisé et rationalisé. Selon Poliakov : «le langage de Spinoza est celui de l'amour inassouvi ou déçu. On y décèle le ressentiment envers la synagogue qui l'a rejeté... Ambivalence d'un homme qui, après avoir rompu avec la communauté juive, continuait à être juif aux yeux du monde, et ne pouvait ne pas rester Juif lui-même» (*Histoire de l'antisémitisme*, II, p. 275-276). Que ce jugement sur l'antisémitisme de Spinoza soit excessif ou non ne fera pas oublier que la rupture avec les Juifs n'est pas seulement le fait des rabbins et de l'intéressé lui-même. Elle est imputable aussi au Mahamad, au Directoire de la communauté sans lequel aucune sentence d'exclusion n'eût été légitimée. La décision ne fut pas que religieuse, elle fut politique au sens où est politique la décision d'exclure de la Cité un individu jugé subversif, de le réduire à la plus complète isolation : «... vous ne devez avoir avec Spinoza aucune relation ni écrite, ni verbale. Qu'il ne lui soit rendu aucun service et que personne ne l'approche à moins de quatre coudées. Que personne ne demeure sous le même toit que lui et que personne ne lise aucun de ses écrits».

A partir de l'été 1656, Spinoza vécut donc en dehors de sa communauté. Il continua, cependant, à s'occuper quelque temps de la maison de commerce dirigée désormais par son beau-frère, Cacéres, comme il s'y était déjà obligé à l'âge de dix-sept ans, lors de la mort de son frère aîné Isaac. (Sa mère, seconde épouse de Micaël, était morte prématurément, atteinte de phtisie, en 1638.) D'abord hébergé dans l'école latine de Van den Enden où il poursuivit son étude du latin, la langue de culture des érudits et des savants (en outre, selon Lucas, «il était versé dans l'hébreu, dans l'italien et dans l'espagnol, sans parler de l'allemand et du flamand et du portugais qui étaient ses langues naturelles»), il est possible qu'il se soit réfugié ensuite à Ouverkerke, dans une banlieue d'Amsterdam, près du cimetière juif où les morts de sa famille ont leur sépulture. Il existe une toile célèbre de Ruisdaël, peinte à la même époque, et représentant ce cimetière hébraïque sous un aspect à la fois pathétique et serein. A partir de 1660, il s'en alla résider à Rijnsburg, près de Leyde, puis, de 1663 à 1670, à Voorsburg, proche de La Haye et, enfin, à La Haye même, chez le peintre Van Spick qui devait rester son hôte amical jusqu'à sa mort. Il avait appris un métier manuel, la taille des verres pour instruments d'optique, et il en vivait modestement ainsi que de legs ou pensions versés par quelques amis.

En effet, à partir de 1660, Spinoza, résidant à Rijnsburg, se voit accueillir très favorablement dans un groupe de réflexion composé d'hommes cultivés d'inspiration libérale — le groupe des Collégiants —, certains en relation avec des dirigeants politiques. Un cercle d'études se forme bientôt autour de lui. Ceux qui y participent deviendront à la fois ses disciples — bien que plus âgés que lui — et ses amis durables jusqu'à sa mort, plus de quinze ans plus tard. Ils furent les témoins de la composition de son œuvre philosophique — en rapport, parfois, avec leurs propres discussions —, ils le soutinrent de diverses manières, par la traduction de ses écrits, par des contributions à leur publication ou, quelques-uns, par des aides matérielles acceptées par l'intéressé, mais au plus juste. Le *Court Traité*, les *Principes de la philosophie cartésienne*, une partie de l'*Ethique* furent ainsi rédigés dans cette atmosphère bienveillante et studieuse. De même, les deux ouvrages de *Politi-*

que : le *Traité Théologico-Politique* et le *Traité Politique* demeuré inachevé. Lors de la rédaction de ces deux textes, il est vrai que Spinoza ne résidait plus à Rijnsburg depuis longtemps Mais ses amis continuaient à l'encourager dans ses entreprises. Un cercle spinoziste fut également créé à Amsterdam. Le *Traité Théologico-Politique*, publié en 1670, dut son impression à un proche de Spinoza. Cette parution sans nom d'auteur — encore que celui-ci ait été rapidement identifié — provoqua un scandale dans la plupart des milieux conservateurs, politiques et religieux. Dénoncé par l'Eglise calviniste dès juin 1670, condamné par les Etats de Hollande et de Frise quelques mois plus tard (avril 1671), vilainement critiqué par un ancien pasteur vaudois, Stoupe, colonel dans les armées de Louis XIV, et auteur d'un ouvrage sur la Religion des Hollandais, il devait valoir à la mémoire de Spinoza, «mauvais juif, plus mauvais chrétien encore», une réputation détestable dans le dernier quart du XVIIe siècle et aussi durant tout le XVIIIe. A noter toutefois que le texte fut rapidement traduit en français et publié (1670) par Lucas — déjà cité — et par Saint-Glain, calviniste français, mais capitaine au service de «Messieurs les Etats de Hollande».

Si les premières relations amicales de Spinoza remontent à la période où il fréquentait l'école latine de Van den Enden et où il se lia avec son répétiteur, un étudiant d'origine allemande, Felbinger, puis, comme on l'a vu précédemment, vers 1655, avec Juan de Prado, il n'est pas douteux que ses véritables et grandes amitiés commencent dans l'année 1660, chez les Collégiants de Rijnsburg. Louis Meyer, luthérien, libre-penseur (qui assista Spinoza à l'heure de sa mort) exerçait la médecine. Il s'intéressait aussi à la théologie, à la poésie, à la dramaturgie, et il étudiait le droit. Il s'était fait connaître par un ouvrage critique envers le clergé calviniste. Plus âgé que Spinoza, il le parrainait intellectuellement en quelque sorte. Il veilla à l'impression de ses premiers livres. Un ami de Louis Meyer, Johannès Bouwmester, médecin comme celui-ci, eut sans doute moins d'influence sur Spinoza. Néanmoins, leur correspondance (Lettres XXVIII et XXXVII que lui adresse Spinoza en 1665 et 1666) ainsi que l'épigraphe aux *Principes de la Philosophie* montrent que le jeune philosophe le tenait en grande estime. Jarig Jelles et Peter Balling (celui-ci connu en particulier par la lettre que Spinoza lui écrit lors de la mort de son enfant), tous deux rencontrés au début des années 1660, étaient depuis leur trentième année des adeptes de la secte mennonite. Auditeurs de Spinoza, ils le secondèrent utilement dans son travail : Jarig Jelles traduisit le *Court Traité* en hollandais, et ce fut lui, aussi, qui facilita la parution, en avril 1670, du *Traité Théologico-Politique*. En outre, Spinoza recevait de lui une pension. Simon de Vriès, plus jeune que les précédents, c'est-à-dire du même âge que Spinoza, vouait à celui-ci une admiration passionnée. Il alla jusqu'à lui offrir sa propre fortune (proposition refusée). L'un des premiers dans le groupe des Collégiants, il prit connaissance du *Court Traité* et du début de l'*Ethique*.

Outre ces proches amitiés, Spinoza entretint des relations avec diverses personnalités, soit à Rijnsburg, soit en d'autres résidences où il reçut, sa réputation aidant, des visiteurs étrangers (par exemple, en 1669-1670, l'écrivain français satiriste Saint-Evremond). Surtout, à Woorsburg, vers 1663, il fit la connaissance de personnages engagés directement en politique, soit comme journalistes spécialisés, soit comme hauts responsables gouvernementaux. Deux publicistes, Jean et Pierre de La Court, partisans des républicains, exposaient, depuis nombre d'années déjà, les idées du parti libéral dans des opuscules traitant de questions économiques et politiques. Les amis de Spinoza, riches, appartenant au milieu libéral de la grande bourgeoisie, hostiles au rigorisme de l'Eglise calviniste, menacés dans leurs prérogatives par les ambitions de la Maison d'Orange, s'intéressaient à ses écrits et en discutaient lors de leurs réunions. Dans le *Traité Politique*, Spinoza fait référence (VIII C 31 § 31) aux «Considérations sur l'Etat» de Jean de La Court. L'auteur était mort en 1660, mais Spinoza rencontra son frère, Pierre, auteur d'un autre ouvrage, la *Balance Politique*, auquel avait collaboré le Grand Pensionnaire de Hollande et des Etats, Jean de Witt. Il fit également connaissance de ce dernier vers 1663, peu de temps après avoir publié ses *Principes de Philosophie* et après avoir quitté Rijnsburg pour Woorsburg.

Jean de Witt appartenait à la vieille bourgeoisie hollandaise. D'obédience religieuse calviniste, il tirait de sa religion, à l'encontre même des tendances réactionnaires de son Eglise, de fortes convictions républicaines ainsi que la volonté de constituer un Etat national au-delà des particularismes provinciaux. Elu Grand Pensionnaire des Etats le 30 juillet 1653, il était, dix ans plus tard, lorsque Spinoza le rencontra, un homme dans la force de l'âge, d'esprit large et tolérant, de culture étendue, imprégné de philosophie cartésienne, confiant en l'efficacité et l'universalité de la Raison, s'intéressant directement, par sa fonction même à toute question d'ordre politique. Lui et son frère Corneille de Witt furent certainement les deux figures dominantes des Provinces-Unies entre 1650 et 1672, époque fastueuse, période prospère de ce Siècle d'Or qui prit fin en 1672. La première traduction française des écrits de Jean de Witt, publiée en 1669 sous le titre : «Mémoire de Jean de Witt, Grand Pensionnaire de la Hollande», ne manqua pas de retenir l'attention de l'avisé Colbert (jaloux de la puissance commerciale et maritime des Provinces-Unies). Ses *Mémoires* proprement dits furent publiés ultérieurement. Il est possible que son influence, même moins directe que celle de Pierre de La Court, ait incité Spinoza à se détourner provisoirement de son grand œuvre métaphysique, l'*Ethique*, pour composer un ouvrage d'inspiration politique, dénonçant l'intolérance religieuse (où le judaïsme n'est pas épargné, mais il n'est pas le seul) et, par contre-coup, argumentant en faveur de la liberté de penser, en particulier dans les dernières pages du *Traité Théologico-Politique* : « Il est impossible de priver les individus de la liberté d'exprimer ce qu'ils pensent... La jouissance individuelle de la liberté de juger... est, en outre, elle-même indispensable à la conservation de la paix, de la ferveur et du droit politique souverain » (chap. XX).

Cette réflexion politique ne se désaccorde pas, cependant, du grand projet philosophique initial qui fut toujours, pour Spinoza, d'instaurer le règne de la Raison et de la Liberté du Sage. Spinoza est un penseur unitaire. Entre le projet métaphysique, l'*Ethique*, et le projet politique, les deux *Traités*, il n'y a point de rupture. L'*Ethique* conduit à la découverte de la Liberté et de la Béatitude, forme suprême de la Sagesse, les *Traités* suivent, concrètement, le chemin de cette découverte. Ils disent comment la Cité et le citoyen doivent s'y prendre pour mériter à la fois liberté et sécurité, autrement dit comment ils doivent agir : « la liberté, écrit Spinoza, loin d'exclure la nécessité de l'action, la présuppose ». Il ne s'agit donc point d'une ascèse vers la contemplation immobile, vers un état d'ataraxie par indifférence, non plus que d'un retranchement dédaigneux à l'égard d'autrui. Le Sage est plus libre dans la Cité où il vit au milieu des autres hommes qu'il ne l'est dans la solitude. Si l'œuvre politique de Spinoza s'inspire des leçons tirées de sa propre expérience dans une situation historique donnée et dans un ensemble social, économique, religieux, d'ailleurs fort complexe — sur lequel nous donnerons, à mesure, toutes précisions utiles —, elle est aussi inspirée par l'exigence supérieure de l'*Ethique*.

Les dernières années de Spinoza furent assombries par l'effondrement du régime libéral, par la mort des frères de Witt, assassinés par une foule furieuse en août 1672, par le triomphe du parti orangiste soutenu par les calvinistes réactionnaires, par la ruine des riches terres de Hollandes noyées sous l'inondation : riposte orgueilleuse et désespérée à l'invasion des Provinces-Unies par les armées de Louis XIV. Au lendemain du meurtre des frères de Witt, Spinoza rédigea un placard accusateur qu'il voulait afficher en pleine ville, au risque de se faire dépecer lui-même par les émeutiers. Il en fut empêché par son hôte Van Spick. L'hiver suivant (février 1673), il reçut, de la part de Charles-Louis, Electeur palatin, l'offre d'une chaire de philosophie à l'Académie de Heidelberg.

Il refusa, invoquant ses travaux en cours. Un peu plus tard, en mai, il fut invité à visiter le Prince de Condé, commandant des troupes françaises à Utrecht, par l'entremise de ce colonel Stoupe qui, pourtant, feint de le mépriser dans ses propres écrits. On a beaucoup glosé sur les raisons de cette visite, sur son caractère diplomatique (supposé voulu du côté des Français) ou seulement privé, et, en fin de compte, sur sa réalité même. Pourtant, la preuve a été faite que Spinoza fut bien présent à Utrecht quelques jours à partir du 27 juillet 1673. Mais sans y rencontrer Condé, reparti pour Paris à la mi-juillet. Cette démarche a néanmoins, symboliquement, son importance. Elle signifie que Spinoza est « reconnu ». Selon Paul Vernière : « C'est bien de cette entrevue manquée qui associe de façon baroque le nom de Condé à celui de l'humble Juif qu'il faut faire dater le prestige de Spinoza dans l'opinion européenne » (*Spinoza et la pensée française avant la Révolution*, p. 23).

A l'exception de ce court déplacement à Utrecht et d'un autre à Amsterdam en 1675, en vue de l'impression de l'*Ethique* — projet finalement abandonné —, Spinoza, de condition modeste, sinon pauvre, en mauvaise santé, « de constitution très faible, malsain, maigre », écrit Colerus, atteint de phtisie comme l'avait été sa mère, mena une existence solitaire. La situation politique avait changé. Le parti orangiste lui était ouvertement hostile. Des rumeurs malveillantes couraient sur son compte — un athée renié par les siens —, faisant suite aux sermons dénonciateurs des pasteurs calvinistes qui, depuis plusieurs années déjà, l'avaient contraint à quitter Woorsburg pour se retirer à La Haye. Il avait néanmoins des relations toujours plus étendues avec des personnalités et des savants renommés : le physicien Huyghens, le philologue Votius, Hudde, bourgmestre d'Amsterdam, Van Bennigen, diplomate, Secrétaire d'Etat, le grand Leibniz, lui-même, dont il reçut plusieurs visites à l'automne 1676, et avec lequel il avait eu un échange de correspondance quelques années plus tôt, mais de qui l'attitude à son égard fut très souvent ambiguë, sinon hypocrite.

En dépit de sa faible santé, il continuait à travailler. Son *Traité Politique* inachevé au chapitre XI sur la Démocratie, fut entrepris en 1676-1677. Selon certains auteurs, cet ouvrage aurait été dirigé contre les Orangistes (de même que certains passages du *Traité Théologico-Politique* sont, comme signalé précédemment, acerbes à l'égard des Juifs traditionalistes et du peuple Hébreu). Pourtant, le *Traité Politique* n'a nullement le caractère d'un pamphlet. On n'y trouve aucune trace de polémique. C'est, effectivement, un Traité consistant en l'étude de modèles de gouvernement dont le plus juste et le plus raisonnable — mais non pas le moins difficile — serait la démocratie. Spinoza s'inspire peut-être des principes libéraux de l'ancien gouvernement, d'ailleurs plus aristocratique que démocratique, mais, comme l'écrit Madeleine Francès : « on s'interdirait de comprendre quoi que ce soit au *Tractatus Politicus* si l'on s'hypnotisait sur une allusion concrète, arbitrairement choisie pour rattacher le philosophe à un clan politique actif du temps » (in *Spinoza, Œuvres complètes*, La Pléiade, p. 915). Il est plus juste de dire que Spinoza, dans son dernier ouvrage, évitant toute dispute partisane, a pour seul souci de construire une logique des régimes politiques, logique, du reste, étonnamment minutieuse et qui, en dernière analyse, inscrit au cœur des autres régimes le démocratique comme leur propre fin nécessaire, comme le modèle des modèles.

Spinoza, personne privée, se déclarait « un homme heureux ». A Guillaume de Blyenberg, l'un de ses correspondants, il écrit : «...je m'efforce de traverser la vie, non dans la tristesse et les larmes, mais dans la quiétude de l'âme, la joie et la gaîté. Ainsi, je m'élève d'un degré» (Lettre XXI, 1665). Dans le même esprit, il écrit dans l'*Ethique* : « User des choses et y prendre plaisir autant qu'il se peut est d'un homme sage... C'est d'un homme sage de se réconforter et de réparer ses forces grâce à une nourriture et des boissons agréables prises avec modération et aussi grâce à la douceur des parfums, le charme des plantes verdoyantes, de la parure, de la musique, des jeux du gymnase, des spectacles dont chacun peut user sans faire tort à autrui » (*Ethique*, IV, Prp. XLV, Scolie). On sait que Spinoza avait son propre art d'agrément — le dessin — où il montre un talent réel. S'il entretenait des relations savantes avec diverses personnalités, et s'il avait, comme on l'a vu, plusieurs solides amitiés, il se prêtait aussi à la compagnie de gens modestes et à des conversations simples. Il n'y a rien d'arrogant chez lui. Rien de morbide non plus, aucune tendance à la morosité, à l'affliction, à la mélancolie, à la culpabilité. Tout à l'opposé de l'attitude craintive et gémissante de la culture marrane.

Certes, Spinoza, né Juif à Amsterdam, n'était pas un marrane lui-même. Mais son père et son grand-père l'étaient. Il provient de cette lignée contrainte. Et l'on peut présumer que, avant (sinon après) le choc majeur de l'excommunication — celui-là tout à fait personnel, et dont on n'a pas toujours suffisamment perçu le retentissement sur sa personnalité —, cette culture du secret et du repliement sur soi — ou même du confinement coupable — pesant sans cesse sur le cercle familial, sur ces « nouveaux chrétiens » naguère convertis de force, puis retournés, malaisément, au judaïsme le plus rigoriste, dut le tourmenter avant de le conduire au refus de toute oppression religieuse. « Caute » est la maxime d'un homme prudent. Cette prudence se montre dans ses lettres où

Spinoza, presque toujours affable, se met à portée et à hauteur de son correspondant, jusque dans la forme du style et les tournures de civilité utilisées, mais jamais au delà. L'exigence de politesse mesurée et d'aménité étant, sans doute, le meilleur ajustement possible à autrui.

On ne saurait bien comprendre Spinoza si, d'une part, l'on ne comprenait que le choc moral de l'excommunication et de l'exclusion dut être pour lui une épreuve cruelle — c'est un jeune homme de vingt-quatre ans qui est rejeté par sa communauté et qui doit trouver en lui la force de s'en aller sans concession et sans se prendre en haine lui-même (alors qu'un autre s'est suicidé, et qu'un autre a manœuvré, tergiversé), sans détester ceux qui l'ont expulsé même s'il en éprouve durablement du ressentiment. Et si, d'autre part, on ne disait rien de son milieu d'origine, de l'histoire particulière des Juifs d'Espagne et du Portugal et de l'inexorable persécution qu'ils eurent à subir, notamment du fait de l'Inquisition. Voir en Spinoza un Juif qui ne veut pas l'être tout en sachant qu'il l'est est peut-être plausible. Mais voir en lui un mécréant qui serait haineux à l'égard de ceux de sa race et qui se vengerait par ses écrits, tout en y mettant de fausses inflexions d'humilité et de charité rationnelle, est, sans doute, très excessif. Comment souscrire au jugement de ceux qui estiment que «le Juif mécréant (Baruch) se dissimulerait derrière le Benoît explicite, c'est-à-dire le Marrane admirateur de Jésus». Cette formule brillante est peu vraisemblable. Spinoza n'est pas l'ennemi de sa race, non plus que sa race n'est l'ennemie du genre humain, comme le pensait Tacite. Pas davantage, on ne saurait affirmer sans nuances et réserves qu'il a contribué à légitimer l'antisémitisme métaphysique pour des générations de penseurs et de théologiens, ou l'antisémitisme laïque ou rationaliste des temps modernes.

Quel jeune homme de la valeur morale et intellectuelle de Spinoza aurait pu réagir autrement qu'il le fit aux sommations violentes et infamantes qui lui furent adressées par ceux de sa communauté. En d'autres religions comme en d'autres Cités, elles auraient pu lui être adressées pareillement par des pasteurs haineux et par des politiciens conformistes. La question n'est pas, ici, celle de l'antisémitisme, mais celle du rapport à l'intransigeance des Eglises, en particulier lorsque celles-ci entretiennent, d'une façon ou d'une autre, des relations avec le Pouvoir. (On ne s'étonnera pas de trouver plus loin un chapitre consacré à la Religion et à l'Etat.) Quand Emile Chartier, Alain, écrit que Spinoza incarne «le parti de la paix et de la justice» et qu'il ajoute que peu importe de savoir si ce parti est le parti juif, il nous semble qu'il est plus proche de la vérité morale de Spinoza que tout autre commentateur. De même, lorsque Gilles Deleuze écrit, avec une conviction lyrique attachante : «...

l'homme haineux de la vie, honteux de la vie, un homme de l'autodestruction, qui multiplie les cultes de la mort, qui fait l'union sacrée du tyran et de l'esclave, du prêtre, du juge et du guerrier, toujours à traquer la vie, la mutiler, la faire mourir à petit ou long feu, la recouvrir ou l'étouffer avec des lois, des propriétés, des devoirs, des empires : voilà ce que Spinoza diagnostique dans le monde, cette trahison de l'univers et de l'homme!». Ou encore, lorsqu'il ajoute la formule du *Court Traité* que nous avons citée nous-même en Avertissement : «la haine et le remords, les deux ennemis fondamentaux du genre humain». Si l'on veut se contenter d'un portrait moral modéré qui dépeint le Sage dans la vie quotidienne plutôt que le penseur militant, on pourra s'en tenir à ce texte de Dunin Borkowski (1901) : «Prudence dans le commerce humain, et amour de la paix, sobriété et maîtrise des instincts, égards pour autrui et amour du prochain, méfiance envers les flatteurs, grande estime pour l'étude et le savoir ainsi que pour le travail manuel, résignation face aux éternelles lois de la nature».

Si ce portrait est exact, il est celui d'un être humain fréquentable aussi bien par le grand Condé que par sa logeuse. Mais on peut le juger trop révérencieux, trop idéalisé, sulpicien en quelque sorte, et lui opposer des inférences d'un autre genre. Il s'agirait alors d'une approche psychologique sans complaisance visant le tempérament, le caractère, les inclinations, les comportements quotidiens, en somme, l'intimité concrète de l'individu Spinoza telle qu'elle se dévoile à partir des notations et commentaires, même compassés, de ses deux premiers biographes, le pasteur luthérien Colerus et le médecin Lucas, de La Haye. La part de l'imagination, sinon de l'affabulation, est grande dans ce domaine. De faits anecdotiques, il est aisé de tirer avec un peu d'habileté des interprétations plausibles, bien que, parfois, bizarres et tendancieuses. Par exemple, au motif souvent cité que Spinoza s'obligeait à gagner sa vie en polissant «tous les jours, quelques heures, des verres pour des microscopes et des télescopes» (Lucas) et qu'il y réussissait «si parfaitement qu'on s'adressait à lui de tous côtés» (Colerus), ne peut-on discerner dans cette activité minutieuse des signes de perfectionnisme, de psychorigidité, sinon une tendance à la manie obsessionnelle, dont un autre signe serait le besoin de conserver ses habits dans un état d'extrême propreté (selon Lucas) ou, jusqu'à la fin de sa vie, une tunique percée d'un coup de poignard.

Ou bien, au motif qu'il s'éprit de la fille de Van Enden, «qu'il a souvent avoué qu'il avait eu le désir de l'épouser... bien qu'elle ne fût ni des plus belles ni des mieux faites» (autrement dit, elle était laide), «mais qu'elle lui en préféra un autre qu'elle finit par épouser»

(Colerus), on peut supposer que ce Sage — et néanmoins jeune homme — fut tourmenté comme tout un chacun, par les affres de la jalousie. C'est ce qui ressort de quelques étranges propos consignés dans l'*Ethique* : « l'image de l'être aimé associée aux parties honteuses et aux excrétions de l'autre » — le rival — (3ᵉ partie, Prp. XXXV, Scolie). Et serait-ce à la suite de cette déception qu'il serait devenu ouvertement misogyne ainsi que le suggèrent ses propos dépréciatifs à l'égard des femmes (*Traité Politique*, XI, 4). Si bien que, sous réserve hypothétique des satisfactions tarifées qu'il pouvait trouver dans les bas quartiers d'une grande ville, la fréquentation affectueuse de son cercle de disciples dut lui suffire, « soit qu'il craignît la mauvaise humeur d'une femme (dans le mariage), soit qu'il se fût donné tout entier à la philosophie et à l'amour de la vérité » (Lucas). A moins qu'une autre fréquentation plus ambigue celle de ce jeune Casearius, qu'il tenait, certes, en piètre estime, mais qui, pourtant, logeait chez lui, le contentât d'autre manière (au jeu des supputations, allégations, allusions, on peut aller toujours plus loin).

Mais encore, et surtout, au motif tant de fois invoqué (une seule phrase de Colerus) qu'« il cherchait des araignées qu'il faisait battre ensemble ou des mouches qu'il jetait dans la toile d'araignée et regardait ensuite cette bataille avec tant de plaisir qu'il éclatait parfois de rire », faut-il croire que ce solitaire — qui passait jusque « deux ou trois jours dans sa chambre sans voir personne » — cédait à de bien curieuses compulsions, perverses, voire sadiques ? L'immortel auteur de l'*Ethique*, malingre, rechigné, anorexique, phtisique et, de surcroît, refoulé, riant le nez collé à une toile d'araignée, était-il, par anticipation, un héros tourmenté à la Dostoiesky. Voilà de quoi alimenter les gloses des amateurs de névroses. Nous n'insisterons pas davantage. Il nous paraît plus qu'improbable que ce Benedictus, que certains, à son époque, nommaient Maleficus, puisse être rangé dans la secte suffisamment nombreuse des pervers polymorphes. Si l'on tient à être réductionniste au plus juste, on pourra le regarder comme un « pécheur » parmi d'autres selon la tradition chrétienne, ou comme un homme parmi d'autres « fait de tous, qui les vaut tous et que vaut n'importe qui », selon la version modérée d'un autre vrai ou faux modeste (Sartre).

Spinoza mourut à La Haye le 21 février 1677, dans la chambre que lui louait Van der Spick. Dans ses derniers instants, il fut assisté par son ami, le médecin Louis Meyer. Le 25 février, plusieurs carrosses suivirent son cortège d'enterrement jusqu'à la fosse commune. Quelques mois plus tard, grâce à un don anonyme, ses œuvres encore manuscrites furent publiées — *Opera posthuma* — sans indication sur l'éditeur ni le lieu d'impression. Antérieurement avaient été publiés, en 1663, les *Principes de la Philosophie* de Descartes et les *Pensées Métaphysiques*; en 1670, le *Traité Théologico-Politique*. Les *Opera posthuma* comprenaient l'*Ethique*, le *Traité Politique*, le *Traité de la Réforme de l'entendement*, plusieurs lettres et un *Précis de grammaire hébraïque*, l'ensemble en latin. Une traduction en langue hollandaise fut publiée peu de temps plus tard. Une édition en langue française a été entreprise par Charles Appuhn, à partir de 1904.

NOTE 1 — L'HISTOIRE ANCIENNE DU PEUPLE JUIF

L'histoire ancienne du peuple juif commence plus de deux millénaires avant notre ère lorsque, vers 2200, Abraham, pasteur d'origine sémite, et son neveu Loth, venant d'Ur, en Chaldée, s'installent sur la terre de Chanaan, au Sud de la Syrie. Jacob, fils d'Isaac, et petit-fils d'Abraham, donne naissance à ceux qui deviendront les douze patriarches, futurs chefs des douze tribus du peuple hébreu. Joseph, son fils préféré, vendu par ses frères en Egypte, devient ministre du pharaon. A la suite d'une famine, Jacob l'y rejoint avec tous les siens. Mais Ramsès II, inquiet de leur multiplication rapide, ordonne le sacrifice par noyade de tous leurs enfants mâles. L'un d'eux, Moïse, sauvé par la fille du Pharaon, entend, devenu adulte, la voix de Dieu qui lui ordonne l'exode de son peuple hors d'Egypte. Commencé vers 1500 sous la conduite de Moïse, cet exode est caractérisé par le franchissement de la Mer Rouge, par la communication de Moïse avec Dieu sur le mont Sinaï, et par une errance de quarante années dans le désert. Puis, après la mort de Moïse, les Juifs atteignent la terre de Chanaan, la Terre Promise, sous le commandement de Josué. Cette terre, enlevée à d'autres occupants (Edomites et Madianites), est partagée entre les douze tribus. L'ensemble compose une République fédérative d'inspiration théocratique, c'est-à-dire dont le chef suprême est Jéhovah Lui-même. Mais ce peuple élu ayant sacrifié à de faux dieux, Jéhovah, pour le châtier, l'abandonne à la domination d'autres peuplades (Madianites et Philistins). Plus tard, pris de pitié, il l'aide à se libérer en lui envoyant des chefs valeureux. Ce seront les Juges : Gédéon, Jephté, Salomon, Heli, Samuel.

Samuel, le dernier des Juges, répondant aux vœux du peuple, choisit Saül et le sacre comme Roi, en 1095. Saül aura pour successeur David, de la tribu de Juda, qui fait de Jérusalem sa capitale; puis Salomon, fils de David, qui règne glorieusement de 1015 à 975, alors qu'un autre fils de David, révolté à la fin du règne de son père a péri au combat. Salomon construit le Temple de Jérusalem où il abrite l'Arche Sainte. Sa puissance s'étend sur terre et sur mer. Mais, à sa mort (975), son fils

Roboam est contesté et rejeté par dix tribus qui forment le royaume d'Israël sous le sceptre de Jeroboam. Roboam ne conserve que le royaume de Juda et Jérusalem. Au cours des deux siècles suivants, jusqu'en 722, le royaume d'Israël tombe dans l'impiété et dans l'idolâtrie. Le royaume de Juda succombe à son tour, Joram ayant épousé Athalie, fille d'Achab, roi d'Israël. Les deux royaumes s'adonnent au culte païen de Baal, en dépit des fulminations des prophètes Elie et Elisée.

Après l'extermination de la maison d'Achab par Jéhu (887), après le massacre de la famille de David sur l'ordre d'Athalie, celle-ci est tuée à son tour. Il ne reste plus qu'un seul descendant de la famille de David, un enfant élevé en secret dans le Temple, Joas (878). Les deux royaumes se liguent l'un contre l'autre avec des peuples voisins qui finissent par les asservir. Ainsi, les dix tribus d'Israël seront déportées en Assyrie en 722. Le royaume de Juda subsiste encore durant un siècle et demi. Jérusalem est sauvée une première fois sous le règne du pieux Ezéchiel, et, à nouveau, lorsque Judith tue le général assyrien Holopherne (657). Mais, trois quarts de siècle plus tard, Nabuchodonosor, roi des Chaldéens, investit la ville Sainte, s'empare du Temple, le détruit et emmène tout le peuple en captivité (587). Plus tard, les Juifs seront autorisés à rejoindre leur patrie, lorsque le roi des Perses, Cyrus, se sera emparé de Babylone. Les Juifs reconstruisent le Temple, mais restent sous domination étrangère : celle des Perses, celle d'Alexandre le Grand, puis celle des rois de Syrie. Ils ne seront affranchis qu'en 143 sous la dynastie des Macchabée. Enfin, au temps du roi Hérode, à la naissance de Jésus, ils sont sous la tutelle de Rome. Leur exode ou dispersion — la diaspora — commencera en 70 après J.C., Jérusalem ayant été prise par Titus.

NOTE 2 — LES LIVRES SAINTS DU JUDAÏSME : LA BIBLE ET LE TALMUD

La Bible hébraïque (l'Ecriture Sainte, l'Ancien Testament), rédigée en hébreu ou en araméen, comporte trois parties : la Loi (ou Torah), les Prophètes, les Hagiographes. La Torah se divise en cinq livres : la Genèse, l'Exode, le Lévitique, les Nombres, le Deutéronome. Les Prophètes se subdivisent en Antérieurs : Josué, les Juges, Samuel, les Rois, et Postérieurs : Isaïe, Jérémie, Ezéchiel, etc. Les Hagiographes comportent, notamment, le livre de Job, le Cantique des Cantiques, Jérémie, l'Ecclésiaste, etc.

Dès le IIIe siècle avant J.C., une version grecque de l'Ancien Testament a été donnée à Alexandrie par soixante-douze traducteurs juifs

— les Septante. Dans cette version, les cinq livres de la Torah portent le nom de Pentateuque, dénomination conservée dans la tradition chrétienne. D'autres textes ont été ajoutés : Tobie, Esther, etc. Au IVe siècle après J.C., Saint Jérôme a traduit l'ensemble de la Bible en latin, c'est-à-dire l'Ancien Testament — tous les livres saints antérieurs à la naissance de Jésus — et le Nouveau Testament — tous les livres saints postérieurs : les Evangiles, les Actes des Apôtres, les Epîtres, l'Apocalypse de Saint-Jean, etc. La version de Saint Jérôme est appelée Vulgate. La première édition d'ensemble, à Mayence, est datée de 1452-1453. Une édition ultérieure (1593), sous le contrôle du pape Clément VIII, est le texte officiellement reconnu par l'Eglise catholique ou, aujourd'hui, Bible de Jérusalem. Les indications que nous donnons ci-dessous se rapportent uniquement à la Bible hébraïque, et dans celle-ci, à sa Première partie ou Torah.

La Torah comporte notamment la Loi mosaïque, c'est-à-dire la loi prescrite par Dieu sur le mont Sinaï après que les Juifs ayant entrepris leur exode hors d'Egypte (1500 av. J.C.), franchi la Mer Rouge, puis erré longtemps dans le désert, une quarantaine d'années, approchèrent enfin la terre de Chanaan. Mais, à cette terre, ils n'accédèrent qu'après la mort de Moïse, sous la conduite de son successeur, Josué. La loi mosaïque comporte l'ensemble des prescriptions destinées à régir la vie morale, sociale, religieuse du peuple israélite élu par Dieu et soumis à son entière autorité (forme parfaite de la théocratie). On y trouve, par exemple, des instructions sur la structure patriarcale de la société, sur le droit pénal et la nature des sanctions : flagellation, lapidation, amendes, règle du talion, sur le cérémonial et les rites religieux, etc. Les prescriptions essentielles figurent sous le nom de Décalogue à deux reprises, d'abord dans le texte de l'Exode (*20, 2.17*), ensuite dans le texte du Deutéronome (*5, 6.18*). Il s'agit des «Dix Paroles», ou Dix commandements, prescrits à Moïse sur le mont Sinaï et inscrits du doigt même de Dieu sur les deux tables de pierre du Témoignage ou Tables de la Loi. La prescription suprême, la Règle d'Or, qui se retrouvera plus tard dans l'enseignement du Christ et dans les Evangiles, étant d'aimer Dieu et son prochain comme soi-même. Dans le *Traité Théologico-Politique*, Spinoza écrit : «L'Ecriture fait connaître avec la plus grande clarté et à maintes reprises le détail des actions que l'homme est obligé d'accomplir s'il désire obéir à Dieu. La Loi, lisons-nous, se résume en cet unique commandement : Aime ton prochain. On ne saurait donc nier que l'homme vraiment obéissant et bienheureux selon la Loi est celui qui aime son prochain comme soi-même en accomplissement du commandement de Dieu» (chap. XIV, Pl. p 805). Et plus loin (chap. XIX, p. 883) : «Accomplir la loi de Dieu, avons-nous dit, c'est pratiquer la justice et la charité en exécution du commandement de Dieu».

A la naissance de Jésus-Christ, au temps du roi Hérode et de l'Empereur Auguste, la Judée était une province romaine gouvernée par le Consul romain Ponce-Pilate. Auguste mourut en 14. Ses successeurs, Tibère, Caligula, Claude, Néron, puis Gabla, Othon, et Vitellius, se distinguèrent surtout par leurs violences et leurs débauches. Le premier de la dynastie des empereurs Flaviens, Vespasien (69-79), rétablit enfin l'ordre dans l'Etat. Il eut aussi à faire face à une longue révolte des Juifs, la guerre de Judée (66 à 70). Proclamé empereur alors qu'il mettait le siège devant Jérusalem, il laissa à son fils Titus la mission d'emporter la ville d'assaut et d'exercer une violente répression contre les Juifs. Ainsi commença, en 70, après que le Temple eût été brûlé, l'exode des Juifs ou Diaspora — on remarquera, cependant, que la dispersion des Juifs à travers le monde a été un processus historique continu, bien avant la crucifixion de Jésus. La légende malveillante qui veut que leur errance commence au pied de la croix, en expiation de la mort du Christ, est tout aussi erronée que celle qui veut que l'antisémitisme commence au même endroit et au même moment. Le fait est que, même après 70, de nombreux Juifs se maintiennent en Palestine. Une autre révolte éclate, d'ailleurs, bien plus tard (133-134), provoquée par un faux Messie. Et, de nouveau, sous le règne d'Hadrien, la répression organisée par le général romain Jules Sévère est impitoyable. En place de Jérusalem en ruines, une autre ville est construite, Aelia Capitolina. La population juive en est bannie, encore qu'une minorité parvint à s'y maintenir et y subsista ensuite plusieurs siècles durant, au point qu'un dernier soulèvement eut lieu au début du VIIe siècle.

Cependant, après 135, les principales familles juives de Jérusalem s'étaient réfugiées à Tibériade où le Grand Sanhédrin (le Tribunal des Juifs) fut reconstitué. Avec l'Académie de Japhé, ce fut pour la nation dispersée comme un foyer de référence, le noyau de la Patrie spirituelle. Le chef de la communauté, le Patriarche de Tibériade, obtint de plus une reconnaissance explicite des maîtres de Rome qui lui donnaient les noms de Clarissimus, d'Illustris, ou même de Frère. Dans ces circonstances favorables, le Patriarche Judas le Saint, soucieux de maintenir la tradition doctrinale orale jusque-là assumée par les pharisiens, entreprit d'en reconstituer le contenu par écrit. Il se consacra à cette tâche immense durant les trente années de son patriarcat. Tâche continuée après sa mort par Rabbi Yonhanan (199-279), chef de l'Académie de Tibériade. Bien plus tard encore, l'empereur Théodose ayant supprimé le Sanhédrin de Tibériade, celui-ci fut reconstitué à Babylone où il devait subsister durablement, jusqu'en 1005. En effet, tout comme la Palestine, la Mésopotamie — la patrie d'Abraham d'où il était parti jadis vers la terre de Chanaan — était redevenue pour les Juifs en exil un autre point d'ancrage important. Dans cette Babylone du premier millénaire furent écrits, notamment entre 400 et 470, divers autres textes.

Au total, il existe un vaste recueil de littérature juive, une compilation minutieuse qui s'étend du IIIe siècle avant J.C. au Ve siècle après J.C. Ce recueil est, dans son ensemble, l'expression de la loi orale qui, depuis les origines, accompagne, complète, adapte et commente la loi écrite ou Torah. On le nomme Talmud (ou Etude). D'après la provenance des textes, soit les foyers juifs de Palestine, soit ceux de Mésopotamie, on distingue le Talmud de Jérusalem et le Talmud de Babylone. Le premier se subdivise en deux parties : la Mishna et la Gemara ou Ghemara. La Mishna est une récapitulation juridique des dispositions prises à travers le temps et par lesquelles la législation fondamentale, la Torah, peut être adaptée aux circonstances nouvelles de l'exil et codifiée à cet effet. Elle est donc comme une deuxième Loi que la deuxième partie du recueil accompagne de diverses précisions et commentaires. Dans le Talmud de Babylone, on trouve principalement «les Conclusions de la Ghemara» rédigées au IVe siècle par plusieurs rabbins. Le Talmud, dans son ensemble, a été édité pour la première fois à Venise, en 1520. Il comportait 12 volumes.

Les Livres Saints hébraïques, ceux auxquels se réfère exclusivement le judaïsme, sont donc la Bible (comportant le seul Ancien Testament) et le Talmud.

On doit préciser, toutefois, qu'il existe une tradition juive ésotérique, la Kabbale, tradition selon laquelle la Bible comporte un sens caché à déchiffrer pratiquement signe par signe, lettre par lettre. Un système symbolique complexe composé des vingt-deux lettres de l'alphabet hébreu et de dix verbes ou Puissances — les 32 instruments de la Sagesse — permettrait ce déchiffrement. Cette doctrine ésotérique constituée peu à peu à partir de la seconde moitié du premier siècle se développa de nouveau au XIIe siècle en réaction à la philosophie rationaliste de Maïmonide. Le code principal ou Zohar fut écrit par Moses de Léon au XIIIe siècle. On sait que Spinoza considérait la Kabbale avec dédain comme un système chimérique.

Chapitre 3
Les Provinces-Unies
au temps de Spinoza

1. L'histoire des Provinces-Unies durant le XVIIe siècle peut se lire à la fois comme l'histoire d'un grand essor économique pris en charge par des entrepreneurs énergiques et opulents et comme l'histoire d'un échec politique subi par les mêmes ou leurs représentants — sous le nom de Régents ou de Hautes Puissances — lorsque le régime libéral présidé par Jean de Witt succombe à l'invasion d'une puissante armée de terre étrangère et à la prise de pouvoir par le parti réactionnaire. Il s'agit, en effet, dès les premières années du XVIIe siècle, d'une nation exceptionnellement prospère, mais dont la prospérité est fondée, pour l'essentiel, sur le commerce à distance par voie maritime; d'une nation socialement complexe, mais dont la complexité est déterminée contradictoirement par l'activité dominatrice d'une classe de marchands et de négociants en nombre assez limité et par la stagnation ou même la régression d'autres classes traditionnelles (noblesse, paysannerie) tandis qu'émerge une autre classe, plèbe citadine durement exploitée, prolétarisée; d'une nation d'inspiration libérale, d'intention tolérante, mais dont l'organisation politique, héritière des siècles précédents, construite par étages, est fragile, instable, sans souveraineté nettement affirmée, comme «un corps sans tête» (écrit Spinoza). Une telle nation, agitée de plus par une sorte de fébrilité en matière religieuse, suscite, à l'extérieur, diverses convoitises, irritations, entreprises belliqueuses de puissants voisins et, à l'intérieur, des impulsions séditieuses où se conjuguent les ambitions politiques des uns, les mécontentements sociaux des autres, sans compter les revendications sectaires qui sévissent depuis le début du siècle.

*
* *

La puissance financière des Provinces-Unies, dans une Europe territoriale et guerrière, leur provient, paradoxalement, pour une grande part — comme ce fut le cas, autrefois, pour les Républiques marchandes d'Italie, Gênes, Pise, Venise — de leur quasi-monopole sur l'Océan. « Ils ont pris le commerce pour maxime fondamentale de leur Etat », écrit Colbert. Ce commerce est essentiellement le grand commerce, celui qui intéresse les armateurs et la navigation maritime. Au XVIIIe siècle, les centres d'échange les plus importants sont les ports. Les Provinces-Unies ont, à cet égard, une primauté indiscutée. Leur flotte marchande représente les deux tiers des navires sillonnant les mers. Proportion énorme. Entre 1660 et 1670, dix mille bâtiments, cent trente huit mille matelots, l'emportent de loin sur les six cents vaisseaux de la flotte française. Et le parfait entraînement de ces travailleurs de la mer favorise un rendement et des gains élevés. Vers les quais d'Amsterdam et de Rotterdam convergent l'or et les marchandises du monde entier. Les néerlandais font la plus grande partie du trafic maritime de l'ensemble des nations. Dans les régions du Nord comme dans celles du Levant, en Méditerranée, ils monopolisent le transport du blé, du chanvre, des fourrures, aussi bien que celui des produits arrivés par caravanes depuis l'Asie centrale.

Leur commerce ne se borne point aux eaux continentales. Il s'étend à l'exploitation des richesses tropicales que leurs navires vont chercher à bas prix dans les pays ouverts au trafic depuis les découvertes du XVIe siècle. Ces richesses sont redistribuées avec d'importants bénéfices sur tous les marchés européens. Il s'agit là d'une source de revenus exceptionnels arrachés aux marines des deux pays coloniaux tombés en décadence, l'Espagne et le Portugal (exemple significatif : le déclin du port d'Anvers après sa reprise sous gestion espagnole). Vers toutes les terres du globe, de la Nouvelle Amsterdam à la Guyane, du Cap aux Moluques, même sur les iles du Japon, dès 1600, les spéculateurs affluent. Le mercator néerlandais implante sur les territoires disponibles des colonies d'exploitation commerciale bien plus rentables que des colonies de peuplement. Dans le même temps, les Provinces-Unies systématisent de mieux en mieux l'organisation de leurs entreprises. Elles deviennent comme un vaste entrepôt des denrées mondiales où l'on stocke, fixe les cours, gère les avoirs, contrôle les marchés. L'accumulation des richesses produites par ce grand commerce fait des Provinces-Unies la première place bancaire en Europe. Les établissements d'Amsterdam et de Rotterdam disposent d'un crédit sans pareil. A défaut d'une armée suffisamment forte, c'est cette activité maritime exceptionnelle qui donne son autonomie politique aux Provinces-Unies.

Néanmoins, une telle puissance, tout entière fondée sur le commerce au loin et sur la spéculation bancaire (plusieurs banques et Compagnies se fondent entre 1600 et 1640), est paradoxale. Autant la flotte domine les mers, autant les villes peu fortifiées sont vulnérables et le territoire, facile d'accès par voie continentale, menacé. Depuis leur émancipation de la tutelle espagnole, les pays néerlandais ont mené une existence précaire. La géographie de ces pays fournit l'explication de cette fragilité. Il est vrai que leur situation au confluent des mers et des routes fluviales, à l'estuaire du Rhin et de la Meuse — débouchés naturels de toute l'Europe centrale — leur donne de grands avantages. Mais seules les grandes villes, Rotterdam, Amsterdam, La Haye, Haarlem, Leyde, en ont tiré profit au moment où elles héritaient de la prospérité des Pays-Bas catholiques. En réalité, deux provinces seulement, sur les sept initiales, sont le cœur du pays : la Hollande et la Zélande. Là se regroupent les plus riches cités, les fortes industries de construction navale et de finition des marchandises importées. La pêche y est la plus productive. On y exploite les polders, le grand capitalisme d'affaires s'y développe aisément. Au total, une bande étroite comprise entre la côte et les canaux reliant le Rhin au Zuyderzée concentre l'essentiel des activités productives et économiques. Les autres provinces — plus la Drenthe et les pays de la Généralité du Sud — séparent cette étendue privilégiée du reste de l'Europe : cinq provinces exigues, pauvres, rattachées géographiquement aux pays de l'Allemagne du Nord, couvertes à l'est de landes et de marécages et, à l'Ouest, de terres plus riches et de pâturages. Mais cet ensemble rural est de peu d'importance pour l'économie principale tournée vers la mer. Et les diverses composantes du milieu social, en proportions variables selon les provinces, ne font que souligner ce contraste. On pourra s'expliquer par là les orientations à la fois logiques et insuffisantes de Jean de Witt et de son régime libéral oligarchique en matière de commandement militaire et de défense du territoire, aussi bien qu'en termes de rapports sociaux.

Un conflit latent oppose, en effet, l'oligarchie des métropoles de la mer aux nombreux laissés pour compte de la prospérité financière. En regard de la fortune bourgeoise, les autres couches sociales ont le sentiment d'une existence diminuée ou exploitée. Dans cette masse, unie par le mécontentement et agitée par des ressentiments qui finiront par exploser au début de l'été 1672, il n'y a, cependant, aucune homogénéité. L'ancienne classe nobiliaire, évincée par l'aristocratie d'argent, fait pauvre figure. Elle ne conserve comme seule source de revenus que ses propriétés foncières. Composée de hobereaux pour la plupart arriérés, brutaux, sans valeur intellectuelle, elle s'obstine à prendre pour modèle l'Allemagne féodale et se refuse donc à toute évolution. Elle ne trouve même pas à s'employer dans l'armée de terre car les maîtres du pouvoir et les membres des Etats dominants, pacifistes et libéraux, ne veulent ni d'une armée de terre coûteuse, ni surtout d'un encadrement réactionnaire qui les menacerait directement (une crise politique se produira même à ce sujet en 1650). A cette noblesse terrienne, dont le seul espoir réside dans les menées du parti orangiste, les paysans restent encore attachés à la manière d'une clientèle semi-féodale, moins par dépendance matérielle que par un lien sentimental et un mode d'existence semblable dans le même milieu campagnard. En revanche, les paysans des provinces riches — Hollande et Zélande — fixés sur les polders pratiquent une agriculture en progrès. Leur situation matérielle bénéficie également de l'enrichissement des grandes villes portuaires. Mais, ne pouvant faire valoir leurs droits, sans moyen légal d'expression dans ces provinces où l'autorité appartient à la bourgeoisie, ils restent en proie à un mécontentement chronique, formant avec d'autres une coalition menaçante bien qu'hétérogène.

Car, dans les villes, aussi, grandit une autre classe, un demi-prolétariat composé d'apprentis et de compagnons en rivalité économique, à la fois avec un petit patronat industriel et le groupe des puissants armateurs. Les matelots, très nombreux, et les ouvriers des chantiers maritimes durement exploités par les Compagnies commerciales, forment une autre masse en réserve pour les futures révoltes sociales. A cette fermentation s'ajoute l'effervescence croissante des sectes religieuses. L'accumulation de ces divers mécontentements, les aspirations égalitaires répandues par le calvinisme (l'église calviniste comporte une organisation soigneusement hiérarchisée, mais où le peuple est représenté à chaque étage, d'où l'emprise des pasteurs ou prédikants sur la masse des fidèles), les revendications de toutes sortes viennent se ranger sous la bannière des Orangistes. Ceux-ci, prenant appui sur l'idéologie rigide d'un protestantisme solidement enraciné, drainent à leur profit tous ces refoulements sociaux entretenus par l'imprévoyance politique des grands bourgeois, par leur resserrement en tant que classe détenant à la fois la puissance économique et le pouvoir. Car ce sont les familles les plus fortunées, peu nombreuses, qui gèrent les deux domaines : un exemple significatif est celui du Grand Pensionnaire Jean de Witt dont le beau-père joue un rôle éminent dans la gestion de plusieurs grandes Compagnies, comme la Compagnie des Indes Occidentales créée dès 1621.

Cette bourgeoisie patricienne très riche, et s'enrichissant de plus en plus, mais dont toute la fortune est sur la mer, montre des goûts et des intérêts fort éloignés de ceux de la masse, sinon contradictoires. En pleine ascension depuis le début du siècle, cultivant la loi du seul profit, dédaigneuse du menu peuple des villes, méprisant les petits bourgeois conservateurs, les artisans, les nobles ruinés, elle creuse le fossé dans cette société néerlandaise dont elle a pourtant toute la charge politique. De plus, sa culture intellectuelle, son goût pour le débat philosophique, son idéologie qui associe, en quelque sorte sur mesure, sagesse et richesse, font de cette minorité de privilégiés un groupe tolérant à l'égard des idées novatrices, peu enclin au rigorisme calviniste, pacifiste par intérêt commercial, défiant à l'égard de la puissance militaire et de la famille d'Orange qui en a le quasi-monopole. Une brillante civilisation philosophique et artistique se développe autour de ces aristocrates du capital. Vivant de l'océan, obtenant des gains énormes et jouissant de ces gains avec raffinement, mais sans partage, ils savent pourtant qu'ils ont toujours à craindre, à l'extérieur, l'hostilité grandissante des puissances terrestres belliqueuses et, à l'intérieur, l'animosité d'une masse confuse, fanatisée par les Eglises, sans aucun pouvoir, mal représentée dans les institutions et, par cela même, dangereuse.

*
* *

2. Les institutions des Provinces-Unies sont encore, au milieu du XVIIe siècle, par bien des aspects, un héritage des siècles précédents. Mais un héritage mal équilibré (le « corps sans tête » dont parle Spinoza), ce qui explique la fragilité politique du régime libéral face aux entreprises séditieuses. C'est en janvier 1579 que six provinces des Pays-Bas se fédèrent par l'Union d'Utrecht sous la direction de Jean de Nassau, par opposition aux provinces wallonnes traditionalistes restées fidèles à Philippe II et regroupées à la même date dans l'Union d'Arras. Aux six provinces initiales, Gueldre, Hollande, Zélande, Utrecht, Frise, Overijsel, viendra s'adjoindre ultérieurement (1594) la province de Groningue. En 1581, les Etats Généraux de La Haye répudient définitivement l'autorité de Philippe II. D'où résulte également la séparation définitive entre les Pays-Bas méridionaux — la Belgique et le Luxembourg — et les Provinces-Unies. A cette scission territoriale et politique s'ajoute une scission religieuse : le catholicisme romain strict contrôlé par l'Espagne se maintient au Sud, alors que, dans les provinces du Nord, le calvinisme issu de la Réforme est déjà en place, ayant pratiquement éliminé la vieille oligarchie catholique. On verra par la suite qu'une source de difficultés quasi constantes pour l'Autorité civile dans les Provinces-Unies fut, à la fois, la prolifération des sectes et la prétention de l'Eglise d'Etat à régir la vie politique en même temps qu'elle soutenait les menées orangistes. Mais les difficultés originaires tenaient aux caractéristiques des institu-

tions telles qu'elles furent définies lors de l'entrée des Provinces en fédération, en grande partie sur la base de ce qui existait antérieurement.

En premier lieu, chacune de celles-ci avait posé comme condition préliminaire à son engagement le respect de sa propre autonomie politique. D'où devait résulter inévitablement dans les moments de tension l'absence d'unité sur les décisions à prendre lorsque celles-ci déborderaient les questions locales ou l'étage provincial. A cela s'ajoutait un fort déséquilibre dans la composition des Etats Provinciaux, c'est-à-dire l'Assemblée souveraine qui se trouvait à la tête de chaque province et qui, encore au milieu du XVIIe siècle, prolongeait une formule datant de l'époque médiévale. Ces Etats comprenaient les délégués des villes et de la campagne. Mais, par suite du développement de plus en plus important des cités, il ne reflétaient plus guère ni le pays réel ni les aspirations de l'ensemble de la population. Ils étaient une émanation de la bourgeoisie qui, par leur intermédiaire, détenait le pouvoir local, législatif en totalité, exécutif presque en totalité. Ce mouvement hégémonique commencé dès le XIVe siècle — où la gestion des municipalités était déjà contrôlée par des échevins et par les membres d'un Collège de Conseil, tous riches bourgeois, et continué aux siècles suivants grâce à un système d'élection par cooptation — excluait le peuple de toute participation politique. Un patriciat urbain pouvait diriger l'ensemble des affaires sans rencontrer d'opposition légale. Par exemple, au XVIIe siècle, l'Assemblée des Etats de Hollande regroupait les représentants de dix-sept villes disposant chacune d'une voix, tandis que l'ensemble de la campagne représentée par la noblesse ne disposait que d'une seule. Même à supposer que cette voix fût entendue, elle ne pouvait l'être que durant les sessions des Etats. Dans l'intervalle, l'ensemble des pouvoirs civils était délégué à un Chef permanent de l'administration : le Pensionnaire. Tandis qu'un autre fonctionnaire recevait délégation dans le domaine militaire, le Stathouder. Chaque Province se constituait ainsi en une petite République autonome à direction bicéphale. En outre, à l'intérieur de cette organisation, d'autres exigences se manifestaient : celles des cités fortes de leurs « libertés traditionnelles » et de leur propre administration à la charge d'un bourgmestre et de ses échevins.

La nécessité d'un ajustement politique plus efficace et d'un partage équitable des charges dans la guerre contre l'Espagne, amenèrent les Sept provinces à établir, au-dessus de leurs institutions propres, un pouvoir central coordinateur. Mais ce fut moins une mutation qu'un transfert à l'échelon fédéral de ce qui existait déjà au niveau provincial. Encore au milieu du XVIIe siècle, chaque Province (aux sept de 1594 s'étaient associées, en 1648, après le traité de Münster, plusieurs autres :

la Drenthe, le Limbourg, le Brabant, la Flandre...) avait voix égale dans les Etats Généraux, composés de 40 députés, qui siégeaient à La Haye. La compétence de ces Etats était d'ailleurs limitée à la seule défense militaire et à ce qui, matériellement, la conditionne, c'est-à-dire la levée de l'impôt. Cette capacité était elle-même subordonnée à une condition d'unanimité requise pour toute décision importante. Les Etats Généraux étaient donc, politiquement, sans autonomie réelle. L'Assemblée désignait un Conseiller élu pour cinq ans et rééligible, le Grand Pensionnaire - celui-ci, en raison de l'importance particulière de sa province, était, en même temps, le Pensionnaire de Hollande ; un Conseil d'Etat composé de douze députés, une Chambre des comptes et des ministres l'aidaient dans sa tâche. En face de lui, se dressait comme un rival, un personnage de même stature : le Grand Stathouder. Celui-ci désigné, aussi par les Etats, cumulait le commandement des forces armées, terrestres et maritimes. En principe, le Grand Stathouder était d'abord un fonctionnaire provincial commandant d'une province, mais non pas de toutes - de même que le Grand Pensionnaire était Pensionnaire, d'abord, de la seule province de Hollande - mais l'usage, lié au prestige de la maison d'Orange, voulait qu'il le fût dans toutes ; et, de ce fait, il prenait une dimension nationale et passait pour un recours naturel en cas de menaces extérieures ou de troubles intérieurs -auxquels, du reste, il pouvait contribuer lui-même.

De toute évidence, la difficulté essentielle dans la politique intérieure des Provinces-Unies, au XVIIe siècle, résulte de la confrontation, sinon de l'opposition de ces deux pouvoirs, de loin les plus importants selon la constitution. D'un côté, le Grand Pensionnaire qui représente les Etats de façon permanente, de l'autre, le Stathouder qui tient en main toute la force militaire. Cette bipartition fonctionnelle correspond dans le pays à la grande division à la fois sociale et politique entre l'oligarchie bourgeoise et le parti des Orangistes — alors que, cependant, leurs intérêts économiques se rejoignent. Dès que les circonstances s'y prêtent, l'ambitieuse famille d'Orange ne manque pas de s'opposer ouvertement à l'autorité civile (crises de 1618 et de 1650) et finit même par terrasser le gouvernement en place (révolution de 1672). A chaque fois, un régime autoritaire, réactionnaire, appuyé sur l'armée et faisant l'amalgame de tous les mécontentements s'efforce d'en finir avec l'aristocratie bourgeoise, les riches marchands, la classe des « Heeren » ou Régents. A l'inverse, lorsque ceux-ci reprennent de l'ascendant, ils s'efforcent de limiter ou même de suspendre les pouvoirs du Stathouder. Ainsi, en 1668, Jean de Witt réussit à abolir le stathoudérat dans la Province de Hollande et, en 1670, par un autre arrêt, il fait interdire « le cumul des fonctions de Stathouder et de Capitaine général sur toute l'étendue de la République», interdiction de courte durée, il est vrai, puisque les Etats généraux rétablirent le stathoudérat au début de juillet 1672 et nommèrent Guillaume III Capitaine général. La vie politique des Provinces-Unies durant le XVIIe siècle est ainsi, sans cesse jalonnée par les fluctuations résultant tantôt de crises internes (même de nature idéologique), tantôt d'événements historiques dans une Europe agitée, toujours sur pied de guerre.

*
* *

3. Entre la fin de l'été 1618 et l'été 1620, plusieurs événements intérieurs marquent le retour en force du parti Orangiste dans la vie politique des Provinces-Unies. A la capitulation des Etats de Hollande (29 août 1618) face à l'armée commandée par Maurice de Nassau — les Etats (provinciaux) avaient vainement décrété la soumission de prédicateurs calvinistes provocants à l'autorité civile, au point de déclencher ainsi des émeutes populaires — succède moins d'un an plus tard la mise en accusation et l'exécution précipitée du Grand Pensionnaire Barneveldt. Dans le même temps (mai 1619), le synode de Dordrecht consacre la victoire théologico-politique des gomaristes sur les arminiens, les gomaristes, interprètes rigoristes du calvinisme ayant partie liée avec les orangistes, eux-mêmes soutenus par le petit peuple aussi bien que par la noblesse. Enfin, en 1620, les Provinces-Unies, à l'exception de la Frise, élisent Maurice de Nassau au Stathoudérat. Celui-ci, prince d'Orange à la mort de son frère Philippe-Guillaume en 1618, instaure un régime autoritaire appuyé sur l'armée et sur le clergé réactionnaire en vue d'un retour à la monarchie. Sa mort, en 1625, met fin à cette entreprise. L'attitude conciliante de son successeur, Frédéric-Henri, donne au parti des Etats l'occasion de se reconstituer tandis que les pasteurs arminiens et remontrants rentrent d'exil. Cette modération politique favorise le grand essor économique dont bénéficient les Provinces-Unies depuis le début du siècle et qui, en dépit des rivalités pour le pouvoir est également profitable à la classe des possédants dans son ensemble, même si cette classe est fracturée par des idéologies différentes.

C'est seulement vingt-cinq ans plus tard que le fils de Frédéric, le second Guillaume de Nassau, stathouder de Hollande à partir de 1647, entre à son tour en conflit avec les Régents de Hollande. Dans la période intermédiaire (entre 1621 et 1648), après la Trêve de Douze ans signée par Barneveldt en 1609 (et qui lui fut imputée comme trahison lors de son procès), les hostilités avec l'Espagne avaient repris, liées aux péripéties de la guerre de Trente Ans (alliance des Provinces-Unies avec la

France en 1634, destruction de la flotte espagnole par l'amiral Tromp en 1639 à la bataille des Dunes). Il fallut attendre jusqu'en octobre 1648 pour un retour général à la paix, par le traité de Westphalie. Tandis que, au début de cette même année (janvier 1648), l'Espagne, par un accord séparé avec les Provinces-Unies — Traité de Münster —, avait reconnu l'indépendance de celles-ci. Non content de ces succès diplomatiques, Guillaume II, désireux de conserver un fort pouvoir personnel appuyé sur l'armée, prétendait recommencer les hostilités. Aussi, en 1650, on le voit s'opposer avec violence à la dissolution des armées décidée par les Etats de Hollande (plusieurs membres des Etats sont internés à la forteresse de Loevestein; le siège d'Amsterdam est entrepris). Mais les Etats Généraux, en désaccord avec les Etats de Hollande, finissent par les désavouer et se résignent au maintien des cadres militaires pour la plupart issus de la noblesse.

Fort de ce nouveau succès politique, Guillaume II, maître des armées, signe avec la France, en octobre 1650, un traité d'alliance dirigé contre l'Espagne, puis aussi, contre l'Angleterre. Sa mort, survenue peu après (octobre 1650) à l'âge de vingt-quatre ans, brise à nouveau durablement les ambitions de la Maison d'Orange et les espoirs des cléricaux calvinistes qui comptaient approcher davantage la gestion des affaires publiques. Un fils posthume, le futur Guillaume III, ne pourra reprendre l'éternelle marche des Orange-Nassau vers la prise de pouvoir qu'un peu plus de vingt ans plus tard, en 1672. Entre-temps, un régime d'intention libérale, soutenu par le parti des Etats et consolidé par un nouvel essor économique se met en place. Dominé par la puissante province de Hollande, servant principalement les intérêts de la riche aristocratie bourgeoise, il est dirigé par Jean de Witt. Celui-ci, élu Grand Pensionnaire en juillet 1653, alors que la charge de Capitaine général (ou Grand Stathouder) a été supprimée par décision des Etats en 1651, restera en place jusqu'au début de l'été 1672 et des événements désastreux qui se produisirent alors.

Moins d'un an après la mort de Guillaume II, le Parlement d'Angleterre votait l'Acte de Navigation (octobre 1651) par lequel le chancelier Cromwell prétendait réserver l'importation des marchandises étrangères prioritairement aux navires anglais. Il s'agissait là d'une atteinte directe aux intérêts des Provinces-Unies et d'une offense à leur prestige. Après une longue période de combats sur mer, de l'été 1652 à l'hiver 1654, les Hollandais finirent par se plier aux conditions du chancelier anglais en signant le traité de Westminster de février 1654. Suivit une trêve d'une dizaine d'années voulue par Jean de Witt, approuvée par les négociants et marchands, tous soucieux d'augmenter encore la prospérité de la

République de Hollande — cette prospérité qui ne se soutient, comme l'écrivait de La Court en 1662, que « par le Commerce, la Manufacture, la Pêche et la Navigation ». Mais l'agressivité de l'Angleterre provoqua une nouvelle crise à partir de 1664. Des combats eurent lieu en Guinée et, surtout, sur les côtes d'Amérique du Nord où le territoire de la Nouvelle-Hollande tomba aux mains des Anglais. La Nouvelle-Amsterdam fut rebaptisée New York (été 1664) en hommage au vainqueur, le duc d'York. La paix de Breda, signée après maintes autres péripéties — dont une démonstration de force des Hollandais sur la Tamise : canonnade de Chatam par la flotte de Ruyter —, se solda pour les Provinces-Unies par la perte de la Nouvelle-Hollande d'Amérique.

Dans le même temps, les ambitions territoriales de Louis XIV, invoquant le Droit de Dévolution en faveur de son épouse Marie-Thérèse, se concrétisèrent sur le terrain par l'invasion des villes principales de la Flandre, région d'obédience espagnole. A l'alliance défensive conclue par Jean de Witt avec l'Angleterre répondit, la même année (1668), le traité d'Aix-la-Chapelle entre la France et l'Espagne. Par ce traité, l'Espagne reconnaissait le passage sous domination française des territoires conquis l'année précédente. Mais Louis XIV prétendait annexer l'ensemble des Pays-Bas espagnols, alors que Jean de Witt, soucieux de protéger son propre territoire au Sud, préconisait la mise en place d'une Fédération des Provinces Belges. Les menées diplomatiques de Colbert, hostile à la puissance maritime et commerciale des Hollandais, l'irritation de Louis XIV lui-même « contre cette ingrate et altière nation » aboutirent à faire rompre l'alliance des Provinces-Unies avec l'Angleterre et la Suède. En juin 1672, les armées de Condé et de Turenne franchissent le Rhin. Jean de Witt donne l'ordre de lever les écluses (20 et 21 juin). Les Provinces-Unies sont en grande partie submergées et le resteront pendant deux ans. Le territoire hollandais est ruiné par ce désastre. Pourtant, même après la prise de Maastricht par les envahisseurs, les Hollandais refusent les conditions de paix proposées par la France. Ils s'allient avec l'Empereur d'Autriche, le roi d'Espagne, le duc de Lorraine. C'est seulement en 1676 que s'ouvre le congrès de Nimègue. La paix sera signée en août 1678. A cette date, Spinoza était mort depuis plus d'un an (février 1677), laissant inachevé son *Traité Politique* — où ne figurent que quelques alinéas sur le régime démocratique.

Entre sa dix-huitième année (1650) et sa quarante-cinquième année (1677), Spinoza a été le témoin de l'une des périodes les plus glorieuses et prospères, mais aussi les plus tragiques de l'histoire des Provinces-Unies. La révolution de 1672 faisant suite à l'invasion et à l'inondation mit fin à ce « Siècle d'Or » commencé bien avant sa naissance — et dont sa famille avait elle-même bénéficié avant 1650. En politique extérieure, les Hollandais, regroupés autour de Guillaume de Nassau, chef de guerre tenace, préférèrent continuer le combat en dépit de leur territoire ravagé. La guerre se poursuivit longuement, opposant une puissante coalition européenne aux armées de Louis XIV. En politique intérieure, les Hollandais se retrouvèrent sous l'autorité de Guillaume III, nommé d'abord Capitaine général puis, un peu plus tard, Stathouder héréditaire des Cinq Provinces. Un demi-siècle s'était ainsi écoulé entre la tentative du premier prince comploteur d'Orange, Maurice, inaugurée en 1618 par «l'assassinat judiciaire» de Barneveldt (selon la saisissante formule de Mirabeau), celle inaboutie, du second, Guillaume II, en 1650, et celle, réussie, du fils de celui-ci, Guillaume III, marquée également, en août 1672, par l'assassinat populacier des frères de Witt, les meurtriers ayant été encouragés, sinon appointés, par les Orangistes. Il n'est pas douteux que Spinoza fut profondément attentif à ces conflits incessants, tant extérieurs qu'intérieurs, ainsi qu'à leur sinistre aboutissement de l'été 1672. Il le fut à la fois comme personne privée, citoyen de la libre Hollande et comme témoin engagé. On n'oubliera pas son indignation à la nouvelle de l'assassinat des frères de Witt et son projet d'une protestation personnelle publique — qui aurait pu l'exposer aux pires représailles. Mais il le fut aussi comme philosophe politique, c'est-à-dire en pleine connaissance non seulement des événements relatés ci-dessus, mais des doctrines politiques ou politico-religieuses qui, sous l'influence de la Réforme et de la Contre-Réforme, ne cessaient de se développer depuis les débuts de la Renaissance, soit qu'il s'agisse de renouvellements du thomisme médiéval, soit qu'il s'agisse de positions entièrement nouvelles et d'inspiration autonome, comme, par exemple, celles de Machiavel, de Bodin ou de Hobbes. Entre ces divers auteurs et Spinoza, il y a, comme nous l'avons signalé précédemment, des parentés incontestables.

Chapitre 4
Les Doctrines politiques avant Spinoza

1. INTRODUCTION

Puisque l'homme est un animal social, soit par inclination, soit par nécessité, la question qui se pose en toute Politique est de savoir comment tous seront gouvernés. Quelles que soient l'origine et la forme du gouvernement, il est nécessaire que chacun se conforme aux lois et obéisse au Souverain. Mais y a-t-il une limite à cette sujétion? De même que l'obligation de concorde n'efface pas l'antagonisme des intérêts particuliers, de même l'exigence de Sécurité, qui est fondamentale pour la vie de la Cité, ne peut effacer celle de Liberté qui est inscrite en chacun et qui prolonge son droit naturel dans l'univers social. Si la loi garantit la Sécurité et si tous, pour cette raison, sont tenus de la respecter, il est vrai aussi que le Souverain, auteur de la loi, dépend à son tour du consentement de ses sujets. De sorte que le risque de sédition est constant pour celui qui gouverne sans approbation. Faut-il donc que celui-ci, au nom de l'utilité, sous l'impératif primordial de l'Ordre, réprime toute insoumission, quels que soient ses propres torts? L'argument prévalent à ce sujet est que toute insoumission se prolonge en violence et reconduit les hommes en un état de nature où, faute de règles et d'autorité, ne règne plus que la guerre de tous contre tous. Mais l'argument contraire est qu'une assemblée d'hommes ne peut être réduite à la condition d'esclavage ni traitée comme du bétail. Il existe ainsi un balancement perpétuel entre la soumission par force ou par obligation, et la résistance par nécessité ou par droit, selon un principe de rationalité diversement interprété. Le problème politique se pose à toute époque selon des perspectives renouvelées mais aussi selon des exigences constantes. Spinoza exprime ceci en toute rigueur et simplicité lorsqu'il écrit : « Tandis que la liberté ou force intérieure constitue la valeur (virtus) d'un particulier, un Etat ne connaît d'autre valeur que sa Sécurité » (T.P. I.6).

Dans une phase de civilisation où la croyance religieuse violemment agitée par des tendances réformatrices tient une place éminente dans l'ordre politique, la plupart des auteurs invoquent les recommandations contenues dans les textes fondateurs, c'est-à-dire les Textes sacrés. Sont souvent citées les Epîtres des Apôtres Pierre et Paul lorsque ceux-ci invitent les fidèles à se ranger aux ordres de tout Magistrat, c'est-à-dire toute autorité terrestre qui, de Dieu, tient son pouvoir et l'exerce sur les hommes réunis en Cités ou en Nations. Ces recommandations sont rigoureuses. Prises à la lettre, elles ne laissent place ni à contestation, ni à désobéissance. « Que chacun se soumette aux Autorités en charge, dit Saint Paul dans l'Epître aux Romains (13). Car il n'y a point d'autorité qui ne vienne de Dieu et celles qui existent sont constituées par Dieu. Si bien que celui qui résiste à l'Autorité se rebelle contre l'ordre établi par Dieu. Et les rebelles se feront eux-mêmes condamner... Crains, si tu fais le mal, car ce n'est pas pour rien que l'Autorité porte le glaive. Elle est un instrument de Dieu pour faire justice et châtier qui fait le Mal. Aussi doit-on se soumettre non seulement par crainte du châtiment mais par motif de conscience ». Cette dernière recommandation est essentielle. Le motif de conscience implique un consentement actif, une adhésion de bonne volonté.

Des injonctions tout aussi fermes se trouvent dans l'Epître aux Hébreux (App. XIII, 17) : « Obéissez à vos chefs et soyez-leur dociles car ils veillent sur vos âmes comme devant en rendre compte... », et dans la Première Epître sur l'obligation à l'égard des Autorités : « Soyez soumis, à cause du Seigneur, à toute institution humaine, soit au Roi comme souverain, soit aux gouvernés comme envoyés par Lui pour punir ceux qui font le mal et féliciter ceux qui font le Bien... Honorez tout le monde, aimez vos frères, craignez Dieu, honorez le Roi » (II. 17). Dans le cheminement des idées politiques au XVIe siècle, la ligne de partage est entre ceux qui acceptent ces prescriptions à la lettre ou même qui les poussent à la limite vers une apologie de la répression violente (Zwingli, à Zurich, écrit :

> « ... frappez l'enfant sans l'épargner... que s'il n'apprend point qu'il soit frappé »; et surtout Luther, dans ses terribles sermons contre les paysans révoltés, en 1525, et ceux qui, selon des inspirations variées, les uns s'efforçant de rester dans l'orthodoxie, les autres, réformateurs et persécutés, y apportant des atténuations ou même de sévères limitations. Ce peut être au nom du Bien commun compromis par les abus du tyran

— ce qui se trouve chez Thomas d'Aquin — ou au nom de la liberté de croyance menacée par un prince oppresseur — thème développé par les monarchomaques soutenant la légitimité du tyrannicide.

D'autres, au contraire, bien que cessant de faire référence à un commandement divin, soutiennent l'impossibilité, pour ceux qui sont soumis à une Autorité, de faire autrement que de lui obéir. C'est le cas pour Machiavel au nom du réalisme de la force et de la raison d'Etat, ou pour Hobbes, au nom de la sécurité, contre la passion homicide qui domine les hommes à l'état de nature, ou pour Bodin qui, au nom de l'unité et de l'harmonie supérieure de la République, attribue au seul Souverain le pouvoir de « donner ou de casser la loi ». D'autres théoriciens encore, dans la première partie du XVIIe siècle, les jésuites Suarez et Vitoria et, plus près de Spinoza, Acontius et Althusius, cherchent à concilier l'obéissance due au Souverain dans son absolue majesté et la façon dont celui-ci doit justement gouverner, ou même doit être maintenu « dans les limites de sa charge » par un Collège de représentants du peuple, les Ephores, qui sont, en fait, la plus haute autorité de l'Etat (selon la thèse propre à Althusius).

Néanmoins, sous ces orientations diverses, on trouve un point commun : c'est l'idée, exprimée, par exemple, par Calvin, « qu'il y a en tous hommes quelque semence d'ordre politique » et que « toutes assemblées humaines se doivent régler par quelques lois et qu'il y a quelques principes d'icelles en l'entendement humain » (l'Institution chrétienne). De là vient, ajoute Calvin, « le consentement qu'ont toujours eu, tant les peuples que les hommes particuliers à accepter les lois »; la semence en tous « procède de nature, sans maître et législateur ». S'il est possible de la rapporter à ce qu'il y a en l'homme « d'étincelle du divin », elle peut l'être aussi à la seule nature humaine en tant que « fondée en raison et équité naturelle » (Théodore de Bèze). On remarquera à ce propos que si de Bèze et les monarchomaques font l'apologie du tyrannicide pour des raisons essentiellement religieuses au lendemain de la Saint-Barthélémy, si leur condamnation du tyran ne s'inspire guère de la notion de Droit naturel, ils n'en contribuent pas moins à une laïcisation de cette notion lorsqu'ils la déclarent inscrite en la nature humaine. Puisque « l'inférieur magistrat » (les Corps intermédiaires qui représentent le peuple) est autorisé, invité même par eux, à prendre les armes, lorsque le Supérieur devient tyrannique, cela signifie que les libertés individuelles sont licites, qu'elles doivent être comprises comme « contrats entre Princes et sujets, confirmés par serments ».

Certes, l'idéal théocratique fondé sur l'hégémonie de l'Eglise romaine et de la Papauté, lorsqu'il s'efface à la fin du Moyen-Age, cède la place, non pas aux théories du Droit naturel et du Contrat, mais à la doctrine du droit divin qui veut que le monarque soit « empereur en son Roïaume » et tienne son pouvoir directement de Dieu. Certes, cette doctrine et l'absolutisme qui en découle s'imposeront en France à partir de Louis XI et connaîtront leur apogée sous Louis XIV dans le dernier tiers du XVIIe siècle. Mais, entre-temps, de rudes coups leur auront été portés, à la fois en théorie sous l'influence des pamphlétaires calvinistes et, en pratique, du fait de la violence régicide contre Henri III et Henri IV. Si des penseurs politiques magnifient, comme Bodin, la toute puissance monarchique dans sa majesté, d'autres, à la même époque, l'assaillent par la revendication de la liberté de conscience et de la liberté de culte. Ainsi vient au premier plan la question du rapport entre le Souverain et les Eglises et, par cette voie, celle de la laïcisation du domaine politique si l'autorité religieuse se subordonne à l'autorité temporelle. Plus fondamentale encore, la question du Contrat par lequel le Peuple se lie à son Souverain, « de façon tacite ou expresse ». Cette expression, qui se rencontre sous la plume de plusieurs auteurs, se retrouve aussi chez Spinoza avant que celui-ci, dépassant la solution du Contrat, adopte celle d'Union volontaire — ce qui constitue une orientation nouvelle de la pensée politique vers la Démocratie.

Dans les deux Traités de Spinoza consacrés à la Politique se rencontrent des questions déjà diversement traitées par d'autres auteurs (dont la plupart figuraient dans sa bibliothèque). Les réponses qu'il donne à ces questions ne sont pas forcément novatrices, mais elles ont valeur d'originalité par leur caractère synthétique, par une rigueur et une cohérence poussées jusqu'à la minutie (dans le *Traité Politique*) et par une exigence de réalisme qui, souvent, rappelle Machiavel et Hobbes. Mais, à la différence de Machiavel, sans aucun encouragement à l'usage de la force au profit d'un Prince soucieux de son seul pouvoir. Et, à la différence de Hobbes, par sa prise de position en faveur de la notion de Droit naturel. En effet, alors que la doctrine du Léviathan implique, pour des hommes dominés par la crainte et les sentiments hostiles, et, par contre-coup, avides de sécurité à tout prix, l'abandon entier de leur droit naturel, Spinoza maintient toujours, au contraire, l'exigence de ce droit comme condition première de la liberté dans la Cité. Plus généralement, la distance qui s'établit entre lui et ses devanciers est que sa Politique rationnelle est laïque, c'est-à-dire indépendante des commandements d'une Parole transcendante, mais sans récusation des principes moraux qu'il trouve dans les Evangiles et qu'il revendique comme guides de vie en dehors de tout dictat des Eglises.

L'exigence de réalisme et de rationalité, l'argumentation en faveur d'une Souveraineté laïque et démocratique, et forte, sont évidemment liées à la philosophie de Spinoza. Mais elles s'expliquent aussi par la situation historique et politique des Pays-Bas. Si les théories de la résistance au pouvoir trouvent un écho favorable chez les Néerlandais bien avant la fin du XVIe siècle et dans les débuts du XVIIe, c'est qu'il s'agit pour ceux-ci de s'opposer à la puissance oppressive étrangère : l'Espagne. A partir de 1550, les pamphlets des monarchomaques se répandent, traduits dans les Pays-Bas. On est dans la période où les Hollandais viennent de déclarer leur indépendance par l'Union d'Utrecht de 1579, indépendance qu'ils affermiront ensuite par la Trêve de Douze Ans signée avec l'Espagne en 1609. Dès lors, dans la première partie du XVIIe siècle, une ambiguïté à la fois politique et idéologique particulière aux Pays-Bas domine tous les rapports de pouvoir dans la Cité, sans être clairement comprise, ou, en tous cas, sans que les responsables politiques en tirent une leçon concrète : les Espagnols chassés, le Souverain n'existe plus. Dans la longue période qui s'étend de 1579 à 1672, soit pratiquement un siècle, la structure de l'Etat reste bipolaire. Comme indiqué précédemment, d'une part, les Régents gouvernent, ayant à leur tête un Grand Pensionnaire élu pour cinq ans et rééligible — la période la plus faste à cet égard, et la plus libérale, se situe de 1653 à 1672, sous la direction de Jean de Witt. Mais, d'autre part, à la disparition de la souveraineté espagnole s'est substituée la prétention à la souveraineté des Princes d'Orange porteurs des attributs et des fonctions militaires de Grand Stathouder.

La théorie de la résistance à l'absolutisme continue donc à se maintenir dans les cercles libéraux. Elle se maintient même de façon particulièrement paradoxale lorsque, à l'époque de Jean de Witt, il y a vacance de stathoudérat du fait de la minorité du jeune prince d'Orange (dont le père, le second Guillaume de Nassau est mort prématurément en octobre 1650). Ainsi, durant cette période, une idéologie politique mal fixée s'en tient toujours à un principe de résistance anti-absolutiste assorti de quelques mesures préventives contre une menace hégémonique actuellement inexistante. Le passage d'une gestion politique à une gestion principalement économique favorisant la prospérité de la classe des dirigeants s'explique sans doute par cette situation étrange : il n'y a plus de Souveraineté comme Magistrature suprême, comme Majestas sans partage. Il n'y a même plus de lieu institutionnel pour cette Souveraineté. Pourtant, une classe restreinte de gestionnaires, les Régents, exerce le pouvoir, tout en se défendant de le posséder, mais en prenant toutes dispositions pour que personne d'autre ne s'en empare. Par exemple, l'affaiblissement de la puissance militaire terrestre — une armée défensive qui devrait être assez forte pour se porter aux frontières — procède de cette attitude, même si d'autres raisons peuvent être invoquées. De même, la suppression du Stathoudérat, de nouveau décidée par Jean de Witt, en 1670. Au total, si les dirigeants n'aperçoivent pas ces ambiguïtés ou s'en accommodent, alentour et en-dessous rôde une plèbe ignorant «en quelle personne s'incarne la puissance souveraine» (Spinoza, *T.P.*, IX.14) et qui, du fait même de cette ignorance, pourrait se prêter à toute tentative de prise de pouvoir par un prétendant enfin identifiable comme vrai Souverain.

Au delà du problème particulier qui se pose ainsi aux Pays-Bas — une oligarchie menacée par un retour à l'absolutisme —, il reste à savoir, en termes de doctrine politique générale, quelles devraient être la nature d'un souverain légitime et l'étendue de ses attributions. A partir du XVIe siècle, bien au-delà du thomisme médiéval — point de rencontre entre théocratisme et démocratisme —, la diversité des points de vue est extrême. Les doctrines en faveur de l'absolutisme, comme celles qui s'en écartent, reposent à chaque fois sur des postulats différents. Par exemple, de Machiavel à Luther, deux contemporains, la distance idéologique est extrême, mais les conclusions pratiques, voisines : la Raison d'Etat incarnée dans le Prince, comme la foi inconditionnelle du croyant en la volonté de Dieu, commandent l'une et l'autre une obéissance entière à l'Autorité en place. De même, pour ce qui rapproche et pour ce qui sépare les monarchomaques du dernier quart du XVIe siècle et les juristes hollandais du premier tiers du XVIIe. Chacun professe la théorie de la résistance à l'absolutisme, mais, pour les monarchomaques, c'est en invoquant la loi de Dieu que nul Souverain ne saurait violer, tandis que, pour Althusius, c'est en se fondant sur le contrôle du Magistrat supérieur par les représentants de la volonté populaire, et, pour Grotius, c'est en se référant au Droit naturel «quand même nous accorderions qu'il n'y a pas de Dieu ou que les affaires humaines ne sont pas l'objet de ses soins».

2. LE THÉOCRATISME DÉMOCRATIQUE DE THOMAS D'AQUIN

Dans la théologie politique de saint Thomas d'Aquin sont utilisées des notions qui se rencontrent ultérieurement chez maints autres auteurs : la notion de Droit naturel, celle de Loi, celle de Bien commun, celles de Souveraineté et de Légitimité dans l'exercice du pouvoir, et aussi, notion éminemment moderne, celle de Volonté populaire, le Peuple étant considéré comme partie prenante de l'Autorité dans les affaires de la Cité. De sorte qu'il n'est pas possible d'éluder la question de la sanction populaire si le Prince s'écarte de sa vocation au Bien commun. Saint Thomas écrit, dans la *Somme Théologique* : «le droit divin qui vient de la Grâce ne supprime pas le Droit humain qui naît de la raison *naturelle*». C'est dire que les hommes en société ont la capacité de définir un but qui leur soit commun, un Bien conforme à leurs inclinations en général, mais susceptible aussi d'être nuancé selon leurs penchants personnels. La réalisation de ce Bien implique la mise en place de règles à respecter par tous, c'est-à-dire de Lois dont l'établissement ne peut se décider sans la volonté expresse des intéressés : «La loi, au sens propre et principal, se rapporte au Bien commun; c'est donc à toute la multitude ou à la personne publique qui en est issue qu'il appartient de fonder la loi». Celle-ci procède donc du peuple, et, de même, l'Autorité qui reçoit délégation pour la faire respecter. Cette Autorité peut être, selon les circonstances, une assemblée, un groupe ou un monarque. Un gouvernement est légitime sous ces trois formes — démocratie, aristocratie, monarchie — s'il a reçu l'aval du peuple. Et tant que ce Souverain légitime se conduit justement, son autorité est incontestable et doit être obéie en tout.

A l'inverse, si la loi est détournée, si la Majesté élue se comporte injustement, à la fois elle transgresse la volonté divine et la volonté populaire attachée au Bien commun. Elle ne peut donc être considérée comme légitime. Le fait d'outrepasser la loi la retire de l'ordre commun, du domaine de la Justice égale pour tous : «le gouvernement tyrannique n'est pas juste parce qu'il ne tend pas au Bien général, mais au bien particulier de celui qui gouverne» (*S.T.*, VI. 96 art. 4). Aussi, le peuple est en droit de le renverser. La sédition n'est pas dans l'acte de révolte, elle est dans le tyran qui la provoque par sa conduite. Encore faut-il souligner que la révolte n'est pas seulement une conséquence de fait admise en raison de son caractère inéluctable. Elle est aussi fondée en justice, elle est un droit. La doctrine du droit surnaturel qui fait dépendre tout pouvoir de Dieu se double ainsi d'une doctrine qui accorde l'exercice du pouvoir aux hommes. C'est pourquoi, «bien que quelques-uns aient pu recevoir leur pouvoir de Dieu, cependant, s'ils en abusent, ils méritent qu'il leur soit ôté» (De Regno). Saint Thomas ajoute même, citant Cicéron sur la mort de César : «celui qui, pour l'affranchissement de sa patrie, tue le tyran, celui-là est loué et mérite une *récompense*» (in *Commentaire des Sentences* du père Lombard). Ce pouvoir *in concreto*, cet usage si pleinement assumé, qui relève du droit naturel humain, qui procède d'une décision et d'une désignation assumées par les hommes — encore que sous le contrôle divin : *omnine potestas a Deo sed per populum* — est l'expression même du concept démocratique : «il appartient à la multitude ou à quelqu'un agissant à sa place d'ordonner le Bien commun» sachant que «la forme générale de la Justice est l'égalité». Si un monarque est réputé tyran, c'est précisément en raison de son injustice par laquelle il introduit l'inégalité entre lui-même et le peuple.

Cette légitimation du pouvoir humain contre les abus n'implique pas, cependant, que les hommes en masse, ou ceux qui les représentent, soient indépendants par rapport à la loi divine. Si l'usage est aux mains des hommes, l'essence du pouvoir réside en Dieu. Le glaive temporel reste subordonné à la volonté divine comme l'inférieur l'est au supérieur. Même si un Souverain juste détient la plénitude du pouvoir, sans contestation de ses sujets dans son domaine d'exercice — c'est-à-dire l'ordre des choses terrestres —, son pouvoir ne saurait s'élever hors et au-dessus de sa compétence — c'est-à-dire l'ordre des choses spirituelles. Il y a, néanmoins, un Souverain qui a reçu mission en ce monde, au nom de Dieu, de gérer l'ordre du Spirituel. Celui-là, seul, peut, s'il le juge nécessaire, intervenir dans l'ordre temporel, c'est-à-dire procéder du supérieur à l'inférieur si les Princes de ce monde dérogent au Bien et à la Justice. Tel est le rôle dévolu au Pape, souverain Pontife : «De même que Dieu a un souverain pouvoir sur toutes les choses de la nature... de même que, pourtant, il gouverne le monde selon la loi commune (sans empêcher que les choses suivent leur cours habituel) de même, le Souverain Pontife, vicaire de Dieu, détient à sa manière, un universel pouvoir sur les choses temporelles, mais, voulant l'exercice selon la loi *commune*», il doit se garder d'intervenir à moins qu'il n'y ait «obstacle spirituel» majeur.

Ce mouvement dialectique peut paraître subtil. Il est surtout prudent et cohérent. En premier lieu, il exprime l'idéal théocratique du thomisme qui est (selon le précepte de l'Ecriture : «c'est par Moi que les Rois règnent et que les législateurs portent de justes décrets») de subordonner tout pouvoir humain à la volonté de Dieu, et, par voie de conséquence, de concevoir un empire chrétien mondial contrôlé, sinon régi, par la papauté. Mais, en second lieu, il souligne le fait que l'institution politique ayant pour fin le bien commun s'engage vis-à-vis de la communauté humaine toute entière et qu'elle s'oblige donc à l'équité ou à la justice qui implique l'égalité. Aussi, en troisième lieu, toute puissance qui déroge à la justice, transgresse le pouvoir reçu de Dieu. En cessant d'être une autorité morale, le tyran rompt avec la légitimité qui lui était conférée. Séditieux, il est à l'origine de la révolte populaire qui le renverse en vue de reconstituer le Bien commun. Le démocratisme de Saint Thomas est ainsi avéré, qu'on le regarde par le bas, les nécessités humaines, ou par le haut, le vouloir divin.

Mais lorsque les dissidences idéologiques et religieuses, les orientations nouvelles, humanistes ou réformiste apparaissant à la Renaissance, viennent ébranler l'hégémonie temporelle et spirituelle de la Papauté et rendent impossible, du même coup, l'instauration d'un théocratie, l'inspiration démocratique, s'écartant de cette vision mystique et du mondialisme qu'elle implique, doit chercher sa voie et sa justification en d'autres multiples directions. Celles que lui assignent les penseurs politiques du XVIe et du XVIIe siècles, jusqu'à aboutir soit à une nouvelle mystique de la Souveraineté d'où la puissance temporelle de l'Eglise romaine est forcément exclue, soit à un absolutisme, indépendant de tout vouloir transcendant, et qui emprunte les voies fort différentes, entre autres, du réalisme de la force, du despotisme sécuritaire ou d'un démocratisme laïcisé où la Souveraineté est d'autant plus forte qu'elle est à la fois l'expression de la Raison et de la volonté de tous.

3. LA RÉFORME : DE LA SOUMISSION À LA RÉSISTANCE

La distance est grande, et même extrême à tous égards, entre le Docteur Angélique, le grand Thomas d'Aquin — ce constructeur de la cathédrale d'idées qui domine toute la théologie médiévale et qui est tout entière vouée à la gloire de la chrétienté unie — et le bouillant Luther, cet esprit impétueux qui, deux siècles et demi plus tard, lance le formidable mouvement de la Réforme. Mouvement relayé par bien d'autres parmi lesquels Zwingli à Zurich, Bucer à Strasbourg, et surtout, un peu plus tard, par Calvin à Genève, celui-ci contribuant à sa diffusion dans les pays francophones où son influence efface l'évangélisme d'Erasme et l'humanisme de Lefèvre d'Etaples. Ainsi, appuyée sur ses deux branches maîtresses, luthéranisme et calvinisme, la Réforme ne tarde pas à se répandre dans toute l'Europe. Dans le même temps, en Angleterre, le pouvoir royal, ayant rejeté la tutelle de Rome, provoque le schisme anglican. De ce compromis arbitraire entre catholicisme et calvinisme émergera une autre tendance caractérisée par son intransigeance rigoriste : le puritanisme. Les thèses de Luther contre les Indulgences pontificales ont été placardées à Wissemberg en 1517 — coup de semonce contre la papauté et le catholicisme dissolu. L'Institution de la Religion chrétienne de Calvin est (sous sa première forme, latine) de 1536. Le schisme voulu par Henri VIII et confirmé par le Parlement, le Roi devient le Chef de l'Eglise d'Angleterre, est de 1535.

En l'espace d'à peine un quart de siècle, de 1515 à 1540, on assiste donc à un intense bouillonnement idéologique combiné à des événements historiques d'importance. Le Prince, de Machiavel, est de 1514, le Nouveau Testament d'Erasme, de 1515, l'Utopie de Morus, de 1516, la Lettre à la noblesse allemande et la Bible allemande de Luther, de 1520-

1521. François 1ᵉʳ est devenu roi de France en 1515 et Charles-Quint règne sur l'Espagne et les Pays-Bas conjointement à la même date, puis, sur l'Allemagne, à partir de 1519. Le pape Léon X accède à la papauté en 1515. Entre 1520 et 1530, tandis qu'a lieu l'entrevue du Drap d'Or (1520), Luther brûle la bulle du Pape, rompant ainsi définitivement avec l'autorité de Rome. Les chevaliers allemands se soulèvent (1522), bientôt relayés par la révolte des paysans (1524-1525) : celle-ci, commencée en Allemagne du Sud par des ligues revendicatrices contre les seigneurs locaux, gagne l'Alsace, la Hesse, le Palatinat, semant désolation partout, se terminant par la féroce répression des Princes (mai 1525). En Angleterre, Thomas More (Morus) devenu chancelier en 1529, sera décapité quelques années plus tard (1535) par la volonté d'Henri VIII.

Entre 1530 et 1540, Charles-Quint réunit la Diète à Ausbourg (1530) dans l'intention d'entendre les divers représentants et partisans de la Réforme. Ceux-ci, mis en demeure de se soumettre à Rome, préfèrent se rebeller avec l'appui des princes protestants. La Ligue de Smalkalde (1531) répond à cet objectif. L'empereur choisit de composer avec les princes par la Trêve de Nuremberg (1532). Mais la tendance illuministe, présente au sein de la Réforme, gagne du terrain sous le nom d'anabaptisme. Regroupés dans la « ville sainte » de Münster sous la direction de Jean de Leyde et de Jean Matthys, deux exaltés messianiques, ces illuminés résistent plusieurs mois au blocus de la ville par l'évêque de Münster et les Princes catholiques, avant d'être défaits et massacrés. Cependant, la Ligue de Smalkalde connaît de nouveaux ralliements confirmés par la Concorde de Wittemberg entre Etats protestants (1536), à laquelle s'oppose en 1538 la ligue défensive des Etats catholiques, ou Ligue de Nuremberg. Plusieurs colloques en 1540-1541 auront pour but de trouver un terrain d'entente entre catholiques et protestants, mais sans succès.

En fin de compte, le Concile de Trente, commencé en décembre 1545 — mais rejeté par les protestants et dénoncé par la voix de Luther (qui mourra un an plus tard, février 1546) — est, pour Charles-Quint, l'occasion d'entrer en guerre contre les Etats évangéliques. Cette guerre de Smalkalde est gagnée par les catholiques en avril 1547. La Ligue est anéantie. L'Empereur tente d'en finir sur le plan religieux par l'Interim d'Ausbourg (juin 1548) qui fait quelques concessions aux protestants. Mais, de nouveau, sans succès. Au contraire, les princes protestants repartent au combat et, sous les ordres de Maurice de Saxe, l'emportent sur Charles-Quint à Innsbrück. Après le traité de Passau, de 1552, la diète d'Ausbourg (1555) met fin aux luttes de la Réforme en Allemagne par deux décisions capitales : reconnaissance de la division confessionnelle entre Etats catholiques et Etats évangéliques qui conserveront leur foi et leur pratique réformée. Confirmation de l'autorité du pouvoir temporel en matière religieuse : les sujets d'un Etat auront à se conformer à la religion de leur monarque (ce qui est, selon le point de vue, amoindrir la liberté spirituelle des sujets ou la puissance temporelle des Eglises, ce qui est aussi, selon les circonstances, renforcer l'absolutisme monarchique ou entrer dans un processus de laïcisation). Ailleurs, en France, le fil rouge des conflits intérieurs à venir commence à se nouer entre catholiques et réformés. Encore une quinzaine d'années et, après le colloque de Passy, le massacre de Vassy marquera le début des guerres de religion. Et, conséquemment, au premier calvinisme respectueux de l'Autorité en place (Calvin s'adressant à François 1er) succédera un autre calvinisme monarchomaque dénonçant le pouvoir persécuteur et recommandant le tyrannicide.

Luther, ce réformateur violent, cet iconoclaste antipapiste, soutient constamment l'idée que, dans les royaumes de ce monde, il n'y a rien à opposer à la suprématie de l'autorité temporelle. Celle-ci règne par la force et réprime toute désobéissance sans miséricorde. Dans un monde terrestre voué au Mal, l'instrument du pouvoir est le glaive. Et le glaive étant institué de Dieu pour punir les méchants, aucune sédition n'est ni juste ni admissible. De plus, s'il n'y a rien à opposer à l'autorité temporelle, cela signifie aussi que l'autorité spirituelle est sous la main du prince qui, dans ce domaine, supplante donc le pouvoir des hommes d'Eglise, des dignitaires du clergé, du Pape lui-même. Et puisque cette Souveraineté est divine par son origine comme par sa destination — «Là où se trouve une Autorité elle est instituée de Dieu» : c'est la formule même de saint Paul — toute résistance active au monarque terrestre est un crime de lèse-majesté qui s'étend au Souverain divin Lui-même. Aussi, souffrir l'imposture, l'humiliation, toute espèce d'abus de la part des puissants, fussent-ils des «vauriens», vaut mieux pour les sujets que la révolte contre l'ordre temporel établi par Dieu. Le chrétien doit comprendre que, si le royaume de Dieu est grâce et mansuétude, les royaumes du monde, submergés par le Mal, ne peuvent être que de colère et de rigueur. Paradoxe nécessaire : se conformer à l'ordre voulu par Dieu, c'est être l'homme le plus libre, celui qui n'est assujetti par personne puisqu'il ne répond que devant Dieu. Et c'est, en même temps, être l'homme le plus serviable de tous les serviteurs, celui qui est assujetti à tous puisque telle est la volonté divine. «Le chrétien est un libre seigneur sur toutes choses et n'est soumis à personne», écrit Luther dans le *Traité de la Liberté chrétienne* et, aussitôt, il ajoute : «Le chrétien est un serviteur subordonné à toutes choses et soumis à tout le monde». Pour une âme chrétienne, ce paradoxe qui ne peut que heurter les esprits forts, sera reçu, au contraire, comme une évidence : libre de toutes les attaches temporelles en raison de sa foi, le croyant les assume toutes, cependant, au nom de Dieu.

Deux principes incontournables et complémentaires dominent ainsi et gouvernent toute la pensée de Luther. Le premier principe est celui de l'obéissance et de la soumission : « Personne ne peut se battre en duel ou en guerre contre son suzerain, lit-on dans l'Epître aux Romains (XII. 1) car, à l'Autorité son dûs honneur, obéissance et crainte », et en fidèle reflet chez Luther : même au nom de l'équité, il n'existe « aucun droit à désobéir à l'autorité, à la combattre, la déposer ou la saisir » (*Les Gens de guerre*). Le second principe est celui de la liberté parfaite dans cette servitude puisque le croyant obéit de son plein gré, sans aucune réserve, puisqu'il n'a besoin « pour sa béatitude d'aucun *commandement* ». A ces deux principes, Luther associe des arguments de persuasion : une autorité tyrannique peut finir par s'amender, au moins selon nécessités de circonstances. Un tyrannicide est toujours l'occasion de désordres. Voulant remédier à un mal, il provoque un mal plus grand. Toute rébellion fait injure à Dieu, car le rebelle, prétendant juger lui-même en sa propre cause, pèche par orgueil. Le motif d'équité que tout révolté invoque recouvre des mobiles troubles : le plaisir de la violence, l'appétit de changement sans frein, toute espèce d'abus et de licence. Qui oserait se prétendre assez sûr de lui-même pour s'égaler et se substituer à la volonté de Dieu ? « Etre dans son droit ou dans son tort est le propre de l'homme, mais dire le droit, le tort, et en juger, cela n'appartient qu'à Celui qui est établi Supérieur au-dessus de la Justice et de l'Injustice, à savoir Dieu seul qui a commis l'Autorité en place » (*Les gens de guerre*).

La cause est entendue : puisque le monde est fondamentalement mauvais, tout ce qui ruine l'Autorité ne peut aboutir qu'à un renforcement du Mal. Les peuples, ces fauves, sont toujours à craindre. Preuve en est, par exemple, les atrocités commises lors de la guerre des Paysans, et, aussi bien d'ailleurs, les turbulences de la noblesse allemande, les désordres, les injustices. Contre ces excès, un seul remède : la sanction des Autorités, le glaive des Rois. Ceux-ci ne sont eux-mêmes que les lieutenants de Dieu, des dompteurs portant sa livrée, et faisant régner l'ordre sur tous, indifféremment. Indifféremment, car pas davantage que le peuple, les nobles n'ont droit à rébellion. Si l'on coupe la tête d'un paysan révolté, de même celle d'un noble sédétieux. La réalité de l'Etat c'est son autorité et sa puissance. Elle s'exprime par la contrainte. Il n'y a rien dans son institution que l'on puisse appeler communauté et qui doive incliner à la mansuétude. « Le pouvoir civil, ministre de la colère divine sur les méchants et véritable précurseur de l'Enfer et de la mort éternelle, ne doit pas être miséricordieux, mais raide, sévère, et dans sa fonction et dans son œuvre ». La guerre elle-même est justifiée. Elle est la punition du Mal qui en fut le déclencheur. Elle doit être menée avec décision, énergie, férocité s'il le faut. Elle est « aussi nécessaire et utile au monde que le manger et le boire ou toute autre œuvre » (sur la question de savoir si « les soldats peuvent être en état de grâce »). Pour aller encore plus loin dans l'intransigeance, on dira que si le Prince se conduit en tyran, en vérité, le peuple, parce qu'il vit dans le péché, est le seul coupable. Quant au despote, quoi qu'il fasse — Luther ne cache pas que ces « fléaux de Dieu » sont, le plus souvent, « les plus grands déments ou les pires vauriens sur terre » —, il reste, néanmoins, sous le contrôle de Dieu. Dieu le tient « entre les éperons et par la bride ».

Il est clair que la vision du monde propre à Luther rend le problème politique insoluble autrement que par l'unique voie de la répression. On ne réforme pas un monde foncièrement mauvais, « l'auberge du Diable », dit Luther. Si le Mal s'y répand sans cesse, on ne peut que l'endiguer par des mesures sans cesse violentes. La norme médiévale était la réalisation de la Cité par la conjonction de l'Eglise et de la Loi en vue du Bien commun. Luther rejette cette conciliation. L'Evangile ne peut s'ajuster, ni encore moins se subordonner à la Loi, « car le monde de la Loi est bel et bien le monde du péché ». Mais ce monde, incompatible avec les normes chrétiennes, est le lieu naturel des hommes, le socle de leur existence terrestre. Et, par conséquent, chacun doit s'en accommoder et s'y soumettre en ayant pour seul principe dans les relations avec le prochain « le service réciproque de la charité », service, ou mieux, servitude qui est (comme on l'a vu plus haut) « liberté parfaite puisqu'elle ne doit rien à personne, ne reçoit rien mais, au contraire, donne et distribue ». C'est aussi pour cette raison que tout clergé est disqualifié dès qu'il tire profit. Ainsi de l'Eglise romaine corrompue par des trafics (les indulgences) et donc pernicieuse. D'où la thèse selon laquelle « il serait sans doute plus sûr que les affaires temporelles, même du clergé, soient confiées à la puissance civile ». Et encore, plus que cela, que cette puissance accomplisse elle-même non seulement les rites, mais la fonction spirituelle qui en est le fondement. « A cette autorité, nous ne pouvons refuser le titre de prêtre et d'évêque, ni le privilège de considérer sa charge comme étant une fonction spirituelle et utile à la communauté entière ».

Ce n'est pas la moindre originalité du polémiste Luther que cette machine de guerre, évidemment lancée contre l'Eglise de Rome, puisse conduire à la promotion de l'Etat dominateur, autoritaire jusqu'au despotisme. Ce dont Luther a, d'ailleurs, pleine conscience puisqu'il déclare que, plus qu'aucun autre réformateur, il a contribué à la légitimation de l'Autorité terrestre. Celle-ci, reçue de Dieu, doit pouvoir s'exercer entièrement et librement partout où il y a utilité et urgence. Et comme elle s'exerce aussi, par conséquent, dans le domaine religieux, en se substituant à ceux qui en ont traditionnellement la charge, on peut voir dans ce transfert un processus de laïcisation que d'autres reprendront en dehors de toute dépendance mystique. La thèse de l'Autorité civile comme régulatrice de la vie religieuse — au moins dans ses activités apparentes : le culte, les cérémonies, les propos publiquement tenus dans les sermons et autres péroraisons — se retrouve, un siècle et demi plus tard, chez Spinoza, mais avec d'autres arguments (analogies également chez Machiavel, chez Hobbes).

Si la vie commune dans la Cité est de droit naturel, comme le pensent les thomistes, si chaque homme est ordonné à l'équité et au bien commun, et s'il y a en chacun quelque «semence» de droite Raison et d'inclination envers les autres, il est juste que le lien par lequel tout sujet est subordonné au Souverain ne soit point absolument inconditionnel. De même, si le *Roïaume* n'est pas fait pour le roi, mais le roi pour le *Roïaume*, il s'ensuit que la Souveraineté ne va pas sans devoirs. Lorsque, en 1536, Calvin publie son Institution de la Religion chrétienne (en latin, puis, en 1641, en français), sa déclaration d'obéissance au Souverain, François 1er, est très engagée dans le sens de la soumission et d'une rigueur respectueuse, mais ce n'est pas sans nuance. Plus tard, lors des persécutions s'abattant sur les Réformés — en France, les violences meurtrières de Vassy et, plus tard, le massacre de la Saint-Barthélémy —, cette réserve se changera en opposition au nom du droit sacré du croyant contre toute oppression. Opposition reprise sous une forme plus accentuée dans les pamphlets de ses coreligionnaires et dans les écrits de Théodore de Bèze au lendemain de la Saint-Barthélémy : on verra que l'évolution de Théodore de Bèze entre ses deux Traités, l'un de 1554, l'autre de 1575, est fort significative à cet égard.

Dans son Epître au Roi placée en tête de l'Institution chrétienne, on sent la pointe de Calvin sous la génuflexion. «Si, au contraire, les détractions des malveillants empêchent tellement tes oreilles que les accusés n'aient aucun lieu de se défendre d'autre part, si ces impétueuses furies sans que tu y mettes ordre exercent toujours cruauté par prison, fouet, géhenne, coupures, brûlures, nous, certes, comme brebis dévouées à la boucherie (Luc, 21) seront jetés en toute extrémité. Tellement, néanmoins, qu'en notre patience, nous posséderons nos âmes et attendrons la main forte du Seigneur, laquelle, sans doute, se montrera en raison et apparaîtra armée, tant pour délivrer les pauvres de leur affliction que pour punir les contempteurs» (p. 35). Ce n'est pas dire qu'il y aura rébellion. Ce n'est pas dire non plus qu'il y aura résignation entière puisque l'on attendra «la main forte du Seigneur... armée pour délivrer et pour punir...». Le souhait n'est pas supplication. Il a le ton ferme de qui consent à patienter mais non à se renier sous l'offense. Le chapitre XVI de l'*Institution chrétienne* — *Du gouvernement civil* — développe cette dialectique rigoureuse.

Calvin distingue deux «régimes» en l'homme : «le premier réside en l'âme et concerne la vie éternelle... le second, lequel appartient à ordonner seulement une justice civile et réformer les mœurs extérieures», mais étant entendu que «la liberté spirituelle peut très bien consister avec servitude civile». Dans les formes ou espèces du régime civil — monarchie, aristocratie, démocratie —, «chacun, du peuple, a puissance», car, en chacun, se trouvent les mêmes composantes ou fondations de toute société civile : «il y a trois parties; la première est le Magistrat qui est gardien et conservateur des Lois; la seconde est la loi selon laquelle domine le Magistrat; la troisième est le Peuple qui doit être gouverné par les Lois et obéir au Magistrat». Les Magistrats, en effet, sont «vicaires de Dieu... constitués protecteurs et conservateurs de la tranquillité, honnêteté, innocence et modestie publique, lesquels se doivent employer à maintenir le salut et la paix communs à tous». Le Magistrat est donc, de quelque nom qu'on le désigne, le seul détenteur de l'Autorité. Ministre de Dieu, sa fonction consiste «en la rémunération des bons et en la punition des mauvais».

En principe, la balance est égale entre ces deux attitudes puisque la loi exige l'équité. Mais la loi, d'elle-même, est sans force. Pour être respectée, il lui faut le relais du Magistrat qui est «loi vive», tandis qu'elle seule est «Magistrat muet». Aussi, c'est davantage dans la correction et punition des pervers que dans l'octroi de récompenses aux bons que le Magistrat montre son efficience. Il ne peut se dispenser d'être sévère et «de prendre vengeance de ceux qui font le mal». Un magistrat débonnaire manque à sa tâche : «... s'ils se veulent abstenir de toute sévérité et conserver les mains nettes de sang, cependant que les glaives des méchants se déchaînent à faire meurtres et violences, ils se rendront coupables de grande injustice». Un pouvoir se dévoie aussi bien par complaisance que par brutalité. Il est vrai que Calvin, plus que d'autres réformateurs, se montre soucieux de maintenir le milieu entre clémence et répression, mais la réalité du Mal, plus tangible, plus contagieuse que ne l'est l'exemple du Bien, oblige l'Autorité à sévir plus qu'à louanger.

Il faut châtier, il faut s'y résoudre incessamment. Zwingli, à Zurich, en donne l'exemple lorsque, regardant les peuples comme des enfants indociles, il recommande de les traiter comme tels. De même, Luther, rude et intransigeant jusqu'à la férocité. Et Calvin, à son tour, lorsque dans ses Ordonnances ecclésiastiques, il attend que les administrateurs de la Cité « contraignent et corrigent les rebelles et obstinés ; qu'ils lient et délient, tonnent et foudroient s'il est nécessaire : mais tout en la Parole de Dieu », car c'est Dieu seul qui donne le droit du glaive. Lorsque, à Genève, Calvin fonde une sorte de théocratie, une Ville-Eglise où le magistrat élu répond devant un Consistoire composé d'Anciens et de Pasteurs, cette étonnante cité cléricalisée devient le modèle d'un Etat chrétien austère et absolutiste, ancré dans le siècle, mais sans mansuétude aucune pour les esprits forts — comme en témoigne la mort au bûcher de Michel Servet. L'obligation de soumission est constante, l'intransigeance est de rigueur. Quant aux raisons invoquées par Calvin pour fonder l'obéissance et justifier les répressions, elles sont fort voisines de celles de Luther — même si l'activisme politique du premier est à l'opposé de l'indifférence du second, à l'égard des royaumes de ce monde.

La naturelle perversion des hommes les ayant conduits au péché les expose en retour à des sanctions nécessaires — y compris même les abus commis par un Prince injuste. Celui-ci, jusque dans ses excès, reste le bras armé de Dieu. « Même pervers et indigne » s'il détient la supériorité publique, « en lui réside la même supériorité et puissance ». Par ses violences, il punit « l'iniquité du peuple ». « Il est une ire de Dieu sur la terre ». Sa légitimité étant supérieure à tout, nul n'est en droit de lui porter atteinte, ni même d'en avoir la pensée. « Jamais ces folles et séditieuses cogitations ne nous viendraient à l'esprit qu'un Roi doit être traité selon ce qu'il mérite ». Au contraire, c'est le mérite, ou plutôt le démérite, des personnes privées, des sujets, qui est en cause devant Dieu. Toute offense infligée par le prince devra être entendue comme motif d'expiation : « Si nous sommes cruellement vexés par un Prince inhumain ou pillés, robés (dépouillés) par un avaricieux... si même nous sommes affligés par un sacrilège et incrédule, premièrement, réduisons-nous en mémoire les offenses qu'avons commises contre Dieu... secondement, pensons qu'il n'est pas en nous de remédier à tels maux, mais qu'il ne reste autre chose qu'implorer l'aide de Dieu ». Attendre que Dieu fasse justice lui-même, telle est la recommandation de Calvin, car il ne nous est donné « autre mandement que d'obéir et de souffrir ». La métaphore de l'innocent offert en sacrifice est toujours présente dans la doctrine : « Et il faut que tous, fidèles, ce pendant qu'ils habitent en terre, soient comme brebis destinées à la boucherie, à fin d'être faits conformes à leur chef Jésus-Christ ».

Soumission à l'Autorité en conscience et de bonne volonté, sainteté du sacrifice consenti, légitimation de la répression, tels sont les thèmes dominants de l'Institution chrétienne. Pourtant, les dernières pages du chapitre XVII introduisent une atténuation non négligeable. Citant saint Paul, Calvin rappelle qu'«il faut obéir à Dieu plutôt qu'aux hommes» et que, en cas d'iniquité, le croyant ne peut faire autre chose «qu'implorer l'aide de Dieu». Mais alors, Dieu, en réponse, «suscite manifestement quelqu'uns de ses serviteurs et les arme de son mandement pour faire punition d'une domination injuste et délivrer de calamité le peuple iniquement affligé». C'est dire que, par sa puissance infinie, Dieu, qui est à la fois rigueur et bonté, se montre doublement justicier. Il l'est lorsque, par les actions du tyran, il fait sentir son ire contre les pêcheurs. Mais il l'est encore, autrement, lorsque contre le tyran, il envoie des serviteurs qui l'abattront. Au regard d'une conscience moderne, cette argumentation ne peut manquer d'être jugée spécieuse. Mais un croyant docile peut la recevoir comme persuasive : à ceux qui sont opprimés, elle donne occasion de plier en rémission de leurs péchés et, en même temps, elle les invite à espérer en la bonté divine qui, opportunément, mettra fin au fléau.

Surtout, Calvin avance une rectification qui n'est pas mince dans le contexte de ce chapitre : «En l'obéissance que nous avons enseignée être due aux supérieurs, il doit y avoir toujours une exception ou plutôt une règle à garder devant toutes choses. C'est que telle obéissance ne nous détourne point de l'obéissance de Celui sous la volonté duquel il est raisonnable que tous les désirs des Rois se contiennent et que tous leurs commandements cèdent à son ordonnance». Il n'y a donc point une continuité nécessaire entre l'obéissance due au Créateur et celle due aux Souverains qui auraient cessé de se contenir. Si cette obéissance oblige encore, elle ne comporte «nulle estime». Par cette fissure dans le mur compact de la soumission filtre une instance régulatrice nouvelle : c'est la liberté de jugement face au tyran, et ce peut être, par extension, la liberté de le contester activement. Que si le Souverain en vient à persécuter une minorité de croyants au motif d'hérésie — alors que ces hérétiques prétendus invoquent légitimement la parole de Dieu —, cette minorité ne doit-elle pas, selon l'avertissement même de saint Paul, «plutôt obéir à Dieu qu'aux hommes»? Certes, il faut compter ici sur la médiation des Magistrats inférieurs, c'est-à-dire les Corps intermédiaires «constitués pour la défense du peuple, comme les Athéniens avaient leurs Ephores, et les Lacédémoniens leurs Demarques — ou bien sur celle d'un héros manifeste «envoyé de Dieu par vocation légitime», comme le fut Moïse pour le peuple juif contre le Pharaon. Et dans les deux cas, c'est encore Dieu qui intervient par Médiateurs. Il n'empêche, la voie à contestation est ouverte, et appuyée sur la liberté de conscience.

Les continuateurs de Calvin ne pourront pas s'en tenir à l'expectative sachant que plus se développe l'absolutisme monarchique — ce qui est la tendance constante des rois de France à partir de Louis XI —, moins les Conseils et Corps constitués ont de force et de volonté pour peser contre les décisions oppressives. Il faudra donc s'élever contre les monarques. Le héros manifeste, désigné par Dieu, sortira du rang des opprimés, armé non pas d'un simple droit à remontrance, mais du glaive contre le tyran.

Par son « Traité de l'Autorité des Magistrats en la punition des hérétiques », publié en 1554, Théodore de Bèze se fait connaître comme un doctrinaire de l'obéissance à l'Autorité en place, au nom de l'ordre moral et du rigorisme religieux qui règne, à la même époque, à Genève, dans la Ville-Eglise de Calvin. Ce traité, quelles que soient ses visées plus étendues, est d'abord une tentative de justification de la mise à mort sur le bûcher de l'Espagnol Michel Servet, le 22 octobre 1553. Servet, théologien et médecin, exerçant la médecine à Lyon et ayant publié plusieurs écrits où il critiquait notamment l'Institution chrétienne, voyageant et passant par Genève en 1553, y fut arrêté, jugé et condamné à être brûlé. Cette exécution odieuse, montrant l'intolérance et la cruauté des calvinistes, ne pouvait que renforcer l'hostilité de l'Eglise de Rome et encourager les répressions contre les huguenots. Il n'est pas douteux que de Bèze écrivit son Traité en réponse à la réprobation qui se répandit alors contre la Genève de Calvin. Et cela le conduisit à une théorisation du rôle du bras séculier en matière religieuse, en particulier dans le cas d'hérésie.

Les Réformés ne sont pas, quant à eux, des hérétiques. Ce sont vrais et fidèles chrétiens. Et c'est au nom de l'Evangile qu'ils réclament châtiment contre ceux qui sont « prouvés être tels par la parole de Dieu ». « Non seulement il est permis aux Magistrats mais même, ils doivent punir, et quelquefois, de mort, les hérétiques » car « le Magistrat est donné pour entretenir et faire observer un bon ordre en toutes choses tant publiques que particulières, tant sacrées que communes... Il est ordonné protecteur de cette paix et tranquillité publique ». Telle est la conception de cette Ville-Eglise où la communauté organique, même si elle reste subordonnée au politique, est centrée sur la personne du Christ entourée d'un cercle de prélats, puis du cercle des princes, puis, au loin, du peuple : dictature inspirée où de Bèze exerça de hautes responsabilités après la mort de Calvin (1564). La fonction principale de l'Autorité est, en concordance avec le maintien de l'ordre public, la répression des malpensants. Et comme ce rigorisme est l'expression de la Vérité, on ne saurait le confondre avec despotisme et tyrannie.

Vingt ans plus tard, le même doctrinaire publie un autre Traité — *du Droit des Magistrats sur leurs sujets* (1575) — où les thèses développées prennent un sens tout différent. Il ne s'agit plus de l'Eglise réformée châtiant légitimement les hérétiques. Il s'agit de l'Eglise réformée traitée à son tour comme hérétique dans le tourbillon des guerres de religions et des abus extrêmes de la Saint-Barthélémy, église persécutée, violentée en chacun de ses membres, et qui réclame réparation et qui même juge légitime de s'en donner les moyens par la force. La Cité de Dieu n'est plus, comme à Genève, sous la protection des calvinistes, elle est, ailleurs, en France, aux mains des papistes qui, ayant décrété les réformés hérétiques, les massacrent au nom du Roi, de la loi divine, des textes sacrés. Quelle est la réponse de Théodore de Bèze en pareille situation ? Il suffit d'une phrase pour en comprendre l'esprit : personne ne peut imaginer « aucune nation qui se soit oubliée jusqu'à se soumettre à la Volonté de quelque Souverain sans cette condition expresse ou tacitement entendue d'être justement et équitablement gouvernée ». (Environ un siècle plus tard, cette même formulation, dans la forme comme dans le fond se retrouve chez Spinoza). Il ne s'agit plus de recommander l'obéissance inconditionnelle à l'Autorité. Au contraire, il s'agit de légitimer l'insurrection contre l'Autorité qui attente à la Foi, à la liberté spirituelle et à la vie de ses sujets (ou, comme le dirait Spinoza, sous une forme réaliste : nul ne peut se résigner à l'absurde).

Certes, chez Théodore de Bèze, l'inspiration reste théocratique et légitimiste. Les Princes ou les Magistrats commandent au nom de Dieu et il faut donc leur obéir, mais c'est conditionnellement, sous réserve « qu'ils ne commandent choses irréligieuses ou impies ». Leur autorité, « quelque grands qu'ils soient, est limitée de deux bornes que Dieu, lui-même, a plantées : à savoir Piété et Charité ». De plus, observation reprise de Calvin, le Prince n'est pas indépendant de ses sujets. Le Prince est pour le peuple, et non l'inverse. Sa légitimité est liée au consentement populaire. Au fondement de tout pouvoir est un Contrat, même non exprimé car « ce qui est fondé en raison et équité naturelle est tenu pour exprimé ». Ainsi, « la plus saine partie du peuple », celle qui réclame Ordre, a toujours, même minoritaire, le droit pour elle. Dès lors, si dans la Cité, l'ordre fait défaut ou si le Prince l'outrepasse, le contrat qui le liait à ses sujets est annulé. « Ceux-là ont le pouvoir de déposer un Roy qui ont puissance de le créer ». Il y a là — à partir d'une question initialement religieuse — généralisation et laïcisation du concept politique de Souveraineté : « les Empereurs sont vassaux de leur Empire et les Rois de leur Roïaume » dans un sens restrictif ou de dépendance.

Mais ceci n'implique pas que les sujets, comme personnes privées, aient droit à rébellion directe. Du fait d'une distinction opérée par de Bèze entre le « tyran d'origine », c'est-à-dire un usurpateur dont l'iniquité provoque une résistance spontanée, irrésistible, et « le tyran manifeste » — celui qui ayant reçu son pouvoir légitimement en abuse —, les personnes privées ne sont pas, dans ce second cas, fondées à se révolter. L'individu, le particulier, « il faut qu'il se retire ailleurs ou qu'ayant recours à Dieu, il souffre le joug ». Comment résoudre cette contradiction — déjà présente chez Calvin et que celui-ci surmontait par l'espérance de médiateurs suscités par Dieu ? La réponse est, ici, politique. Elle se trouve dans la conception du gouvernement de la Cité. Le régime est monarchique : une personne est souveraine ; son fondement est démocratique : le consentement populaire ; son gouvernement doit donc être aristocratique : des intermédiaires entre le Peuple et le monarque, autrement dit des Corps constitués interposés ; magistrats, autorités publiques de tous niveaux lesquelles, quel que soit le nom qu'on leur donne : nobles, officiers électifs des villes tels que maires, viguiers, consuls, échevins, capitouls, syndics, etc., représentent le peuple et garantissent les termes et l'esprit du Contrat. Ils ont donc le devoir, comme le droit, d'intervenir en cas de manquement ou d'abus. Soit ils rappellent le monarque à ses obligations, soit ils le contraignent à quitter le pouvoir. S'ils ne peuvent obtenir cet abandon par persuasion, il leur faudra s'engager ouvertement jusqu'à se battre, en corps ou même à titre individuel. Et dans ce dernier cas, de Bèze n'hésite pas à ajouter : « Je dis que le devoir même des particuliers est, en une telle nécessité, de se joindre aux Magistrats subalternes faisant leur devoir, et qu'il est même loisible à la plus saine partie, en un besoin, de demander aide ailleurs et, notamment, aux amis et alliés d'un Roïaume ».

Ainsi se construit une théorie politique complète fondée sur les idées d'Ordre et de Contrat, où la Souveraineté s'échelonne dans l'organisation hiérarchique des corps intermédiaires, où le Peuple est, à la fois, le socle et le dépositaire de la légitimité sous garantie d'Assemblées représentatives. Le monarque cesse donc d'être l'absolu Souverain. Le peuple et ses représentants, l'ensemble des magistrats subalternes sont « par dessus » lui, s'il outrepasse les bornes de la Raison et de la Foi. Etre au haut de la magistrature ne signifie pas être en dehors. Il y a obligation entre lui et « les officiers du Roïaume duquel Roïaume tout le gouvernement n'est pas mis entre les mains du Roi, mais seulement le souverain degré de ce gouvernement comme aussi les officiers inférieurs y ont chacun leur part selon leur degré ». Principe d'une monarchie non pas absolue, mais conditionnelle, sinon constitutionnelle, où s'affirme une direction démocratique puisque la vraie souveraineté, encore que par intermédiaire reste au peuple.

La théorie du Contrat, présente dans l'ouvrage de Théodore de Bèze, s'exprime à la même époque, au lendemain de la Saint-Barthélémy, entre 1572 et 1579, chez plusieurs auteurs de pamphlets. L'idée de résistance à l'Autorité, violemment rejetée par Luther («qu'il tue, qu'il frappe, qu'il égorge [les révoltés] celui qui le peut»), condamnée par Calvin puis envisagée plus tard avec modération, reprise et amplifiée par de Bèze, s'affirme avec force chez Buchanan, Hotmann, etc., et chez Du Plessis-Mornay. Elle se retrouve ultérieurement au début du XVIIe siècle, sous une forme équilibrée, sereine, chez Althusius (*Politica methodica digesta*, 1603; auteur lu et médité par Spinoza). Toute la pensée réformée se partage ainsi en deux courants. Le luthérien déterminé à l'obéissance quoi qu'il arrive — puisque le vrai chrétien, détaché de ce monde, n'a rien à faire de l'autorité sinon s'y soumettre telle quelle; et le calviniste, ambivalent — car le vrai chrétien, engagé dans le monde, aspire au pouvoir et à être obéi là où il est le maître, mais dénonce le pouvoir là où il est, lui-même, persécuté. Quelle différence à cet égard, dans la première partie du XVIIe siècle, entre la puissante Eglise calviniste d'Etat, libre et dominatrice dans les Provinces-Unies où elle appuie les menées absolutistes des princes d'Orange-Nassau, et l'Eglise réformée de France, protégée par l'Edit de Nantes, mais éloignée de la monarchie catholique de droit divin.

La Franco-Gallia, ou la France-Gaule de Hotmann — polémiste protestant d'origine germanique — est un pamphlet publié en 1573. Son thème principal est qu'un royaume est un tout qui a pour tête le Roi (monarque élu) et pour corps le peuple assemblé. Si le Souverain est défaillant, c'est aux autorités naturelles d'intervenir, c'est-à-dire: «la générale Assemblée de toute la nation que l'on a appelée depuis l'Assemblée des trois états». Celle-ci, préfiguration des Etats généraux, a le pouvoir de donner et de retirer la dignité royale. Un autre étrange libelle le Réveille-matin des Français — est publié l'année suivante (sous pseudonyme). La théorie des Magistrats y est reprise dans un sens contractuel. «Le roi n'est qu'un magistrat particulier et non pas absolu». Aucun peuple ne serait assez sot pour donner à quelqu'un «puissance et autorité absolue de commander indifféremment tout ce qu'il voudrait». Si un sujet opprimé se soustrait à l'iniquité d'un magistrat «mange-tout», son comportement réfractaire est louable. A l'inverse, la servitude consentie est pis que lâcheté: elle est un suicide politique. Tout sujet, même personne privée, est donc en droit de se révolter. Mais comme seul il serait faible, il y a nécessité d'union par élection des meilleurs : les humbles comme les nobles.

Thèse voisine exposée en 1578 par l'Ecossais Buchanan : «Le peuple, de qui nos rois tiennent tous les droits qu'ils possèdent, est supérieur aux rois, et l'ensemble des citoyens a sur eux le même pouvoir qu'ils ont sur un de ses membres». L'originalité de Buchanan consiste en son interprétation dans un sens fort libéral de plusieurs Epîtres. Si l'Epître aux Romains fait devoir d'obéissance au Souverain, c'est envers le Souverain qui ne ruine pas sa propre légitimité par des excès. De même, si l'Epître à Tite recommande la soumission, ce ne peut être que pour ce qui est bon. Et si l'Epître à Timothée invite à prier pour les rois, elle n'interdit pas de les déposer s'ils ont failli. Buchanan remarque, non sans raison, que les Epîtres doivent être comprises dans leur contexte historique. Les recommandations de Paul concernent des monarques païens à l'égard desquels la plus grande prudence s'impose. Il s'agit, en conscience, de sagesse pratique, non d'une obligation de loyauté et de soumission. «La loi est bonne si on en fait un usage légitime, dit Timothée (Première Epître, I.8), qui «recommande avant tout que l'on fasse de demandes, des prières, des supplications, des actions de grâces pour tous les hommes, pour les rois et tous les dépositaires de l'autorité afin que nous puissions mener une vie calme et paisible en toute piété et dignité» (II,1). Hormis ces conditions qui changent le catégorique en hypothétique — on est loin, ici, de l'intransigeance d'un Luther —, Buchanan estime que résister au tyran et le punir n'est pas seulement un droit, c'est un devoir en conscience.

Pour répondre à la question «tant de fois faite de la prise des armes par les inférieurs», Odet de la Noue écrit (1575) : «j'appelle la patrie une police et une communauté d'hommes associés par droit». Aussi, dans le détenteur du pouvoir faut-il distinguer la personne morale conforme à cette association par droit et sacrée pour cette raison, et la personne privée bonne ou mauvaise. Le Prince, dans sa fonction, est l'autorité légitime, mais non pas l'individu faillible sur le trône. Afin que la fonction soit bien assumée, il est nécessaire que le Prince soit protégé contre lui-même par le faisceau des lois. La sédition est justifiée dès qu'elle reprend l'Autorité à celui qui en abusait. On admet, toutefois, que l'action de résistance doit être modérée et que la responsabilité d'en décider revient aux Magistrats supérieurs, aux officiers de la Couronne. Ainsi, le lien de fidélité attache les sujets à l'Autorité qui doit être maintenue, mais non à la personne transitoire de celui qui, l'ayant reçue, déroge à ses obligations.

Les thèses de ces monarchomaques ont en commun de faire confiance à la sagacité du Peuple, respectueux de l'autorité, mais ennemi naturel du tyran. Comme les arguments invoqués restent principalement religieux (même dans le sens le plus libéral comme chez Buchanan), on peut voir chez ces auteurs une tendance à la conciliation entre théocratisme et démocratisme, mais nullement en faveur de l'absolutisme royal. On rappellera ici que, trois-quarts de siècle plus tard, en Angleterre, l'idéologie des monarchomaques trouve une sorte de consécration extrême par l'exécution de Charles Ier Stuart (1649). A ce monarque sacrifié succède dans une Angleterre républicanisée — ou Commonwealth — la dictature de Cromwell. « L'inférieur Magistrat » a pris les armes par devoir lorsqu'il a jugé que le « supérieur » devenait tyrannique. Les libertés sont « contrats entre princes et sujets, confirmés par serments ». Malheur au Prince qui ne respecte pas son Contrat dès lors que les instructions des Apôtres cessent d'être prises à la lettre comme par l'intransigeant Luther.

Les « Vindiciae contra tyrannos » de Philippe Du Plessis-Mornay et Hubert Languet sont publiés en français en 1579 sous le titre : « De la puissance légitime du Prince sur le Peuple et du Peuple sur le Prince ». Les questions évoquées sont celle de l'obéissance au monarque, de la résistance et de la manière de résister dans les cas de violation de la loi de Dieu et de violation de la loi civile. L'originalité de ces auteurs consiste à souligner l'existence d'un double contrat : « nous lisons deux sortes d'alliance au sacre des Rois, la première entre Dieu, le Roy et le peuple, à savoir que le peuple obéirait fidèlement au Roy qui commanderait justement ». Chaque contractant est responsable devant Dieu en cas de défection de l'autre. Un peuple qui s'éloignerait de Dieu, si le Roy laisse faire, il a à répondre de cet abandon. Réciproquement, si le Roy se détourne de Dieu, si le peuple le laisse faire, il est en faute. Le péché du Roy est le sien. La fidélité au Roy cessera donc si la justice royale cesse. Ainsi voit-on, toujours dans la Bible, les prophètes entraîner le peuple à la révolte dès que le monarque enfreint l'alliance : « En la première alliance, il y a obligation de piété... », il y a cette condition : « si tu observes ma Loi... ». Si cet engagement n'est point accompli, c'est à Dieu qu'il faut en rendre compte, à Dieu considéré comme « protecteur et vengeur » de cette première alliance.

La seconde forme s'applique à la relation politique, au rapport direct entre monarque et sujets. « En la seconde (il y a obligation) à Justice ; par celle-ci le Roy promet de commander justement au peuple... ». La condition à respecter est celle-ci : « si tu gardes à chacun le Droit qui lui appartient... ». Et, par conséquent, « c'est légitimement à tout le peuple et aux Etats qui le représentent et doivent maintenir que cette autorité de réprimer le défaillant appartient». Si les Princes sont élevés de Dieu, ils sont installés par le Peuple, de sorte que ceux qui représentent le peuple — et veillent au juste maintien de cette installation —, les Magistrats ou Etats sont eux-mêmes comme de «petits Rois». Séparément, ils s'inclinent sous le monarque, mais, en corps, ils sont «par dessus lui». La Souveraineté est donc sous condition permanente de contestation. Cela tient au fait que la seconde alliance a un caractère principalement moral : l'équité, le droit des particuliers. Aussi, l'abandon de ce caractère entraîne la rupture. Et c'est au peuple d'en décider. Il s'agit du peuple comme raisonnable et, de préférence, représenté par des hommes sages. Et non pas de la foule impulsive, violente, cruelle : «Faut-il que toute une populace, cette bête qui porte un million de têtes, se mutine et accoure en désordre... Quand nous parlons du peuple, nous entendons ceux qui ont en mains l'autorité de par le peuple... c'est-à-dire les Magistrats, contrôleurs des Rois et qui représentent tout le corps du Peuple». Par rapport à Théodore de Bèze, on trouve ici une plus vive affirmation de la volonté populaire — mais représentée. L'accent est en faveur d'une aristocratie, un groupe d'éphores qui auront la responsabilité de la chose publique.

Vingt-cinq ans plus tard, Johan Althaus Althusius, professeur de Droit à Herborn, dans le Comté de Nassau, représentant la tradition du calvinisme allemand dans l'orientation des monarchomaques, ne dit pas autre chose, sinon sous une forme pacifiée, à la fois plus élaborée et plus sereine. La Politique est une symbiotique (*Politica methodica digesta*, 1603), c'est-à-dire «l'art d'associer les hommes pour l'établissement, la Direction et la conservation de la vie sociale». A cet effet, une Souveraineté forte, une Majesté doit être en place comme «puissance prééminente suprême et universelle de disposer de tout ce qui est nécessaire pour le salut spirituel et corporel des membres de l'Etat ou de la République». Mais cette Majesté n'a rien d'un pouvoir qui serait déposé entre les mains d'un seul. Bien au contraire, elle est l'expression des divers groupements qui composent ensemble, symbiotiquement, la direction de la communauté. Cette direction comporte deux catégories de Magistrats : le Summus magistratus, qui administre la communauté, qui a le pouvoir exécutif, mais en ayant souscrit aux lois constitutionnelles et aux stipulations du Collège qui l'a élu. Ce Collège — des Ephores — est, comme incarnation du peuple, la plus haute autorité de l'Etat, ayant droit de contrôle sur toute initiative du Summus Magistratus. «Les éphores sont ceux à qui le consentement du peuple constitué en corps politique a confié l'ensemble de la République ou de la communauté intégrale pour la représenter, exercer son pouvoir et son droit dans l'érection du magistrat suprême, pour l'assister de leur aide dans les affaires de la communauté, pour mettre une fin à sa licence dans les causes injustes et dommageables à la République, pour le maintenir dans les limites de sa charge, enfin, pour veiller et pourvoir de toutes façons à ce que la République ne reçoive aucun dommage des cabales privées ni des inimitiés dues à l'action, à l'omission ou à la démission du magistrat suprême» (cité par Mugnier-Pollet, *op. cit.*).

En trois quarts de siècle, les positions rigoristes de la Réforme respectueuse des pouvoirs en place se sont singulièrement atténuées sous l'influence des monarchomaques. Althusius, le dernier d'entre eux, a pu être considéré ainsi, à la fois comme le penseur politique le plus profond entre Bodin et Hobbes, et aussi comme le plus dangereux pour les Puissances souveraines en raison de la sorte de dissolution qu'il impose à l'absolutisme. Le paradoxe majeur de cette doctrine (bien aperçu par Spinoza — voir plus haut) consiste en ce que la puissance la plus forte, le Collège des Ephores, n'a pas pour fonction de «faire des lois» mais de faire valoir les droits du peuple, y compris le droit à résistance et à sanction. Historiquement, dans les Provinces-Unies, on a vu que cela se traduit par une opposition utile au Souverain tant que celui-ci a son propre siège et ses propres attributs. Mais qui est le Souverain — ou le Summus Magistratus d'Althusius — lorsque, indépendance acquise, le régime politique est maintenant un régime d'Assemblée aristocratique ou oligarchique ? La critique de Spinoza est pertinente sur ce point et contribue peut-être à le rapprocher des positions absolutistes, notamment celle de Hobbes — mais avec des conclusions fort différentes. De même, en ce qui concerne la notion de Contrat comme double alliance, ainsi du rapport que Moïse entretient à la fois avec son peuple et avec Dieu. L'alliance qui liait initialement Moïse au peuple hébreu devient secondaire, sans valeur même, dès que le peuple l'a désigné pour recueillir directement la Parole divine. Dès lors, Moïse est investi d'une autorité absolue. Nul ne saurait le contester ni le contraindre puisque, à lui seul, ont été confiées les Tables de la Loi. L'idée d'une quelconque dépendance de Moïse à une autre volonté que la sienne est pernicieuse, et d'ailleurs contradictoire. La Souveraineté ne se partage pas si elle est sous le sceau de Dieu : c'est bien la thèse initiale de tous les penseurs chrétiens, catholiques ou réformés. Mais cette Souveraineté ne se partage pas davantage lorsque, allant d'une limite à l'autre, ou de la théocratie à la démocratie, on en vient à l'idée révolutionnaire que le peuple est, à lui-même, son propre souverain. Il reste que cette limite sera loin d'être approchée (sauf par Spinoza lui-même) tant que d'autres théories absolutistes de la Souveraineté, basées sur de tout autres points d'appui, auront prévalu dans l'espace mental du XVIe et du XVIIe siècles.

4. DE LA NÉCESSITÉ D'UNE PUISSANCE SOUVERAINE

S'il n'y a rien à espérer des hommes, s'il est vrai que rien ne peut assouvir leurs désirs insatiables, si un mécontentement perpétuel est dans le cœur humain, un dégoût des choses qu'il possède, un blâme du présent, une louange du passé, un désir de l'avenir, quelle tâche assigner à un gouvernement sinon celle de «contenir les sujets»? Ces propositions, que l'on trouve chez Machiavel dans ses *Discours*, aux Livres I et II, font comprendre sa position politique qui est celle d'un réalisme pessimiste, indifférent à la notion de droit divin comme à celle de droit naturel. Il ne s'agit pas, ici, de bâtir quoi que ce soit sur des considérations religieuses ou morales. Il s'agit de s'en tenir au fait, au fait naturel. Regarder les hommes comme ils sont, et que celui qui a conquis le pouvoir les gouverne en conséquence, non pas en voulant se conformer à des principes, mais en pliant la réalité humaine par la force ou par cette raison de force que l'on nomme Raison d'Etat. «Il y a si loin de la sorte qu'on vit à celle qu'on devrait vivre que celui qui laissera ce qui se fait pour cela qui devrait se faire, il apprend plutôt à se perdre qu'à se conserver» (*Le Prince*, XV).

Il n'y a que des pouvoirs de fait. Et ces pouvoirs résultent d'épreuves de force gagnées et ne se maintiennent que par le renouvellement du succès dans toutes nouvelles épreuves. Une société humaine se compose d'un troupeau d'hommes enclins à toutes passions et tous soumis à l'erreur. Il n'y a donc de plus sûr moyen de dominer ce troupeau que d'alimenter ses passions et, en même temps, de toujours l'abuser par des feintes et simulacres. Le peuple doit craindre tout en étant content de son sort. Celui qui sait utiliser ces moyens avec le plus d'habileté et de constance, celui-là est le Prince. Son empire est de fait, il ne le tient que de lui-même, non par faveur divine, ni par consentement populaire — encore qu'il ait à veiller, tantôt à se faire craindre, tantôt à séduire. Politiquement, la croyance religieuse n'a pas de sens, ou, si elle en a un, c'est seulement à proportion de son utilité pour le bien de l'Etat. En effet, si elle peut retenir les hommes dans la soumission à l'autorité, il est bon qu'on la leur impose et qu'un Prince se donne l'apparence de la respecter.

De même pour la morale. Ses principes sont sans valeur. L'impératif moral est un leurre. Et celui qui voudrait s'y plier courrait à sa perte puisque la distance est grande entre ce qui se fait et ce qui devrait se faire. Le Prince ne commet pas de fautes au sens moral ou au sens religieux. Il ne commet que des erreurs. En matière politique, un seul critère importe, l'utilité, et une seule sanction, le succès. Cet empirisme systématique est étranger à tout système de valeurs, encore qu'il ne se dispense pas de s'y référer selon ses besoins. «J'oserai dire qu'en les ayant et en les pratiquant toujours, les vertus sont préjudiciables, mais qu'en ayant l'air de les avoir, elle sont utiles...». Ainsi, «un Maître sage ne peut pas tenir sa foi et il ne doit pas la tenir quand l'observation de la foi jurée tourne à son désavantage et que les occasions qui la lui ont fait donner ont disparu». Or, pour qu'il en soit ainsi, il faut que le Maître sage ait toute liberté d'action. Peu importe la forme du gouvernement pourvu que, en n'importe quelle forme, le Souverain soit absolu. Ceci implique une nette distinction entre la gestion de la Cité — le gouvernement — et la domination sur la Cité — le Souverain.

Comme d'autres auteurs, Machiavel distingue classiquement les trois formes appelées «monarchique, aristocratique ou populaire», chacune de ces formes ayant son propre mode de corruption et de dégradation: «la monarchie se change en despotisme, l'aristocratie tombe dans l'oligarchie et la démocratie se convertit promptement en licence». Ainsi, «ces formes de gouvernement offrent des inconvénients égaux; les trois premiers parce qu'ils n'ont pas d'éléments de durée, les trois autres par le principe de corruption qu'ils renferment». Il n'est d'autre solution que de combiner ces formes de la façon la plus harmonieuse. Tel sera le gouvernement libre ou République, système d'équilibre dans lequel l'Etat est gouverné à la fois par le Prince, par les Grands et par le Peuple. Mais la détérioration cyclique qui atteint les trois autres formes successivement menace aussi le système République si l'Autorité n'y est pas assez forte pour en maintenir l'harmonie. «On peut appeler heureuse, écrit Machiavel, la République à qui le destin accorde un homme tellement prudent que les lois qu'il lui donne sont combinées de manière à pouvoir assurer la tranquillité de chacun sans qu'il soit besoin d'y porter la réforme...» Or, cela ne se peut que si cet homme (providentiel) détient tout le pouvoir nécessaire. «Tout sage législateur animé de l'unique désir de servir, non ses intérêts personnels mais ceux du public, de travailler non pour ses propres héritiers, mais pour la commune patrie, ne doit rien épargner pour posséder à lui seul toute l'autorité. Et jamais un esprit éclairé ne fera un motif de reproche à celui qui se serait porté à une action illégale pour fonder un royaume ou constituer une république».

Tel est le héros fondateur, «puissant et solitaire» comme Moïse, ou Thésée, ou Lycurgue, ou Romulus à qui l'on ne saurait reprocher d'avoir sacrifié son frère car «si le résultat est bon, il est acquitté... ce n'est pas la violence qui répare, mais la violence qui détruit qu'il faut condamner». Aux Conducteurs des peuples, il faut toute liberté d'action. Maîtres uniques et maîtres absolus, ils ne sauraient dépendre d'aucune règle. Ce sont eux, au contraire, qui donnent ses lois à la Cité. On remarquera même que les plus grands sont aussi fondateurs de religions, appelant à une mystique où se rejoignent les dieux célestes et les dieux de la patrie dans une religion nationale. Entendue ainsi, c'est-à-dire subordonnée à l'Autorité qui régit la Cité, la religion est utile. Elle contribue à l'ordre et aux bonnes mœurs. La question de savoir si le fondateur doit adhérer lui-même à la croyance est superflue. Les marques extérieures, le culte, les cérémonies suffisent. En effet, celui qui s'est dégagé de la foule composée d'individus médiocres, afin de construire et de diriger l'Etat, en même temps, se développe et se construit lui-même. Il n'a pas à se référer à une perfection transcendante. Il crée sa propre perfection. Il est l'individu par excellence. Cette célébration de l'individualisme conquérant connote une conception de l'homme libre qui fait l'histoire au lieu de la subir, qui, à la fois par son énergie et son habileté, par la puissance de son désir, parvient à agir sur le monde pour le transformer — il n'est pas étonnant, à ce propos, que Spinoza montre plusieurs fois son estime pour Machiavel qu'il nomme «partisan constant de la liberté» ou encore «homme si sagace aimant la liberté».

En dehors des dénonciations morales ordinaires du «machiavélisme», il paraît préférable de voir dans le Secrétaire florentin un technicien du succès en politique. Deux questions essentielles sont posées : comment établir l'Etat et comment maintenir l'ordre. La réponse de Machiavel n'est pas construite en doctrine. Elle est présentée en conseils au Prince. On ne voit pas l'utilité de s'en scandaliser, non plus que de louanger. Aux coups de boutoir de Luther qui fonde l'autorité terrestre sur l'assujetissement du chrétien prenant à la lettre le message du Christ : «mon royaume n'est pas de ce monde — Rendez à César ce qui est à César», on peut préférer ce pragmatisme abrupt qui n'infère rien d'un autre monde. Pourquoi vouloir recourir aux recommandations de Pierre, Paul, Timothée et autres pour trouver une règle au gouvernement des hommes? De ces recommandations, on peut tout inférer, une affirmation et son contraire, ou rien (Spinoza ne dit pas autre chose dans le *Traité Théologico-Politique* : «Personne ne sait, de la nature, qu'il est tenu à l'obéissance envers Dieu. On ne le sait même pas par aucun raisonnement». Et Machiavel : «Après quoi, que le Prince plaise ou déplaise à Dieu, qu'il sauve son âme ou la perde... cela ne regarde pas ou regarde à peine son conseiller». Autrement dit, voilà récusées toutes les références à la transcendance et les interprétations différentes que l'on en tire. Si l'on veut justifier l'absolu du pouvoir, il suffit de regarder les hommes tels qu'ils sont. Dans ce cas, on sera peut-être bon républicain, dans une République autoritaire, mais certainement pas démocrate car la démocratie déteste ou envie les hommes supérieurs dont elle a pourtant besoin :

« l'envie qui accompagne la réputation que leur ont mérité leurs grandes qualités excite contre eux une foule de citoyens qui, non seulement se croient leurs égaux, mais se prétendent même supérieurs à eux ». Le dernier mot reste donc à ce héros fondateur qui institue l'Etat, donne la loi — c'est-à-dire définit le juste et l'injuste — et exerce le pouvoir, nécessairement sans partage, mais non sans conseils.

Alors que Machiavel avait introduit en politique la Raison d'Etat, on peut dire de Jean Bodin (1529-1596) qu'il y introduit l'idée de Souveraineté ou de Puissance souveraine lorsqu'il publie, en 1576, les six livres de *La République*. Il s'agit de marquer une entière opposition vis-à-vis des monarchomaques qui, dans la même période, au nom du protestantisme persécuté, « ont ouvert la porte à une licencieuse anarchie et conspiré à la ruine des Républiques ». Contre les thèses qui invoquent le droit de résistance à l'Autorité et qui, du même coup, menacent le corps social en voulant le frapper à la tête, Bodin fait valoir qu'aucune société ne saurait subsister sans que tous ceux qui la composent soient unis et harmonisés par une puissance supérieure, une majestas. Celle-ci ne peut remplir son rôle organisateur que si elle est irrévocable, absolue et perpétuelle. Et celui qui la détient ne doit la détenir que de lui-même et non par délégation — c'est-à-dire sous convention pouvant être remise en cause. Si la Souveraineté réside initialement dans tous les membres du corps social, ils acceptent de s'en dessaisir sans condition, ni réserve de droit de reprise, lorsqu'ils créent un gouvernement. Dès lors, le Souverain ne partage pas son pouvoir. Sa puissance est haute et sacrée. Il est au-dessus des lois. Notamment, il a le pouvoir de « donner et casser la loi ». Faire la loi et donner commandement est la marque fondamentale de la Souveraineté à qui tous les autres pouvoirs se rattachent. S'il en était autrement : « de plus grand, il serait sujet, de pareil, compagnon, des sujets, dépendant ». Mais « il n'est pas licite au sujet de contrevenir aux lois de son prince sous voile d'honneur et d'équité... la loy qui défend est plus forte que l'équité apparente, si la défense n'était directement contraire à la loi de Dieu et de nature ».

Il faut donc comprendre que la loi est supérieure au droit en ce sens qu'elle s'exerce dans l'ordre pratique, là où des décisions doivent être prises, où les choses se règlent par commandement : « la loi n'est autre que le commandement du souverain usant de sa puissance ». Elle est sa volonté actuelle pouvant se manifester à tout instant dans le domaine des faits. Tandis que le droit relève de l'ordre moral, de la région des principes : « le droit n'emporte rien que l'équité ». Il n'y a donc pas de règle de droit que l'on puisse invoquer contre le monarque, celui-ci devant rester libre de ses décisions et de ses actions : « ce serait crime de lèse-majesté que d'opposer le droit romain à l'ordonnance de son prince». Ainsi est pleinement justifié l'adage catégorique, marque d'imperium, selon lequel : «Si veut le Roi, veut la Loi». Cette position absolutiste constituant la volonté royale comme maîtresse en tous domaines, créatrice des lois, mais non dépendante de celles-ci, Bodin la résume ainsi : «Il faut que ceux-là qui sont souverains ne soient aucunement sujets aux commandements d'autrui et qu'ils puissent donner loi aux sujets et casser ou anéantir les lois inutiles pour en faire d'autres... C'est pourquoi la loi dit que le prince est absous (absolutus) de la puissance des lois». Non seulement de celles décrétées par ses prédécesseurs, mais aussi bien des siennes propres, car il ne saurait jamais se lier les mains, ni accepter que les lois fussent autre chose que l'expression de «sa pure et franche volonté».

Cette pure et franche volonté s'exerçant au-dessus des lois n'est-elle point l'expression même de l'arbitraire, comme si absolu et tyrannique ne faisaient qu'un ? La réponse consiste en une distinction entre lois de nature et lois civiles (ou édictées par le Souverain). Les loi de nature sont imprescriptibles. Elles expriment des principes de Justice et de rationalité que personne ne peut transgresser. Par exemple, s'il existe une liberté naturelle — inscrite en la nature humaine —, il est exclu que le Souverain exerce son pouvoir en voulant l'ignorer. Ses sujets sont «de francs sujets» et non des esclaves. La tyrannie commence, précisément, lorsque «le monarque, méprisant les lois de nature, abuse des personnes libres comme d'esclaves et des biens des sujets comme des siens» (ce qui est reconnaître la légitimité de la propriété privée ou, dans le langage de Bodin, le droit des «mesnages» — les familles — à posséder quelque bien). Ainsi, la légitimité est avérée en ce sens que : «les sujets obéissent aux lois du monarque (mais) le monarque aux lois de nature, demeurant la liberté naturelle et propriété des biens aux sujets». L'absolu du pouvoir est donc nettement distingué de l'arbitraire et de la tyrannie. Etre assujetti aux lois n'est pas être asservi à une volonté perverse ou défaillante. Ce que Bodin nomme République est un droit gouvernement de plusieurs mesnages, de ce qui leur est commun, avec puissance souveraine impliquant ordre, justice et harmonie.

Cette République peut prendre l'une des trois formes distinguées classiquement : monarchie, aristocratie, démocratie. Mais chacune doit rester pure. Rien n'y serait pire que la mixité, car la Souveraineté (absolue et indivisible) ne peut être répartie entre instances de nature différente faute de s'affaiblir et de se corrompre. Entendons ici que Bodin ne conteste nullement que la Puissance souveraine — c'est-à-dire le lieu du commandement — puisse être aux mains de tous, ou de plusieurs, comme d'un seul. Par contre, elle ne saurait être à la fois aux mains de tous et d'un, de tous et de plusieurs, de plusieurs et d'un. Comment, par exemple, pourrait fonctionner un système où le Peuple serait souverain dans la gestion des biens, la Noblesse dans la conduite de la guerre, tandis que le Monarque prendrait ses propres dispositions dans ces domaines et dans d'autres? Il est clair que la Souveraineté doit être indivisible, et que celui qui commande, individu, ou groupe, ou masse, doit être seul à le faire. Néanmoins, pour des raisons de commodité et d'efficacité, entre tous les formes de République, Bodin indique sa préférence pour une monarchie royale car, dans ce cas, la souveraineté «gît (directement) en un seul Prince». Ce qui laisse supposer une conception proche de celle de Machiavel — toute la puissance aux mains du Prince. Mais cette analogie n'est qu'apparente. En réalité, on trouve une différence essentielle entre Bodin et Machiavel. Celui-ci ne distingue pas de la Souveraine Puissance celui qui en est le détenteur. Au contraire, cette Puissance n'existe que par les capacités exceptionnelles de celui qui s'en est rendu maître. Elle est tributaire de son individualité et des circonstances historiques qui l'affectent. Or, dans la conception de Bodin, si la Puissance souveraine est indivisible, il convient d'en distinguer le gouvernement qui l'assiste. Ou, en d'autres termes, la forme de l'Etat détermine le siège de la Souveraineté et la forme de gouvernement détermine la manière dont la Souveraineté s'exerce concrètement.

Rien ne s'oppose, par conséquent, et au contraire, à ce que le Souverain soit assisté d'un Conseil permanent tel que Sénat, Parlement, Etats représentatifs ou Corps constitués. Si la mixité est inconcevable chez la Puissance souveraine, une combinaison harmonique est, en revanche, souhaitable et même nécessaire dans l'instance gouvernementale «entremêlant doucement nobles et roturiers, riches et pauvres avec telle discrétion toutefois que les nobles aient quelque avantage sur les roturiers...». Ce ou ces Conseils n'empiètent pas sur la Souveraineté. Ils l'assistent dans sa fonction. Ils lui sont utiles par leurs avis. Si cette puissance absolue est inaliénable, elle est tempérée, en fait, par la coutume, par l'usage, par la présence constante du pouvoir régulateur dévolu aux Etats distincts de l'Etat. Un système tout de proportion et d'équilibre (dont on verra que l'inspiration se retrouve chez Spinoza — *Traité Politique*). Bodin résume sa conception sous une forme majestueuse lorsqu'il écrit : «Un grand Roi éternel, unique, pur, indivisible, élevé par dessus le monde élémentaire, céleste et intelligible (qui) unit les trois ensemble, faisant reluire la splendeur de sa majesté et la douceur de l'harmonie divine en tout ce monde à l'exemple duquel le sage Roi se doit conformer et gouverner son royaume». Ainsi, l'absolue et indivisible souveraineté, cette puissance suprême de contrainte légitime, toute à l'image de la Souveraineté divine, fait corps en se réalisant dans l'espace et dans la durée terrestre avec l'exigence d'un droit gouvernement.

En 1625, une vingtaine d'années environ après la parution de la *Politica* d'Althusius, Hugo de Groot (Grotius) publie son *De jure belli ac pacis*. Par cet ouvrage, Grotius devient explicitement le premier grand laïciseur de la notion de Droit. Comme les stoïciens, il affirme la sociabilité naturelle des hommes et leur aptitude à se guider sur les lumières de leur entendement. Sociable et raisonnable, l'être humain est en possession d'un Droit naturel intangible qui ne dérive d'aucune source extérieure ou transcendante. De sorte que, pour en rendre compte, il n'est pas nécessaire de se référer à la religion, à la théologie, à aucune détermination métaphysique. «Dieu, Lui-même, n'y pourrait rien changer», et tout ce que l'on peut affirmer raisonnablement «aurait lieu, en quelque sorte, quand même nous accorderions (ce qui ne se peut sans un crime horrible)» — parenthèse de précaution — «qu'il n'y a pas de Dieu ou que les affaires humaines ne sont pas l'objet de ses soins» (*De jure belli*). Ce droit naturel est, selon Grotius, «formé des principes de la droite Raison qui nous font connaître qu'une action est moralement honnête ou déshonnête, selon la convenance ou la disconvenance nécessaire qu'elle a avec la nature raisonnable et sociable de l'homme. Cette façon de définir le Droit n'est pas sans analogie avec celle de la théologie thomiste selon laquelle le Droit est fondé en raison, le même en tous lieux et en tous temps, universel. Mais la rupture se marque en ce que, au corpus mysticum de Saint Thomas se substitue l'*appetitus societatis* qui incite les hommes à s'accorder dans la Cité. A ce calviniste libéral (arminien) revient, historiquement, la responsabilité de cette laïcisation — laquelle est aussi l'un des signaux de la rupture définitive de l'unité chrétienne.

Mais l'homme dans la Cité, attiré par ses semblables, mû par le désir d'association, doit accepter les contraintes qui résultent de l'association. Il ne doit pas revendiquer son autonomie en face du groupe, «il est né pour servir à la société avec les autres hommes». C'est le principe d'utilité de Machiavel, mais inversé dans l'application. Aucun homme, même exceptionnel, même dirigeant de société, ne saurait se servir de celle-ci. Au contraire, par son action, il doit se rendre utile à tous et disponible pour les besoins de la société. Conception anti-individualiste, réactionnaire même, dirait-on en termes modernes. L'individu concret, le particulier, n'a pas d'existence hors la structure globale. Il y a là une prise de position en faveur de l'absolutisme d'Etat. D'autant que Grotius argumente ce point de vue par la distinction qu'il établit entre «sujet commun» (le corps humain par rapport à la vue) et «sujet propre» (l'œil par rapport à la vue). Ainsi, le peuple est le sujet commun d'où émane initialement la souveraineté, et le Souverain, en une ou plusieurs personnes, est le sujet propre à qui le peuple, par contrat ou par acte de soumission, a confié «non pas seulement l'exercice mais la substance du pouvoir». Il suit de là qu'il n'est pas nécessairement obligé que la puissance souveraine appartienne toujours au peuple, et pas davantage que le peuple ait droit de punir et de réprimer les Rois toutes les fois qu'ils abusent de leur autorité. Plus nettement encore, «il n'est pas vrai que tout gouvernement soit établi en faveur de ceux qui sont gouvernés». Les détenteurs du pouvoir ont leur propre droit opposable aux revendications du peuple.

Ceci mérite explication. Car, en réalité, Grotius est moins absolutiste qu'il n'y paraît. Il professe que tout le pouvoir ne peut être dévolu à un seul, qu'il doit être partagé entre plusieurs ordres sociaux ayant chacun son autonomie et chacun doté d'une fonction propre. Entre ces Corps constitués, les échanges n'ont pas à être hiérarchisés, mais fondés sur la réciprocité des droits. L'individu lui-même, bien qu'il n'ait pas de statut en dehors de ces organes communautaires, conserve un droit naturel aligné sur le droit civil. En mettant l'accent sur le rôle prééminent du social par rapport à l'individuel, mais en soutenant, d'autre part, que le particulier, s'il est au service du social, ne doit pas être absorbé par celui-ci, de sorte que la Cité ne saurait être massivement unitaire, mais diversifiée, partagée entre plusieurs ordres — groupes, assemblées —, Grotius avance dans la direction, sinon d'une synthèse démocratique, du moins d'un système oligarchique à tendance libérale. En cela, il est, à l'évidence, le penseur et le porte-parole du régime des Régents. Régime à la fois hostile aux prétentions absolutistes des Orange-Nassau, et fort réservé à l'égard du peuple, qui, incité par la prédication calviniste, soutient ces derniers. Aussi ne manque-t-il pas d'affirmer, fût-ce par anticipation, que la résistance au tyran est légitime. Car, le plus souvent, l'aspirant au pouvoir, parvenu à ses fins, se transforme en oppresseur contre ceux-là même qui l'ont soutenu — le Peuple. Il faut comprendre que Grotius traite la question du Droit davantage en juriste qu'en philosophe, et plus en interprète de la classe dirigeante de son temps qu'en théoricien détaché de l'actualité. Assimilant la Cité — lieu des échanges économiques et productifs autant que siège politique — à l'Etat — instance de la seule Souveraineté —, il considère que les personnes qui ont été désignées pour exercer l'Autorité sont dans la position de gestionnaires d'un patrimoine qu'ils ont à charge de faire fructifier. Ce qui est exactement la position des Régents. Si ces gestionnaires gèrent avec sagesse, c'est-à-dire avec efficacité, et si de cela ils tirent un juste profit, on comprend que, dans la logique de la gestion prospère, ce droit à bénéfice aille de pair avec les actes de gouvernement et soit opposable aux réclamations de beaucoup d'autres moins favorisés.

Il n'est pas surprenant non plus que Grotius s'intéresse aux rapports entre les Etats compte-tenu de leurs intérêts mutuels. Un Droit volontaire issu de décisions communes devrait prolonger le Droit naturel en étant appliqué non pas aux individus mais aux collectivités. Tous les Etats devraient y consentir pour leur propre utilité. Il s'agirait donc d'un Droit international public qui permettrait de régler les différends par la négociation. Mais, comme chaque Etat tient à conserver sa Souveraineté, une rupture des engagements pris par tel ou tel reste toujours à craindre. Un Droit de guerre serait donc également à définir, reconnaissant qu'il y a des guerres justes, c'est-à-dire les guerres défensives contre tout envahisseur agissant par esprit de conquête, et les guerres coercitives contre ceux qui violent le Droit d'un Etat. Quant à un autre droit d'importance, le Droit de Mer, Grotius l'invoque nommément dans son Mare liberum, autre prolongement du Droit naturel en garantie de la liberté totale de navigation et de négoce. Ici encore, l'auteur se fait le porte-parole du Mercator hollandais. Son plaidoyer se comprend aisément chez une nation — les Provinces-Unies — dont la principale activité économique s'accomplit sur mer, avec la puissance financière qui en découle et l'exigence de liberté qui en résulte.

N.B. Il n'est pas nécessaire d'expliquer ce que ne fait pas un auteur. Néanmoins, en ce qui concerne Spinoza, on peut juger troublante l'absence de toute analyse d'ordre économique dans son œuvre politique — surtout à une époque et dans un pays où la puissance du capital et le développement du négoce sont à l'œuvre plus que partout ailleurs. Manifestement, Spinoza ne s'intéresse pas à l'économie comme objet de réflexion pour l'établissement de sa doctrine politique (en quoi, du reste, il ne diffère point des autres penseurs de son temps). Cependant, outre toute autre raison qui pourrait être invoquée, on peut présumer que sa rupture, vers sa vingt-cinquième année, avec son milieu d'origine, l'incite à se détacher de toutes les pratiques de ce milieu, notamment de la pratique économique qui y est primordiale. Comme nous l'avons dit précédemment, il choisit d'être Sapiens et renonce à être Mercator, c'est-à-dire à produire et à échanger, vendre et acheter de la marchandise. Plus que cela, il se désintéresse de penser les rapports humains en termes de production, d'échange et de consommation. Son existence même, sobre, réservée, quasi ascétique, est un autre signe de son indifférence en ce domaine.

Si la condition humaine peut se concevoir à l'état de nature, deux versions sont toujours possibles. L'une, optimiste, est en faveur d'une sociabilité spontanée : les hommes vivent en harmonie, égaux et fraternels. L'autre, pessimiste, décrit un état de conflit permanent où les hommes sont naturellement ennemis, vivent dans la peur et l'hostilité. Ce pessimisme trouve sa forme la plus achevée chez Thomas Hobbes dans ses deux ouvrages, *De Cive* (1642), *Leviathan* (1651). Selon Hobbes, les hommes, dénués de tout appétit de sociabilité, et, par surcroît, sans référence axiologique ni dépendance à l'égard d'un Souverain qui leur imposerait des règles de conduite, n'obéissent qu'à leurs impulsions. «L'état naturel des hommes avant qu'ils eussent formé des sociétés était une guerre perpétuelle et non seulement cela, mais une guerre de tous contre tous». En conséquence, en cet état, leur existence ne pouvait être que «solitaire, besogneuse, pénible, quasi animale et brève» et toujours dominée par la crainte, ce tourment fondamental de l'humanité. Ce que l'on nomme Droit naturel n'est dans ces conditions que la capacité de chacun à satisfaire tous ses appétits autant qu'il le peut, à proportion des moyens dont il dispose. Mais comme la force est instable, les capacités variables et la domination précaire — la seule donnée constante étant la rareté des biens convoités — les exigences des uns s'annulent en étant confrontées aux exigences pareilles des autres.

La guerre de tous contre tous ne peut donc jamais cesser et jamais ne permet l'émergence durable d'un vainqueur. Elle ne conduit qu'à une destruction réciproque sans nul profit pour aucun. Ainsi, alors qu'en apparence l'état de nature serait l'état de plus grande puissance et de plus entière liberté, il est, en réalité, l'état de plus grande dépendance par l'accumulation des menaces, par le risque incessant d'une mort violente. Le fondement de la doctrine de Hobbes, la base même de toute sa politique réside en ceci : la capacité homicide est présente en chacun et égale pour tous. Il n'est pas d'individu, si débile soit-il, qui, en quelque moment, par quelque moyen, n'ait l'opportunité d'atteindre le mieux protégé, n'ait le pouvoir de le tuer. Chacun n'est donc pas seulement homicide en puissance, par intention. Il peut l'être en acte, il en a le droit s'il en a le moyen et, par cela même, il est égal à tout autre dans sa capacité de nuire. L'état de nature détermine, par une sorte de retournement de chaque puissance individuelle, une destruction généralisée. En faisant de l'homme le plus redoutable ennemi pour l'homme (cette formule se retrouve chez Spinoza [*T.P.*, II14], ici fort proche de Hobbes), ces rapports de nature engendrent la négation.

Cependant, cette négation n'est pas première. Aucun homme ne se nie lui-même. Et chacun ne nie les autres que parce que c'est pour lui l'affirmation de son propre être. Il y a, en effet, chez tout humain comme chez tout vivant, une tendance originelle à se conserver, à persévérer dans son être. Cette tendance, à la fois effort et aspiration, se combine à sa Raison par un simple calcul d'intérêt. De sorte que, même sans aucune inclination à la sociabilité, chacun est induit à rechercher des accommodements avec ses semblables afin de sortir d'un état de nature invivable.

Pour cela, il n'est d'autre moyen que de réduire le droit de nature selon un principe de réciprocité à l'aide de lois consenties en raison. Ces lois suivraient la seule règle de l'utilité, sans considération d'impératif moral ou de règle transcendante. C'est la crainte qui détermine le rapprochement social, c'est la crainte qui humanise. La seule condition pour qu'une loi soit valide est qu'elle repose sur des bases naturelles avec le consentement de tous. Ceci implique la passation d'un contrat et l'engagement que ce contrat soit définitif.

Mais qui garantira ce contrat? On est ici dans une situation intermédiaire entre l'état de nature et l'état social, où ni la foi jurée ni les serments individuels ne peuvent perpétuer l'engagement si tel ou tel contractant décide de le rompre. Notamment s'il s'agit non pas d'un contrat d'ensemble où la plupart pourraient l'imposer à quelques-uns, mais d'une collection de contrats particuliers que chacun, à tout moment, peut dénoncer pour retourner à l'état antérieur (ceci rappelle le pactum unionis ou sujetatis des théologiens médiévaux supposant, eux aussi, que les hommes isolés dans l'état de nature se constituent en société par engagement réciproque). Or, si chacun rompt son engagement lorsqu'il le juge contraire à son intérêt, cela signifie que les contrats particuliers, faute de présenter une garantie de durabilité, sont sans utilité. Une autre condition — ou un autre contrat — est donc nécessaire : il faut que les contractants «entre eux» transfèrent leur engagement à un tiers assez puissant et fiable pour en garantir les clauses, c'est-à-dire à une Autorité reconnue. Tel est, aussi, le pactum subjectionis, ou de soumission, conçu par les théologiens médiévaux. Mais ceux-ci estiment que ce second pacte doit être établi en réciprocité, c'est-à-dire pour les sujets sous condition d'obéissance, et pour le Souverain sous condition de garantir la sécurité de tous et de respecter le bien commun. Or, cette condition est la porte ouverte à la même contradiction qui affecte le pactum sujetatis. De même que les contractants du premier pacte peuvent s'en dégager à leur gré, de même les contractants du second, s'ils n'ont admis qu'une souveraineté conditionnelle (ce qui est bien, par exemple, la position adoptée par les monarchomaques).

Hobbes ne manque pas de souligner cette contradiction lorsqu'il déclare que les pactes «sans le glaive ne sont que des mots». Tout engagement peut se rompre à la seule exception que si, à l'intention de rompre quel qu'en soit le motif, s'oppose un autre motif, le plus puissant de tous, c'est-à-dire la crainte. S'il en est ainsi, il est inutile de passer un second contrat qui ne donne au premier qu'une garantie factice. La logique mécaniste de Hobbes — dérivée de la négativité pesant sur l'état de nature dicte la seule solution possible, bien que, en apparence, paradoxale. Les hommes n'ont pas à contracter avec le futur maître. Il leur suffit de contracter entre eux, non point par une limitation réciproque de leur droit, mais par une renonciation commune et totale de tout droit au profit du maître. Au-dessus des divergences, des désaccords, des querelles qui recommencent toujours entre personnes privées — quelles que soient la sagesse et la prévoyance du législateur —, il est nécessaire d'instaurer un pouvoir qui sera obéi en toute circonstance et qui sera donc sans partage. Il faut que les hommes fassent abandon une fois pour toutes de leurs droits particuliers, que tous les pactes personnels soient subsumés en un pacte unique et unilatéral. Le Souverain dispose alors de l'ensemble des droits de la communauté. Il est tenu comme étant la volonté de tous : « Summum imperium ». Monarque absolu, il représente la Raison d'Etat, laquelle est supérieure aux lois car elle est la loi suprême. La crainte qu'il inspire sera plus grande pour chacun que la crainte de la mort. Plus grande sera cette crainte, plus grande sera l'obéissance et plus absolue par conséquent l'Autorité. Le détenteur de pareille Autorité n'a donc nul compte à rendre à ses sujets qui, en aucun cas, ne sauraient être juges de la légitimité de ses actes. Si une Puissance périt de n'être pas obéie, une Souveraine Puissance, au contraire, vit de la soumission qu'elle impose, au besoin par le glaive.

« Telle est l'origine de ce grand Léviathan, ou pour mieux dire, de ce Dieu mortel auquel nous devons, avec l'aide du Dieu immortel, notre paix et notre protection. Car, armé du droit de représenter chacun des membres du Commonwealth (Civitas-Etat), il détient par là-même tant de puissance et de force qu'il peut, grâce à la terreur qu'il inspire, diriger les volontés de tous vers la paix à l'intérieur et l'aide mutuelle contre les ennemis de l'extérieur » (*Leviathan*). Il existe ainsi une détermination logique entre protection et obéissance. La sortie de l'état de nature vers l'état social, c'est-à-dire le passage de la négativité du pouvoir homicide à la positivité du vouloir-vivre, se fait par un engagement de soumission où s'exprime le vœu d'être protégé. Un impératif hypothétique fondé sur un calcul d'intérêt, tel que : « si je veux être protégé, je dois pactiser » se transforme aussitôt en impératif catégorique : « obéis et tu seras protégé ». Mais ce catégorique, inversé, vaut également pour le Souverain, car si celui-ci ne peut plus protéger, il cessera d'être obéi : chose peu aperçue habituellement lorsque l'on traite de Hobbes. Ce point est pourtant d'importance. Il indique une limite de fait, sinon de principe, que le grand Leviathan lui-même ne peut franchir : car si sa légitimité est absolue, elle n'est pas irrévocable. La dépendance des sujets vis-à-vis du Souverain est fondée sur le besoin de sécurité, elle est utilitaire. Mais si le Souverain cesse d'être «heureux» dans ses initiatives, s'il ne peut s'assurer un succès constant, il cesse d'être, de fait, «Summum imperium». Il n'y a là ni traîtrise ni rupture d'un engagement présumé d'abord inconditionnel, car : «le droit qu'ont les hommes, par nature, de se protéger lorsque personne d'autre ne peut le faire, est un droit qu'on ne peut abandonner par aucune convention». Il est vrai que le Souverain n'est pas tenu par la loi, mais il est tenu par la nécessité. S'il s'affaiblit, la terreur qu'il inspire cesse, la sécurité de ses sujets également et, par conséquent, l'obéissance.

Le mécanisme naturaliste de Hobbes le rend ici fort proche du réalisme de Machiavel. Pour le grand Léviathan comme pour le Prince, l'unique objectif est de rester la puissance incontestée. Tant que cette puissance n'est pas en cause, «les hommes n'ont pas à juger de ce qui est permis et de ce qui ne l'est pas, non par la loi, mais par leur propre conscience, c'est-à-dire leur jugement personnel». En effet, ce jugement, ils l'ont délégué à leur monarque comme absolu. Si cet absolutisme fléchit, on peut être assuré que, par simple mécanisme, le jugement critique reprendra le dessus, entraînant, par voie de conséquence, la déposition du grand Leviathan. La même logique pragmatique qui fait renoncer les hommes à un état de nature ressenti comme insupportable à force de contradiction les fait s'opposer aussi bien à la toute-puissance qui, si elle se détériore, annule tout le bénéfice de leur soumission : c'est-à-dire la garantie de la paix civile. C'est aussi pour cette raison de fait que : «quels que soient les ordres du Souverain (même si celui-ci dispose de sa pleine puissance), il est exclu que les individus aliènent leur liberté de pensée, renoncent à défendre leur propre corps et «acceptent de se faire mal à eux-mêmes» ou de faire mal à autrui s'ils ne le jugent pas utile, dans la guerre par exemple». Ces propositions se retrouvent chez Spinoza, presque dans les mêmes termes — encore que celui-ci affirme se distinguer de Hobbes sur un point essentiel, en ce que, dit-il, Hobbes abolit le Droit naturel, cependant que lui, Spinoza, le maintient. Mais, en vérité, la pensée de Hobbes est assez subtile, comme on vient de le voir, pour que cette distinction soit affinée. La vraie différence entre les deux auteurs réside plutôt en ceci : en vue d'atteindre l'état de société, Hobbes invite les hommes à se dégager de l'état de nature par renonciation à leur puissance individuelle. La puissance du Souverain ne s'enrichit pas de ces renonciations. Elle cesse seulement de rencontrer des obstacles. Chez Spinoza, il ne s'agit point d'abolir le Droit de Nature mais de libérer les éléments de positivité qu'il contient. Hobbes veut empêcher la perpétuation de la capacité d'homicide présente en chaque individu à l'état naturel. Spinoza veut dissiper les attitudes mortifères qui plongent l'état de nature dans une obscurité menaçante. Il en appelle à d'autres disponibilités tout aussi naturelles existant originellement dans l'homme, qu'il s'agisse de la Raison, du désir de liberté ou, simplement, d'une tendance à la sociabilité qui, dépassant les termes d'un contrat utilitaire, peut se transformer en union, c'est-à-dire en un accroissement de force pour le corps social tout entier. Dans ce cas, le Souverain n'a pas à se soucier d'inspirer la crainte et de garantir son pouvoir par une terreur salutaire, car il résulte d'une union dont il accomplit les vœux par ses décisions et ses actes raisonnables dans tous les domaines (y compris religieux).

A ce propos — la question religieuse —, ce n'est pas accidentellement ou accessoirement que cette question se pose chez Hobbes. S'il n'est pas possible d'admettre une mixité de la Souveraineté, si Leviathan règne sans partage, cela implique qu'il n'y ait à aucun degré concurrence, ni même cloisonnement, entre un pouvoir spirituel et un pouvoir temporel. On ne peut servir deux maîtres, sinon «les hommes voient double et se méprennent sur leur Souverain légitime». Bien que Hobbes soit foncièrement hostile à la religion en raison de sa philosophie personnelle et parce que, selon lui, la religion n'est que l'occasion de controverses sans fin, chaque croyant pouvant interpréter à sa manière les recommandations de l'Ecriture, l'Etat qu'il envisage est un Etat chrétien composé d'individus chrétiens. Simple manifestation de réalisme. Puisque les croyances existent et puisque la croyance chrétienne est dominante (sous diverses expressions), le Souverain doit régner sur l'ensemble du domaine religieux comme il règne sur le domaine civil. Entendons sur toutes les actions extérieures des hommes ou sur «toute espèce de pouvoir qui peut être donné à l'homme pour le gouvernement des hommes tant en politique qu'en religion». Seront donc écartées toutes prétentions de la puissance religieuse majeure — la papauté — ou des multiples puissances mineures — les sectes — à détenir un pouvoir quelconque dans la Cité. Mais Léviathan n'aura pas la prétention de régir l'intériorité humaine. Il suffit que les sujets obéissent, ou plus précisément, dans le cas particulier, qu'ils se conforment. La pratique de ce conformisme socio-religieux sera bien plus efficace et satisfaisant pour tous qu'une pratique de la tolérance qui est d'ailleurs toujours récusée par les sectaires et les fanatiques. Le naturalisme logique de Hobbes ne peut s'accommoder de concessions qui conduisent (pour employer un terme moderne) au laxisme et par conséquent à l'affaiblissement de l'Autorité. La seule voie à retenir est celle d'une religion civile décidée par le Souverain, l'accent étant mis sur la pratique officielle d'un culte, non sur une Foi fondée sur une Révélation toujours diversement interprétée. Ou bien le Souverain impose sa propre religion à tous ses sujets, ou bien tous ses sujets pratiquent un même culte obligatoire.

La position de Hobbes en matière religieuse est une autre illustration de son conservatisme sécuritaire. Si le grand Léviathan est un monstre par la terreur qu'il inspire, il ne l'est nullement par une volonté qui serait destructrice de ses sujets. S'il ne prend appui sur aucune instance sociale — famille, groupes de métiers ou corporations, corps intermédiaires ou assemblées de magistrats —, ni sur aucune inspiration altruiste — sociabilité naturelle, instinct d'association, volonté d'entraide —, c'est qu'il n'est qu'une machine créée par artifice au sortir de l'état de nature et qui ne peut avoir d'autre fonction que de se conserver elle-même en étant immuable, réfractaire à tout changement, comme à toute conciliation. Aussi comprend-on que, dans les relations extérieures, le grand Léviathan n'ait d'autre aspiration que de protéger sa puissance contre les menaces d'autres Léviathan. Car, dans ce domaine des relations extérieures, rien n'est institutionnalisé, aucun Etat ne se soumet volontairement à aucun autre. Les Etats sont toujours les uns par rapport aux autres dans l'Etat de nature. « Aussi vivent-ils dans un état de guerre perpétuelle, dans une continuelle veillée d'armes, leurs frontières fortifiées, leurs canons braqués sur tous les pays qui les entourent ». La vision politique de Hobbes est, dans son pessimisme, d'une rigoureuse cohérence. Si tous les rapports entre les hommes, chacun mû par son vouloir-vivre, ne peuvent être que destructeurs, il s'ensuit que tous, individus ou Etats, doivent être ou bien immobilisés par l'abandon de leurs droits (les individus), ou bien réciproquement empêchés (les Etats) par l'équilibration de leurs forces et par des mesures de protection matérielle, comme autant de forteresses imprenables. A l'intérieur comme à l'extérieur, la paix et la sécurité ne se procurent qu'au prix de la terreur. La philosophie de Hobbes est une philosophie de l'immobile. Du haut de sa grande muraille, Léviathan surveille son troupeau d'un côté et les troupeaux adverses de l'autre. Si rien ne bouge, rien n'est à craindre.

En raison de la complexité et de l'enchevêtrement des concepts qui dominent la pensée politique au XVIe siècle et durant la première moitié du XVIIe, un exposé analytique préliminaire nous a paru préférable à une procédure de renvoi à tel ou tel auteur à mesure que nous avancerions dans l'exposé de la propre pensée de Spinoza. Sauf pour quelques-uns — Hobbes, Machiavel —, nous n'avons donc pas jugé nécessaire de multiplier dans la Deuxième Partie les références et de marquer tous les rapprochements au risque d'alourdir le texte ou de le dissoudre en digressions. Il suffit d'avoir les éléments d'appréciation à portée, sachant que l'originalité de Spinoza ne consiste pas à innover en tous domaines de sa Politique, mais à construire son propre édifice en utilisant, remodelant et ajustant des matériaux venus d'ailleurs. Pour ne donner qu'un exemple, lorsqu'il insiste sur la nécessité de l'obéissance au Pouvoir — l'Autorité, le Souverain, les Hautes Puissances, quelle que soit la dénomination donnée aux responsables et gestionnaires de la Cité —, les arguments qu'il utilise peuvent se retrouver chez des auteurs aussi différents que Luther et Hobbes, Machiavel et Bodin. Et de même, lorsqu'il plaide chaleureusement en faveur des «prérogatives naturelles» des individus et du droit de chacun «dans une libre République de penser et de s'exprimer en toute latitude» (chap. XVII et XX du *Traité Théologico-Politique*), les rapprochements avec d'autres auteurs, des humanistes aux monarchomaques, seraient aisés.

Mais quel auteur, sinon Spinoza, dépasse tous les autres en étant capable de penser, dans une perspective nouvelle, sous la lumière de la seule Raison désenclavée de toute subordination théologique et de toute vénération conformiste, révérencieuse à l'égard des Grands de ce monde, l'alliance, la rencontre volontaire de l'obéissance et de la liberté. Ce qui est, pour le citoyen dans la Cité, une même chose que pour le Sage dans le monde, la rencontre raisonnée de la liberté et de la nécessité.

DEUXIÈME PARTIE

LA POLITIQUE SELON SPINOZA
OU
DU DROIT NATUREL
À LA LIBERTÉ

Chapitre 5
L'état de nature et le droit naturel

Regarder la nature humaine telle qu'elle est, et, de même, regarder ce qui dans la Nature convient à l'homme, quelles choses sont l'objet de son désir, selon quelle tendance, en vue de quelle fin spontanément sentie, tel est le point de départ de la Politique selon Spinoza. Cette politique est sans jugement *a priori* ni condition d'aucune sorte. Elle peut être dite naturelle si elle se borne à la considération de l'homme dans son état naturel et à la description de son comportement dans cet état. Observation faite que cet «état de nature» n'est pas regardé comme un état primitif de l'homme ayant réellement existé avant l'apparition historique d'un état social. L'état de nature auquel se réfère Spinoza — comme, du reste, Hobbes — est, en quelque sorte, posé entre parenthèses, comme une hypothèse de travail. Le philosophe politique isole mentalement cet état, en excluant toutes références axiologiques susceptibles d'obscurcir son analyse, de même qu'un physicien observe un phénomène en vase clos en éliminant tout facteur de perturbation. Mais il faut s'entendre sur le fait qu'il ne s'agit nullement d'une démarche idéaliste qui substituerait un concept à une réalité, une idée *a priori* de l'homme à l'homme tel qu'il est, en nature, ni d'une démarche réductrice qui, sous prétexte de ramener l'homme à ses caractéristiques naturelles, l'amputerait de certaines d'entre elles. Considérer l'homme, par conséquent, comme il est et selon ce qu'il fait *in statu naturale*. Spinoza s'exprime clairement à ce sujet lorsqu'il se propose de définir le droit naturel de chaque homme «abstraction faite de l'organisation publique et de la religion» (*TTP*, chap. XVI).

On peut voir, à partir de là, comment est atteint en fait l'autre état, ou état social, dans lequel la nature humaine bien comprise et bien organisée quant aux rapports avec ses semblables devrait s'accomplir pleinement, c'est-à-dire en étant développée dans toutes ses capacités, et non dispersée, empêchée ou réprimée. En effet, s'«il est impossible que l'homme ne fasse pas partie de la Nature et n'en suive pas l'ordre commun» (*Eth.*, IV, App., chap. VII) et s'il est vrai que la précarité de sa condition l'oblige à toujours s'adapter «autant que la nature des choses l'exige», il est tout aussi vrai qu'aucune force ne peut le contraindre à une entière passivité. En chaque humain, le vouloir-vivre porte vers un mieux-être. Aussi, de même que dans l'ordre métaphysique, le Sage s'efforce d'accéder à la Perfection et à la Béatitude par une réforme continue de l'entendement qui le fait s'élever jusqu'à la forme supérieure de la connaissance — métaphysique intuitive —, de même, dans l'ordre politique, l'homme à l'état de nature, commençant une alliance au moins tacite avec «d'autres individus tels que leur nature s'accorde avec la sienne» (*Eth.*, IV, App., chap. VII) cherche à se procurer quelques maîtrise sur son environnement comme sur lui-même. Au-delà commence l'état de citoyenneté ainsi que les moyens d'accès à la Sécurité et au Bien. Ces moyens sont ceux de la mise en forme et de l'application d'un Contrat prolongeant les courtes alliances initiales, ce Contrat pouvant être garanti par une Souveraine Puissance ou, mieux, par une décision d'Union où les forces individuelles viennent se conjuguer sous une Volonté commune. Ces deux voies sont les seules garantes de tranquillité et de Sécurité et, pour la seconde, de Liberté, et, si possible, dans la meilleure des sociétés, de Paix et de Concorde. Telle serait la vraie fin d'une Politique rationnelle exposée complémentairement par Spinoza dans ses deux Traités.

1. COMMENT ÉTUDIER L'HOMME

«Les philosophes conçoivent les hommes non tels qu'ils sont mais tels qu'eux-mêmes voudraient qu'ils fussent : de là cette conséquence que la plupart, au lieu d'une *Ethique*, ont écrit une Satire» (*T.P.*, I. § 1). Ce jugement, dès le premier paragraphe du *Traité Politique*, montre clairement quel chemin sera suivi. Il est inutile de raisonner à la manière des philosophes idéalistes (au sens moral) et il est tout aussi vain d'écrire une Satire qu'une Utopie. «La Politique, telle qu'ils la conçoivent, doit être tenue pour une chimère ou comme convenant soit au pays d'Utopie, soit à l'Age d'Or, c'est-à-dire à un temps où nulle institution n'était nécessaire» (*ibid.*). Sont également congédiés le Platon de la République et du Critias, le Thomas More de l'Utopie (1516), le Campanella de la Cité du Soleil (Civitas Solis), Erasme même en raison de son évangélisme politique. Seuls, en vérité, méritent le nom de Politiques ceux qui, ayant régi la Cité ou conseillé les Princes, en parlent au nom de leur propre expérience et d'une expérience plus large fondée sur la connaissance de l'Histoire. Ceux-là, au moins, ne sont pas saisis de la fâcheuse manie dogmatique qui s'empare de tous les faiseurs d'utopie et qui leur fait échafauder des systèmes insupportables pour l'être humain. Au contraire, « ayant eu l'expérience pour maîtresse, ils n'ont rien envisagé qui fût inapplicable » et, de plus, cette « expérience a déjà fait connaître toutes les formes concevables d'organisation en nation ». (*ibid.*, § 2 et 3).

Ces appréciations ne signifient point que Spinoza approuve tous les enseignements de ces Politiques expérimentés (encore qu'il rende un hommage remarquable à Machiavel : «... cet homme si sagace aimait la liberté et il a formulé de très bons conseils pour la sauvegarder » (*T.P.*, V § 7), mais il en apprécie le caractère réaliste ainsi que le bien-fondé d'une méthode d'observation et de déduction qui s'applique, sans préjugé, à des hommes en situation, à des existants agités par les passions les plus diverses. L'être humain, en effet, tel que nous l'éprouvons en nous-mêmes comme en autrui, oscille sans cesse de l'espoir à la crainte, de la convoitise à la déception, dans le trouble continu des affections et du désir. Mais, comme cet être naturel est le seul réel, comme il exprime bien ce qu'est la condition humaine (« ex ipsa humanae naturae conditione ») à la fois inassouvie et menacée, c'est bien celui-ci que l'on doit étudier, et non pas ces créatures fictives imaginées par les utopistes. « Qu'il soit sage ou insensé, l'homme est toujours une partie intégrante de la Nature » (*T.P.*, II § 5). « Tout homme qu'il se laisse guider exclusivement par la Raison ou, au contraire, exclusivement par la convoitise, ne saurait néanmoins agir qu'en conformité avec les lois ou règles de la nature » (*ibid.*). Il est soumis à la fois à la puissante détermination de l'ensemble des causes extérieures, et intérieurement à la contrainte de ses appétits souvent contradictoires. Ignorer cet état de fait — l'état de nature précisément — ou vouloir l'abolir au nom d'une interprétation tendancieuse — c'est se condamner à l'erreur, à l'inefficacité ou, même, à la négation.

Ces critiques ne s'adressent pas exclusivement à l'idéalisme moral. Elles visent aussi bien l'empirisme. Considérer l'homme comme une essence abstraite est arbitraire, mais aussi bien ne voir en lui qu'une bête machinale mue à la fois par la peur et par l'agressivité, ce qui est l'inspiration originelle de la philosophie de Hobbes : une physique empirique où tout est mesurable par quantité déterminée, où l'existence (la puissance) de chaque individu s'apprécie (se mesure) par la quantité d'action principalement destructrice dont il est capable vis-à-vis de ses semblables (la guerre de tous contre tous). Dans les deux cas, évasion idéaliste ou réduction mécaniste et pessimiste, un moralisme lénifiant ou répressif est sous-jacent ou, ce qui revient au même, un immoralisme pragmatique qui impose la soumission et, s'il le faut, la férocité. Mais c'est toujours ignorer l'homme en sa vraie nature, soit en voulant le traiter comme s'il était ce qu'il n'est pas encore — ou qu'il ne peut être —, soit en voulant le traiter comme s'il ne pouvait jamais être que ce qu'il est — ou supposé être — maintenant. En effet, maintenant, «les hommes sont conduits plutôt par le désir aveugle que par la raison» (*T.P.*, III § 5) et «sont diverses et inconstantes les illusions qui flattent l'âme humaine ou les folies où elle se laisse entraîner» (*T.T.P.*, Préface). Ce qui justifierait en apparence les répressions ou conduirait aux évasions de l'utopie. Mais c'est oublier que, dans cet état, les hommes ne sont pas libres, même s'ils s'imaginent qu'ils le sont, ou que l'on feint de croire qu'ils le sont afin de mieux les réprimer. Celui qui suit le cours de ses passions est, en réalité, asservi, c'est-à-dire faible, et toute coercition ne fait qu'augmenter sa faiblesse et sa dépendance au lieu de l'en libérer. De toute évidence, «ce qui, en l'homme, est un indice de faiblesse ne saurait être rapporté à sa liberté» (*T.P.*, II. § 7). Car la liberté est une vertu — à la fois force et valeur — ou, dans le langage de Spinoza, une Perfection.

Plus explicitement — ceci est un point capital dans la doctrine de Spinoza —, «l'homme est libre dans la mesure précise où il a la puissance d'exister et d'exercer une action conformément aux lois de la nature humaine»... de sorte que «plus nous considérons l'homme comme libre, moins nous sommes fondés à dire qu'il peut s'abstenir de raisonner et de choisir le pire au lieu du meilleur» (*T.P.*, II § 7). Le rôle d'une Politique bien comprise ne consiste donc nullement à faire violence à l'homme en voulant le changer dans sa nature. Il est, au contraire, de l'aider à se développer pleinement par adéquation de la liberté et de la nécessité. «Dieu lui-même, qui est absolument libre d'exister et d'exercer une action, n'en doit pas moins exister, comprendre et agir nécessairement, c'est-à-dire en vertu de la nécessité de sa nature». Et puisque la Liberté est une Perfection, l'homme libre aussi, selon sa propre nature, ne devrait agir que conformément au Bien et à la Raison. Encore doit-il trouver la voie à suivre ou bien peut-on lui enseigner à la découvrir. Il n'y a donc pas lieu de se moquer des hommes, ni de les chapitrer, ni, non plus, de pleurer sur leur misère lorsque l'on voit comme ils s'abusent sur eux-mêmes par illusion, faiblesse ou ignorance. Car ni le mépris, ni la colère, ni la pitié qu'on pourrait leur montrer ne changeraient leur sort ni leur manière de se comporter. Ne jamais oublier que « Tous naissent dans un état d'ignorance totale : avant qu'ils puissent connaître le vrai modèle qu'il leur faut imiter et adopter une conduite vertueuse, la plus grande partie de leur vie se sera écoulée, même s'ils ont bénéficié d'une éducation élevée » (*T.T.P.*, XVI).

Mais, au moins, essayer de les comprendre et pour cela, les observer en toute objectivité, c'est-à-dire par les mêmes raisons, « grâce à la même liberté d'esprit qu'on a coutume d'apporter dans les recherches mathématiques » (*T.P.*, I § 4). Les divers mouvements de la sensibilité : la haine, l'exaspération, l'envie ou, aussi bien, l'amour, la sympathie, la miséricorde n'ont pas à être considérés comme des défauts ou des qualités de la nature humaine appelant aussitôt le blâme ou la louange. Il ne s'agit pas de valeurs ou de non-valeurs soumises au jugement moral. Ce sont des états caractéristiques, des manières d'être qui appartiennent en propre à cette nature « comme le chaud et le froid, le mauvais temps, etc., sont des manifestations de la nature de l'atmosphère » (*T.P.*, I § 4). Attitude froide de physicien mesurant une variation de température, ou d'entomologiste observant un être vivant quelconque, un insecte, par exemple — comme Spinoza regarda, dit-on, le combat d'une araignée et d'une mouche. Attitudes qui prolongent, ou transposent, sans doute, la remarquable intention proclamée dans l'*Ethique* : « Considérer les actions et les appétits humains comme s'il était question de lignes, de surfaces et de volumes ou solides » (*Eth.*, III, Introduction). Pourquoi s'indigner de ce qui est par nature ? En effet, « il ne se produit rien dans la Nature qui puisse lui être attribué comme un vice inhérent ». Elle est la même partout, et partout, « sa puissance d'action est une et identique » (*ibid.*). On peut éviter ceci, rechercher cela selon ce qui convient à chacun et sans que nul puisse en faire grief à tout autre. Car « le juste et l'injuste, la faute et le mérite sont des notions extrinsèques et non des attributs qui expliquent la nature de l'esprit » (*Eth.*, IV, p. XXXVII, Scolie 2). Les « notions extrinsèques » sont des notions surajoutées. Avant la loi, il n'y a pas de faute.

L'homme, dans son état premier ou naturel, suit le caprice de ses appétits. On peut le dire faible, aveugle, limité et asservi. Mais cela reste de pure constatation. Etre asservi signifie être dans un état où l'on est empêché d'être pleinement soi-même, mais à partir de quoi on peut apprendre à se maîtriser, de même que le philosophe stoïcien apprend à sculpter sa propre statue : « J'appelle Servitude l'impuissance de l'homme à gouverner et réduire ses affections ; en effet, l'homme ne relève pas de lui-même, mais de la Fortune dont le pouvoir est tel sur lui que, souvent, il est contraint, voyant le meilleur de faire le pire » (*Eth.*, IV, Préface). Comment affranchir l'homme de cette servitude sans lui faire violence. Quels moyens utiliser qui respecteraient l'intégrité de son être, c'est-à-dire qui s'appuieraient sur sa propre nature sans l'offenser ni l'amoindrir. Telle est, comme indiqué dans les pages précédentes, la question qui se pose à la fois en métaphysique et en Politique. Si, en métaphysique, la solution réside en une réforme de l'entendement, en Politique, elle réside en une autre réforme : celle des tendances fondamentales — ce qui n'implique ni régression ni négation. En outre, cette réforme serait inopérante si elle ne s'exerçait que sur des individus isolément. Il faut qu'elle s'applique par consentement mutuel à tous les membres du groupe. La paix civile est, à la fois, l'expression et la garantie des volontés justes. A partir de quoi et par quel chemin y parvenir ?

2. LA PERSÉVÉRATION DANS L'ÊTRE

L'effort (conatus), l'appétit (appetitus), le désir (cupiditas) sont, chez Spinoza, trois manifestations proches, quasi équivalentes, de la tendance, fondamentale en chaque être, à persévérer dans son propre être. « La vie, elle-même, est identifiée à la force qui fait persévérer les choses dans leur être » (*P.M.*, II, chap. 6); « chaque chose, selon sa puissance d'être, s'efforce de persévérer dans son être » (*Eth.*, III, Prp. VI); « l'esprit, en tant qu'il a les idées claires et distinctes et aussi en tant qu'il en a de confuses s'efforce de persévérer dans son être pour une certaine durée indéfinie et il est conscient de son effort » (*Eth.*, III, Prp. IX). La notion d'effort s'applique davantage à cette énergie vitale par laquelle chaque être s'attache obstinément à sa propre conservation. Sous son aspect corporel, l'attachement s'exprime par la notion d'appétit et sous son aspect conscient par celle de désir. Ainsi, dans l'*Ethique*, le Désir est défini comme « l'appétit accompagné de la conscience de lui-même » (III, Prp. IX, Scolie) sans que, cependant, ces distinctions soient toujours maintenues puisque Spinoza écrit, par exemple, rapprochant Effort et Désir : « le désir est l'essence même de l'homme, c'est-à-dire l'effort par lequel l'homme s'efforce de persévérer dans son être » (*Eth.*, III, Prp. XVIII, Dem.) ou encore : « Tous nos efforts (conatus), autrement dit nos désirs, suivent de la nécessité de notre nature ».

Cette proximité de sens des trois termes présente moins d'intérêt, sans doute, que la question de savoir ce que ce désir, « essence de l'homme », émanation primordiale de son vouloir-être, recherche, ou quel est son objet. A la différence des stoïciens qui veulent affirmer l'être humain en l'affranchissant du désir, en le tenant à distance des séductions du monde extérieur et de ces « choses qui ne dépendent point de nous », Spinoza estime que « beaucoup de choses existent hors de nous qui nous sont utiles et qu'il faut désirer pour cette raison» (*Eth.*, IV, Prp. XVIII, Scolie). S'il faut sculpter notre propre statue, ce n'est point pour nous y enfermer, c'est, au contraire, pour mieux assurer nos prises à l'extérieur sur l'utile qui nous convient, sur le Bien qui en résulte et sur le bonheur que nous pouvons en éprouver. A commencer d'ailleurs par les agréments les plus simples et les plus naturels à la portée de tous comme la douceur des parfums ou le charme des plantes verdoyantes (*Eth.*, IV, Prp. XLV, Scolie). Proposition qui pourrait surprendre ceux qui ne veulent voir en Spinoza que le philosophe de la Béatitude et non l'observateur réaliste (et optimiste) de la vie quotidienne. Contrairement à d'autres, il est vrai, qui se montrent moins complaisants ou même hostiles à la notion de bonheur : «quelque chose de vague et d'indécis qu'on peut prendre à volonté dans un sens raffiné ou grossier de sorte qu'il y en ait pour tous les goûts; tranchons le mot, c'est une idée creuse ou une idée fausse, mise à la disposition des sophistes pour duper les gens honnêtes» (Cournot, *Considérations sur la marche des idées et des évènements dans les temps modernes*, T. IV, p. 308, Vrin). Mais, à défaut de bonheur, notion subjective, peu stable, nous voyons paraître (paragraphe précédent) une notion nouvelle, solide : la notion d'utilité. «La Raison ne demande rien contre la Nature, elle demande que chacun s'aime soi-même, qu'il cherche l'utile qui est sien, ce qui lui est réellement utile et qu'il désire... de sorte que chacun, selon sa puissance d'être, s'efforce de conserver son être» (*Eth.*, IV, Prop. XVIII, Scolie). Mais ceci ne dit point quel est le critère de l'utile. Sans doute, l'homme qui, cherchant à persévérer dans son être, choisit ce qui lui est utile à cette fin, se comporte spontanément ou intuitivement sans avoir recours à des jugements élaborés. Et, ainsi, l'utile est premier. Mais comme il n'est pas n'importe quoi, il faut bien qu'il y ait une détermination par quoi l'on reconnaisse ce qui est utile et ce qui ne l'est pas, et que, par conséquent, une convenance existe entre l'être qui désire et l'objet de son désir, à moins que cet objet ne soit, par essence, obscur et imprenable. Mais Spinoza n'est point psychanalyste. Et, de plus, les réponses sont claires. La moindre réponse, si l'on veut, est celle-ci : «de plusieurs choses contraires en un même sujet, si les unes lui conviennent, les autres lui sont forcément nuisibles» (*Eth.*, III, Prp. V). Quant à la réponse la plus explicite : «... plus une chose s'accorde avec notre nature, plus elle est utile ou meilleure pour nous; et, inversement, plus une chose nous est utile, plus elle s'accorde avec notre nature... rien donc ne peut être bon que ce qui s'accorde avec notre nature et, par conséquent, plus une chose s'accorde avec notre nature, plus elle utile, et inversement» (*Eth.*, IV, Prp. XXXI, Corollaire). Il faut donc entendre par bon ce que nous savons avec certitude nous être utile; et «plus on s'efforce et l'on a le pouvoir de chercher ce qui est utile — c'est-à-dire de conserver son être —, plus on est doué de vertu» (*Eth.*, IV Prp, XX).

Cette dernière proposition a valeur de synthèse. Elle établit le lien entre trois notions d'importance : le vouloir-être, l'utilité, la Vertu — qui est à la fois une Force et une Valeur et qui vise le Bien. Aucune ambiguïté sur le caractère réciproque ou, en quelque sorte, circulaire de cette liaison. Le scolie de la proposition XVIII (*Eth.*, IV) explicite ce thème : «... le fondement de la vertu est l'effort même pour conserver son être propre... le bonheur consiste pour l'homme à pouvoir conserver son être... la vertu doit être désirée pour elle-même, il n'y a rien qui l'emporte sur elle ou qui nous soit plus utile». Détachée de son contexte, cette proposition pourrait être entendue comme un éloge banal de la Vertu en son sens ordinaire, c'est-à-dire comme une qualification morale loin de la volonté d'être. Mais ce serait un affadissement de sens compte-tenu des nombreuses formulations de Spinoza, toutes pareillement orientées : «Nulle vertu ne peut être conçue comme antérieure à celle-ci, à savoir : à l'effort pour se conserver», ce qui entraîne pour corollaire : «l'effort pour se conserver est le premier et l'unique fondement de la vertu» (*Eth.*, IV, Prp. XVII et corollaire) ou encore : «agir par vertu, absolument, n'est rien d'autre en nous qu'agir, vivre, conserver son être (ces trois mots signifient la même chose) sous la conduite de la Raison» (*Eth.*, IV, Prp. XXIV). La définition même de la Vertu souligne cette coïncidence ou adéquation avec Force, Puissance, Pouvoir : «Par vertu et puissance, j'entends la même chose, c'est-à-dire que la vertu en tant qu'elle se rapporte à l'homme est l'essence même de l'homme ou sa nature en tant qu'il a le pouvoir de faire certaines choses qui peuvent être comprises par les seules lois de sa nature» (*Eth.*, IV, Déf. VIII).

On remarquera ici combien l'utilité selon Spinoza se distingue de l'utilité selon Machiavel. Chez ce dernier, elle n'a d'autre critère que le bien propre du Souverain. Elle ne sert que son intérêt. Et si elle suit les conseils de la Raison, c'est de la Raison d'Etat qu'il s'agit, et de ses ruses. Raison toute pragmatique dont la seule fonction est de maintenir le pouvoir pour un seul, non pas forcément au détriment de tous — ce qui serait un erreur de gouvernement — mais sans considération pour aucun. Rien de tel chez Spinoza (comme on le verra plus loin lorsque cette étude s'étendra de l'état de nature à l'état social). On peut, par anticipation, réfléchir sur ce passage du scolie XVIII (*Eth.*, IV) qui donne, certainement, son fondement le plus solide à l'utilité : «Les hommes ne peuvent rien souhaiter de supérieur pour conserver leur être que d'être tous d'accord en toutes choses de façon que les esprits et les corps de tous composent pour ainsi dire un seul esprit et un seul corps et qu'ils s'efforcent tous en même temps, autant qu'ils peuvent, de conserver leur être et qu'ils cherchent tous en même temps ce qui est utile à tous. D'où suit que les hommes qui sont gouvernés par la Raison, c'est-à-dire les hommes qui cherchent sous la conduite de la Raison ce qui leur est utile, ne désirent rien pour eux-mêmes qu'ils ne désirent pour les autres hommes et par conséquent sont justes, de bonne foi et honnêtes».

Spinoza insiste encore et précise, un peu plus loin (Corollaire II et Scolie XXXV) : «C'est lorsque chaque homme cherche avant tout l'utile qui est sien que les hommes sont le plus utiles les uns aux autres». En effet, leur utilité commune est de s'unir pour lutter contre les menaces et les périls que la nature indifférente leur oppose. Même si, le plus souvent, ils se jalousent, sont insupportables les uns aux autres, même si bien peu se conduisent selon la Raison, il n'en reste pas moins qu'ils n'inclinent pas à mener une vie solitaire. Et d'ailleurs, ils ne le pourraient. A défaut de proclamer que l'homme est un dieu pour l'homme, on peut admettre qu'il est un «animal politique», contrairement à l'opinion pessimiste de Hobbes qui ne conçoit les rapports naturels des hommes que sous la forme de rapports de guerre de tous contre tous. Pourquoi ne pas reconnaître plutôt que : «Rien ne peut mieux s'accorder avec la nature d'une chose que les autres individus de même espèce» (*Eth.*, IV, chap. IX). Reste à savoir comment cet animal politique en puissance pourra le devenir en acte. Le passage à l'acte, qu'il s'agisse d'un engagement contractuel ou d'un élan communautaire, suppose l'acceptation d'obligations réciproques, le consentement à un empiètement sur la puissance que chacun possède par nature. Cette puissance ou Droit naturel demande à être élucidée. A première vue, si chacun en use sans contre-partie on comprend que Hobbes puisse voir dans l'état de nature l'occasion d'un pouvoir homicide également disponible pour tous et, dans l'abolition de cet état, le seul moyen de mettre fin à ce pouvoir. Spinoza est loin d'ignorer ces difficultés, mais son réalisme optimiste lui fait rechercher une autre voie que celle de la soumission sans condition au règne du grand Léviathan.

3. L'USAGE DU DROIT NATUREL

«La nature ne crée pas des nations, elle crée des individus» (*T.T.P.*, chap. XVII). Autrement dit, il n'y a de réalité concrète que dans les existences individuelles. La Cité des hommes n'est jamais de fait, elle est instituée. Ce n'est pas d'elle qu'émane la puissance de chacun dans la nature — ou le Droit naturel de chacun. Au contraire, c'est elle qui résulte, de façon contingente, d'engagements pris par les hommes lorsqu'ils décident de s'unir. A ce nominalisme de Spinoza (ne reconnaître pour réels que des existants particuliers), on pourrait objecter que, même dans les temps les plus reculés, les hommes n'ont pu manquer d'entretenir quelque relation constante, c'est-à-dire, en fait, de vivre en groupe — aussi peut-on parler de l'homme comme animal politique par définition. Mais Spinoza ne fait pas profession d'anthropologue ni ne se présente comme un historien des origines de l'humanité. Il est un philosophe qui analyse la condition humaine (*T.P.*, I § 7) et qui, à cet effet, applique à des faits concrets une expérience de pensée. Fidèle à sa méthode réaliste, il ne feint donc aucune hypothèse ni ne pose relativement à l'être humain aucun principe *a priori*, tel que décret divin, loi sociale ou loi morale. Il l'isole sur la scène de la nature, sans vouloir le rapporter à quelque puissance que ce soit, déjà instituée. Peut-être faut-il remarquer à ce propos que l'étude approfondie de la théocratie des Hébreux, telle qu'elle est proclamée et décrite dans les Livres Sacrés, a déjà conduit Spinoza à la conclusion que la société humaine ne saurait être d'institution divine et que, pas davantage le droit naturel ne dérive d'un décret de la divinité (remarque : il se peut que, à l'argumentation purement philosophique, s'ajoutent ici les griefs de Spinoza contre la communauté qui l'avait rejeté, et dont les prétentions à l'élection divine lui étaient insupportables [*T.T.P.*, chap. III]).

Cependant, tout ce qui est dans la nature est, nécessairement, aux yeux de Spinoza, une émanation de la puissance de Dieu. Ceci est rappelé dès les premières pages du *Traité Politique*. Faisant référence à d'autres de ses ouvrages — l'*Ethique* en particulier —, l'auteur annonce son intention de rattacher ses conceptions politiques à sa doctrine métaphysique et, surtout, l'idée qu'il se fait de la Nature à l'idée de Dieu. «La puissance par laquelle les choses de la nature existent et agissent ne peut être aucune autre que la puissance éternelle de Dieu» (*T.P.*, chap. II, § 2). Aussi, «puisque Dieu a droit sur toutes choses et puisque le droit de Dieu n'est rien d'autre que la puissance même de Dieu en tant qu'elle est considérée dans sa liberté absolue, tout être dans la nature tient de la nature autant de droit qu'il a de puissance pour agir». (*T.P.*, chap. II, § 3). D'où la définition du Droit naturel dans le *Traité Politique* : «... sous le nom de droit naturel, je désigne les lois ou règles de la nature en vertu desquelles tout se déroule dans le monde, c'est-à-dire la puissance de la nature même» (chap. IV, § 4), et, dans le *Traité Théologico-Politique* : «Par droit ou loi d'institution naturelle, je désigne tout simplement les règles de la nature de chaque type réel selon lesquelles nous concevons chacun d'entre eux comme naturellement déterminé à exister et à agir d'une certaine manière. Par exemple, les poissons sont déterminés d'après leur nature à nager, et les plus gros à manger les petits... d'après un droit naturel souverain» (chap. XVI).

Considéré en sa spécificité, le Droit naturel ne comporte donc aucune autre limitation que la force dont dispose l'individu qui en a la jouissance. «Le droit de chacun s'étend jusqu'aux bornes de la puissance limitée dont il dispose» de sorte que «la loi suprême de la nature est que toute réalité naturelle tend à persévérer dans son état dans la mesure de l'effort qui lui est propre sans tenir compte de quelque autre que ce soit» (*T.T.P.*, chap. XVI). On retrouve ici directement le thème de la tendance à persévérer dans l'être et l'idée conséquente que la satisfaction de cette tendance l'emporte sur toute autre détermination : «Le droit naturel de chaque homme est déterminé non par la saine Raison, mais par le désir de puissance» (*ibid.*). Aussi, «par le droit souverain de la nature, chacun fait ce qui suit de la nécessité de sa nature» (*Eth.*, IV, Prp. 37, Scolie 2). La conséquence la plus évidente qui se tire de ces diverses propositions est que : «Le droit naturel ne connaît d'autre limite que le désir et la puissance de chacun». A première vue, ceci est un constat d'indépendance individuelle. Dans l'état de nature, chacun agit à sa guise. «Nul, selon le droit de nature, n'est obligé de vivre comme il plaît à un autre, mais chacun assure en personne la garantie de sa liberté» (*T.T.P.*, Préface). Au vrai, ce n'est que par commodité que l'on emploie le mot Droit. Il serait plus juste de parler d'Appétit naturel, un Appétit dont on soulignerait le caractère exigeant, sinon intransigeant et agressif, en dehors de toute légitimité.

Une autre conséquence, en effet, est que si chacun agit à sa guise et si chacun garantit sa propre liberté, chacun, aussi, est seul juge des moyens qu'il utilise comme des fins qu'il poursuit. N'ayant de comptes à rendre à personne, il n'enfreint aucune règle ni ne commet aucune faute. Car la faute ne peut exister avant la Loi (comme l'enseignait déjà Saint Paul). «Dans l'état de nature, aucune action ne saurait être qualifiée faute. Nul, conformément au Droit naturel, n'est obligé d'agir comme il plaît à un autre, à moins qu'il ne le veuille de son plein gré, ni de considérer comme bon ou comme mauvais quoi que ce soit, à moins qu'il n'en ait décidé ainsi de son propre chef» (*T.P.*, chap. II, § 18). Proposition analogue dans l'*Ethique* : «chacun juge de ce qui est bon, de ce qui est mauvais, et songe à son utilité selon son propre naturel» (IV, XXXVII, Scolie 2). A cet égard, le Sage ne jouit d'aucun statut particulier par rapport à l'ignorant ou à l'insensé, car : «aussi longtemps que l'on considère les hommes comme vivant sous le règne de la nature, tous se trouvent dans une situation identique» (*T.T.P.*, chap. XVI, Pl. 825). Aucun interdit ne peut donc être opposé à personne, sinon ceux que chacun s'imposerait à lui-même pour des actions jugées par lui non désirables ou non exécutables. « Le droit d'institution naturelle sous lequel les hommes naissent et, le plus souvent, vivent, n'interdit rien... » (*T.P.*, II, § 8). Sans doute, « le Sage jouit pour sa part du droit souverain de faire tout ce que lui ordonne la Raison, c'est-à-dire de vivre selon les lois de la Raison » (*T.T.P.*, chap. XVI). Mais la Raison n'est pas la seule chose naturelle et peu d'hommes vivent en conformité avec elle. Au contraire même, la plupart vivent assujettis à des passions qui les limitent et les affaiblissent, mais qui n'en sont pas moins naturelles, si bien que : «... l'ignorant ou l'homme dépourvu de force morale jouit du droit souverain de faire tout ce que lui suggère la convoitise, c'est-à-dire de vivre selon la loi du désir » (*T.T.P.*, chap. XVI). L'homme vertueux peut s'en indigner comme le pervers s'en réjouir, mais telle est, en tous cas, la condition humaine à l'état de nature. Et comme l'homme « n'est qu'un fragment minuscule de l'éternelle ordonnance de la nature... », la nécessité de cette ordonnance lui échappe. Elle ne peut être comprise en prenant pour juge et pour critère, la Raison et l'utilité humaines (*T.P., II, § 8).*

Les diverses propositions précédentes peuvent s'ordonner ainsi. Premièrement, nature et droit naturel sont antérieurs à toute détermination. Ils ne sauraient être gouvernés de l'extérieur par décrets divers changeant le monde — car Dieu ne peut se démentir Lui-même — ou pour ce qui concerne le Droit naturel — c'est-à-dire un Appétit (ou une exigence) soutenu par une force — par un impératif de la Raison. La Raison, elle-même, est chose naturelle. Aussi n'est-ce point la Nature qui, en chacun, se plie au sujet raisonnable mais bien celui-ci qui, pour commencer, ne peut faire autrement que de s'ajuster à la Nature. Mais, observation faite cependant, que : « Dans la nature, il n'y a rien de singulier qui soit plus utile à l'homme qu'un homme qui vit sous la conduite de la Raison » car « les hommes, dans la seule mesure où ils vivent sous la conduite de la Raison, font nécessairement ce qui est nécessairement bon pour la nature humaine et, par conséquent pour chaque homme, c'est-à-dire ce qui s'accorde avec la nature de chaque homme » (*Eth.*, IV — respectivement Corollaire 1 et Démonstration de la Prp. XXXV). Deuxièmement, la tendance de tout être vivant à persévérer dans son être est l'essence actuelle de son individualité. Comme telle, elle exprime la seule utilité de chacun, et chacun l'exerce à sa manière — c'est-à-dire bien peu selon les instructions de la Raison, presque tous selon les impulsions de l'appétit. Et comme aucun décret ni règle ne s'impose à personne, il s'ensuit qu'il n'y a d'autre limite à l'appétit que la seule puissance dont chacun dispose pour se satisfaire. Par conséquent, troisièmement, l'homme, dans la nature, n'a pas de place séparée ni de statut privilégié : il n'est pas un empire dans un Empire. Et comme, dans cet état naturel, il n'y a ni péché, ni faute, ni mérite, ni démérite, comme les hommes, qu'ils soient sages ou insensés, font de mêmes efforts pour se conserver, comme « il n'est pas plus en leur pouvoir d'avoir une âme saine qu'un corps sain » (*Eth.*, IV, Prp. XXXVIII, Scolie 2) alors, même celui dont l'âme ne jouit d'aucune santé morale, n'a cependant à répondre devant aucun tribunal de son action dans le monde. Au contraire même : « il peut punir comme bon lui semble le dommage qui lui est causé et, d'une manière générale, vivre selon sa propre complexion » (*T.P.*, II, § 9). La puissance dont il dispose est sa seule loi. Son droit se définit par sa capacité de satisfaire son désir.

Il est donc clair que dans l'état de nature, les notions morales ne peuvent avoir cours. La justice, par exemple, n'y a point de place ni, d'évidence, comme institution, ni non plus comme vertu. Seule prévaut l'exigence naturelle proportionnée à la force de chacun. Spinoza ne déclare nullement la légitimité de ce droit — ce qui serait entrer dans l'ordre des valeurs. Il constate son existence, décrit ses modalités d'exercice et ses implications, fidèle en cela à sa méthode réaliste. Il ne pourra s'intéresser à la Justice que lorsqu'il aura montré que l'état de nature, à force de conflits et de contradictions, ne peut être désirable ni, d'ailleurs, longtemps durable, qu'il est, de beaucoup, inférieur à l'état social (en dépit d'une apparence de totale liberté) et que, d'ailleurs, la vraie fin pratique de l'homme est, justement, d'instaurer cet état. « De même que la faute et la soumission, la justice et l'injustice entendues en toute rigueur, ne sauraient se concevoir que dans un Etat », de même, dans un Etat : « on appelle juste la personne animée de la volonté constante de donner à chacun ce qui lui revient, injuste, au contraire, celle qui essaie de s'emparer du bien d'autrui » (*T.P.*, II, § 23). Par contre : « ... dans l'état de nature, on ne peut concevoir d'attribuer à chacun son dû, ou d'arracher à quelqu'un ce qu'il a ; c'est-à-dire que, dans l'état de nature, il n'arrive rien qui puisse être dit juste ou injuste comme dans l'état de société » (*Eth.*, IV, Prp. XXXVII, Scolie 2). Puisque les rapports naturels sont uniquement des rapports de puissance, ils excluent toute référence au mérite, au respect, au sacré. Ils se fondent partout sur la force en place de Justice.

Est-ce retrouver ici le jugement de Pascal sur les rapports de la force et de la justice et sur la nécessité où se trouvent les hommes de préférer la force ou, du moins, de lui subordonner la justice, car la justice est faible, variable, « sujette à dispute » tandis que la Force, elle, est « sans dispute ». D'où la proposition de Pascal selon laquelle : « il faut mettre ensemble la Justice et la Force ; et, pour cela, faire que ce qui est juste soit fort et que ce qui est fort soit juste». Le rapprochement entre les deux penseurs paraît dont légitime. Mais, doctrinalement, tout les sépare. Le mysticisme sceptique de Pascal — sceptique quant aux affaires humaines et à la capacité de la Raison pour maîtriser «le dérèglement des hommes», leur amour-propre, leur peur de la mort, leur effroi devant l'infini, etc., s'oppose en tout au rationalisme réaliste de Spinoza : réaliste quand au comportement humain et quant à la capacité de la Raison à les rendre libres et vertueux lorsqu'ils consentent à en user conformément à leur nature véritable. Car Spinoza ne cherche jamais à contraindre ou à détourner la nature humaine en «pliant la machine» ou en l'abêtissant. Il cherche à la tirer de son obscurité native. La notion de Force rapportée à celle de Justice chez Pascal, et à celle de Droit (naturel) chez Spinoza est approchée selon des perspectives différentes et, aussi, à deux niveaux fort différents par l'un et l'autre.

Pascal regarde la Justice dans l'institution, c'est-à-dire dans l'état de société. Ce qui est juste, c'est ce qui est «établi», ce qui est fondé par la coutume, par un code de conventions obligées et respectées par tous. La légitimité se règle sur l'usage et, en même temps, sur la nécessité pratique, sur des grandeurs d'institution compte-tenu de la faiblesse et de l'instabilité inhérentes à la nature humaine. Aussi, les hommes consentent-ils à appeler Justice ce qui est la Force — non parce qu'ils les jugent identiques, mais par commodité puisque, du moins, la Force ne peut être contredite. D'abord, ils voudraient obéir à une règle qu'ils ressentent comme antérieure et supérieure à toute détermination sociale ou naturelle (si la Justice suprême nous était connue, «l'éclat de la véritable équité aurait assujetti tous les peuples»). Mais, ne pouvant faire que cette exigence morale s'impose à tous, ils l'érigent en loi et l'appuient sur la Force. On ne trouve rien de tel chez Spinoza — au stade actuel de son analyse — car, premièrement, il ne saurait être question de Justice dans l'état de nature mais seulement du Droit exercé par chacun. Et deuxièmement, il ne prend pas la Force en place de la Justice, ou comme supplétive de la Justice. Il prend la Force simplement pour ce qu'elle est, c'est-à-dire un fait. La Force n'est pas le truchement du droit. Etant de fait, elle *est* de Droit.

Spinoza est-il plus proche de Machiavel — auteur qu'il juge «des plus perspicaces», «homme sage», etc. — qu'il ne l'est de Pascal? Son réalisme objectif s'accorde-t-il avec le pragmatisme du Florentin? Pour celui-ci, l'utilité du Prince l'emporte sur toute autre considération. Il s'agit de consolider les fondements de l'Etat par tous les moyens afin d'assurer la pérennité du pouvoir. Asseoir l'autorité par force et tyrannie ou par affectation d'estime et de respect, dominer les âmes et les volontés par contrainte corporelle, abuser les consciences en feignant la vertu et la foi religieuse, c'est tout un, c'est toujours contraindre et toujours dans le même but : « Que le Prince songe donc uniquement à conserver sa vie et son Etat » (*Le Prince*, chap. XVIII). Ce que dit Machiavel à l'usage du Prince, Spinoza le dit pour tout individu. Si le Prince enchaîne ses semblables, singe les croyances, mime bonne volonté et bonne foi, rompt ses traités et ses serments, de même chaque homme à l'état de nature force et trompe son semblable s'il en a le désir et pourvu qu'il en ait la puissance. Chacun peut « se venger à son gré de tout préjudice subi » (*T.P.*, II, § 9). Aussi bien que par violence, contrainte ou tout autre moyen physique, l'âme de l'autre peut être soumise et rendue captive par ruse et tromperie. « Même la capacité intérieure de juger peut tomber sous la dépendance d'un autre dans la mesure où un esprit peut être dupé par un autre » (*ibid.*, § 11). Ce ne sont toujours que les divers procédés de la Force.

L'analogie, au fondement des deux doctrines, est indéniable : tendance à persévérer dans l'être, effort et force, principe d'utilité, absence de références morales. Mais l'un, Spinoza, décrit sans donner approbation — car il ne dit jamais que la force est une légitimité —, l'autre, Machiavel, observe, prend acte et tire des conséquences pratiques. Le premier montre des mécanismes, le second montre comment les utiliser. Il fonde ainsi une Politique de la toute-puissance dont le maintien doit être assuré par une volonté sans partage et sans illusion. Telle est la formule de Machiavel précédemment cité : « Il y a si loin de la sorte qu'on vit à celle qu'on devrait vivre que celui qui laissera ce qui se fait pour cela qui *devrait* se faire il apprend plutôt à se perdre qu'à se conserver » (*Le Prince*). Cette politique pragmatique est celle du Surhomme régnant seul sur un monde d'esclaves apeurés, abusés ou corrompus. Il ne s'agit pas de sortir de l'état de nature. Il s'agit de le modeler au profit d'un seul. Celui-là reste libre et conquérant aussi longtemps qu'il sait se jouer de toutes les embûches quels que soient les moyens utilisés. Non seulement vis-à-vis de ses sujets mais vis-à-vis de toute puissance extérieure : « Un prince bien avisé ne doit point accomplir sa promesse lorsque cet accomplissement lui serait nuisible et que les raisons qui l'ont déterminé à promettre n'existent plus » (*ibid.*, chap. XVIII).

La question de savoir si « le très pénétrant Florentin » avance masqué, c'est-à-dire si, sous couvert de conseiller le Prince, il le dénonce dans sa pratique — comme semble le penser Spinoza — et comme le prétendra Rousseau — est sans doute secondaire. Il n'est pas nécessaire de connaître les intentions de Machiavel. Il suffit de le lire à la lettre, et de voir, suivant la pensée de Spinoza lui-même où se situe la contradiction.

La contradiction, dans le comportement du Prince, provient de ce que, en dépit de ses manœuvres et précautions les plus diverses, il n'est jamais assuré de toujours conserver son pouvoir. Car, voulant être un Surhomme libre, non pas en s'accordant à la Raison, mais en n'invoquant que la Raison d'Etat pour s'affranchir de toutes les contraintes, non seulement il s'enferme lui-même dans l'Etat de Nature, s'isole de ses sujets, mais de plus, il doit lutter sans cesse contre les menaces, extérieures comme intérieures, qu'il ne parvient jamais à abolir. Ce qui est vrai du Prince l'est tout aussi bien de n'importe quel être humain. A savoir que, dans l'état de nature, chacun est menacé en permanence pour tous les autres. Et bien qu'il ne soit pas de l'essence véritable de l'homme — qui comporte aussi des éléments de rationalité — de se livrer à cette guerre sans fin. User sans frein du droit naturel comporte sans doute plus d'inconvénients que d'avantages.

Même s'il faut du temps pour y consentir, chacun finira par convenir qu'il serait préférable de réduire l'exercice du Droit naturel en suivant les conseils de la Raison.

4. LA LIMITATION DU DROIT NATUREL

Les traits caractéristiques du Droit naturel ont été montrés dans les paragraphes précédents. Chacun, dans l'état de nature, agissant par impulsion, le plus souvent, selon ses appétits, fait ce qu'il veut à proportion de ce qu'il peut. Aucune règle ne le contraint. Aucune autorité ne lui inflige ni blâme ni réprobation. Vis-à-vis de l'extérieur, il est donc libre de ses choix. Néanmoins, ce qui s'entend pour un s'entend aussi pour tous. Dès lors, c'est l'autre versant du Droit naturel qui se dévoile. Car la même liberté qui fait que chacun se comporte à sa guise dans la direction qu'il a choisie fait que tous peuvent se comporter pareillement en leurs propres voies. « En vertu des lois de la convoitise, tous sont entraînés dans des directions divergentes » (*T.T.P.*, chap. XVI). Ils se contrarient donc, entrent en conflit, deviennent antagonistes, et davantage encore si leur convoitise leur fait poursuivre le même objet. De sorte que si aucune règle ne les limite, ils n'en sont pas moins limités en réalité par l'appétit et la force des autres. Et comme, de tous les êtres vivants, l'homme est certainement le plus redoutable par son habileté, par ses ruses et par ses tendances à la violence et à la cruauté, il s'ensuit que tout individu est pour tout autre un danger permanent.

Sous l'empire de la crainte, parmi les inimitiés, les haines, la colère, tous vivent dans l'insécurité, « du fait de leur nature même, ils sont ennemis les uns des autres... le pire ennemi, en effet, n'est-il pas celui qu'il faut redouter le plus ? » (*T.P.*, chap. II, § 14). D'autant que ces « ennemis naturels », tout en souffrant de leur insécurité et désireux d'y mettre fin, continuent à se complaire dans leurs inimitiés. Tel est le paradoxe de l'état de nature : ces semblables que tout devrait rapprocher en raison de leur ressemblance même (« rien n'est plus utile à l'homme que l'homme même »), leur situation « naturelle » les oppose, les contraint à s'entrebattre. Ainsi, en pratique, ce droit naturel de chacun, apparemment si assuré, est moins une réalité qu'un leurre. « Il demeure plus théorique que réel puisque nul n'est certain de pouvoir en profiter » (*T.P.*, chap. II, § 14). Supposé même qu'un individu soit plus puissant que plusieurs autres pris séparément, comment pourrait-il surmonter leur ligue contre lui ? Même s'il y parvenait, ce serait en y employant tout son temps et toute son énergie, et donc en restreignant toutes ses autres activités, ses besoins, goûts et aspirations, sans possibilité « d'avoir une vie spirituelle quelconque ». « Nous voyons, en effet, ceux qui vivent en barbares, sans civilisation, avoir une vie misérable et presque animale, et, cependant, le peu qu'ils ont, tout insuffisant et grossier, ils ne se le procurent point sans se prêter mutuellement une assistance quelle qu'elle soit » (*T.T.P.*, chap. V).

C'est assez dire que la situation de Droit naturel, théoriquement favorable pour chaque individu, est, en réalité, décevante et contradictoire. Sans doute n'est-elle point aussi désastreuse que Hobbes la dépeint, c'est-à-dire comme une lutte forcenée permanente — ce qui est supposer que dans l'état de nature, tous les hommes ensemble se conduiraient continuement comme des insensés. Mais c'est oublier que la Raison, aussi, est chose naturelle et qu'elle contribue, par son existence même, à réfréner les pires excès. « La populace, cette bête qui porte un million de têtes » (comme l'écrivait Du Plessis-Mornay) est capable de toutes les horreurs, mais, outre que la populace est une réalité sociale, et non pas naturelle, les horreurs perpétrées par les hommes — quel que soit leur état — ne peuvent se perpétuer, car, en dépit de leurs emportements les plus violents, les hommes conservent le sens de leur utilité et finissent toujours par choisir le moindre mal, de même qu'ils ne persistent jamais dans l'absurde. Il faut voir dans l'état de nature un état de misère et de faiblesse résultant moins d'une compétition acharnée et mortifère que d'un mélange d'hostilité et de défiance partagé entre tous les hommes. Car chacun veut vivre, et chacun faisant corps avec ce droit naturel, irrépressible, s'efforce de satisfaire ce vouloir, au besoin envers et contre tous. Par conséquent, mêmes les pires dérives dans l'usage du Droit naturel ne pourraient justifier son abolition, ni même la rendraient possible. Spinoza le dit clairement dans une de ses lettres — et cet engagement (souvent cité) constitue un point d'appui capital dans sa Politique : « Vous me demandez quelle différence il y a entre Hobbes et moi quant à la Politique ; cette différence consiste en ce que je maintiens toujours le droit naturel » » (Lettre L à Jarig Jelles). En revanche, il est nécessaire d'orienter différemment ce droit, de l'ordonner afin que, par une utilité bien comprise, il puisse être maintenu en chacun sans porter préjudice à aucun autre.

L'accomplissement de cette exigence suppose une entente qui, en se réalisant, scelle le passage de l'état de nature à l'état de société. Les hommes entrent alors dans un nouveau mode de relations, c'est-à-dire dans les conditions d'un pacte durable ou Contrat social. Celui-ci, « tacite ou exprès » (*T.T.P.*, XVI) a pour fonction principale d'assurer leur sécurité en les protégeant les uns des autres. Mais il ne les met pas pour autant à l'abri de toute difficulté. Car, faute d'une évaluation exacte des intérêts et de moyens appropriés au maintien de l'engagement, le retour à la discorde est toujours à craindre ou, à l'inverse, le piège de l'absolutisme et de la tyrannie. Il leur faudrait s'appuyer à la fois sur leur droit naturel, sur la règle de l'utilité et sur les conseils de la Raison. Si l'on résume ici les principaux moments du processus suivi, on verra qu'un premier pas est accompli lorsque les hommes, s'avisant de leur insécurité et des incommodités qui en résultent, se rapprochent les uns des autres. Un second lorsque chacun se rend attentif non pas uniquement aux menaces que les autres font peser sur lui mais à celles que lui-même oppose aux autres. Un troisième lorsque chacun convient qu'il doit se réfréner lui-même s'il attend que les autres, réciproquement, modèrent leurs impulsions et leurs empiètements. Ces prises de conscience ne sont pas commodes. Elles réclament une conversion mentale, sinon morale. De plus, si elles sont le passage nécessaire vers l'alliance par une révision et un ajustement du sens de l'utilité, si elles jalonnent un nouvel espace d'inspiration utilitaire, mais où paraissent quelques aspirations éthiques, cet espace est encore sans structure du point de vue politique. La Raison est appelée à jouer le plus grand rôle dans cette évolution, comme régulatrice et organisatrice de la forme d'entente, si possible irréversible, que sera le Contrat social. Celui-ci, en son origine, n'est qu'un pari individualiste qui, de proche en proche, se combine à beaucoup d'autres, mais qui, pour être maintenu comme système d'ensemble, implique soit une délégation à une Autorité supérieure détentrice du Pouvoir, soit une nouvelle conversion par laquelle les forces individuelles forment en s'unissant volontairement un ensemble commun collectif qui est leur propre incarnation spirituelle. Si « les hommes ont le plus grand intérêt à vivre selon les lois et les critères certains de la Raison, car ceux-ci servent leur intérêt véritable » (*T.P.*, chap. II, § 11), c'est-à-dire à se conformer aux lois de la Cité et à obéir aux ordres du Souverain, ils doivent aussi préserver en toutes circonstances leur propre droit originel. Tel est le paradoxe que doit résoudre la Politique rationnelle. On suivra les variations et, parfois, les incertitudes de cette solution dans le chapitre suivant.

Chapitre 6
La Politique rationnelle.
La Cité

Par Politique rationnelle, il faut entendre la Politique suivant laquelle les hommes, se rangeant aux injonctions de la Raison, consentent à s'unir sous un principe général d'utilité. « Ce qui fait que les hommes vivent dans la Concorde est utile car cela fait en même temps qu'ils vivent sous la conduite de la Raison, et par conséquent, cela est bon » (*Eth.*, III, Prp. XL). Cette Politique élève les premiers groupements humains nés de l'insécurité et de la peur vers la société civile voulue par tous au prix d'une limitation et d'une nouvelle orientation du Droit naturel. L'engagement de l'être humain à devenir membre de la Cité, que ce soit par calcul d'intérêt ou par élan communautaire, s'apparente à la libre décision du Sage acceptant de se conformer à la nécessité divine. La Politique rejoint l'Ethique. Pourtant, dans cette situation meilleure, d'autres difficultés paraissent : difficultés de principe comme difficultés pratiques. Comment faut-il régler, sans contradiction, les rapports de dépendance et d'obéissance des citoyens au Souverain dépositaire de la Volonté générale, compte tenu de l'exigence de liberté présente en chacun ? Ou, de même, quelle sorte de relation établir entre la société civile et les instances religieuses, le clergé, les Eglises ? Ou, s'il s'agit de questions pratiques, comment gérer, administrer le domaine commun, et comment coordonner les diverses institutions émanant du Pouvoir ? La question primordiale est celle du lien entre obéissance civique (laquelle ne peut être servitude) et liberté (laquelle ne peut être licence), ou, en termes de Droit pratique, celle du conflit toujours possible entre la loi nécessaire qui régit le groupe et le droit naturel qui, même abdiqué n'est jamais aboli. Les chances d'équilibre ou de maintien de la Concorde sont variables selon la forme imprimée à l'engagement ou selon le régime de souveraineté adopté. Mais, dans aucun cas, le risque de discorde n'est absolument exclu, ni, à la limite, le retour à l'état de nature (d'où les nombreuses et diverses solutions politiques précédemment évoquées).

A ce propos, il est utile de souligner à nouveau la différence essentielle existant entre Spinoza et Hobbes. Chez celui-ci, l'état de nature est un état de guerre constant, sans cesse alimenté par la crainte et par une hostilité native, par un désir de nuire. Contre cette volonté destructrice, il n'est d'autre moyen que de supprimer l'état de nature et de réduire à rien le Droit naturel. « L'homme doit mourir à la nature, écrit Hobbes, pour naître à l'état social ». Les hommes ont à se soumettre à une Puissance souveraine qui n'attendra pas de leur part des délégations de pouvoir, mais l'abandon inconditionnel de tout droit. Le grand Leviathan n'a pas besoin de se renforcer par la force des autres. Il lui suffit que les autres soient sans force. La position de Spinoza est autre. S'il déclare maintenir le Droit naturel c'est, premièrement, parce qu'il juge que l'état de nature n'est pas une même chose que l'état de guerre, que l'état de nature ne se définit point par une absolue négativité, et c'est, deuxièmement, parce qu'il lui paraît à la fois absurde et impossible de retirer aux hommes un droit qui leur appartient tout aussi nécessairement qu'eux-mêmes appartiennent à la Nature. Par contre, il est souhaitable de dissiper l'atmosphère trouble qui enveloppe l'état de nature, de sorte que les hommes qui s'y agitent contradictoirement et impuissamment au gré de leurs illusions et de leurs convoitises puissent développer les éléments de rationalité dont ils disposent. Persévérer dans l'être n'est pas végéter. C'est accomplir les virtualités que l'aveuglement et l'ignorance empêchent. Contrairement à Hobbes, Spinoza milite pour la vie. Ce philosophe optimiste s'insurge contre le triomphe de la mort. Il le dit clairement dans l'Ethique lorsqu'il invite le Sage à méditer sur la vie. Il le dit symboliquement dans ses deux *Traités politiques* lorsqu'il dénonce l'oppression et le despotisme. « L'homme libre ne pense à rien moins qu'à la mort, et sa sagesse est une méditation, non de la mort, mais de la vie » (*Eth.*, IV, Prp. LXVII).

1. CE QUI FONDE LE CONTRAT

« L'état civil est institué naturellement pour mettre fin à une crainte commune et écarter de communes menaces... Il vise le but que tout homme vivant sous la conduite de la Raison s'efforcerait d'atteindre » (*T.P.*, III, § -). Eviter les menaces, se guider sur la Raison, telles sont les deux fins qui déterminent le passage de l'état de nature à l'état de société. L'une de ces fins répond à la règle pratique d'utilité. Non plus cette utilité brute qui fait que chacun, poursuivant aveuglément ses propres buts et entrant inévitablement en conflit avec d'autres agissant de même, cherche à les désarmer ou à les contrecarrer, mais cette utilité élaborée qui fait que chacun, prenant acte des autres présences et appétits, cherche un terrain d'entente avec tous et, par conséquent, plus de sécurité pour lui-même, d'abord. Il faut donc que des aménagements du Droit naturel, sous forme d'obligations consenties, soient institués au-dessus de chaque individu de façon à mieux installer la concorde entre tous. Mais on remarquera que ce contrat repose sur un pari en son fond individualiste et, par conséquent, fragile tant que chacun n'a en vue que son propre intérêt et non l'intérêt commun qui pourrait résulter d'une alliance véritable.

C'est à la Raison d'intervenir ici afin de faire que les intérêts humains soient équilibrés dans une vision consensuelle de l'utilité. Si l'un des déterminants du Contrat — la recherche de sécurité — a donné l'impulsion, l'autre déterminant, la Raison, doit lui donner forme en excluant si possible les motifs de discorde et de contestation. On revient toujours à ce thème essentiel chez Spinoza selon lequel les hommes tenteraient vraiment de nouer des liens solides «s'ils ne voulaient suivre d'autres conseils que ceux de l'appétit... Il leur a donc fallu, par un établissement très ferme, convenir de tout diriger selon l'injonction de la Raison seule» (*T.T.P.*, XVI). En effet, comme la Raison ne peut rien faire désirer qui soit contraire à l'intérêt de chacun et de tous, comme elle n'a d'autre fin que l'utilité la meilleure, tous ceux qui lui obéissent veulent nécessairement la même chose et se trouvent ainsi en conformité avec le Bien. De plus, alors qu'un homme est faussement libre quand, sous prétexte de jouir de son droit, il se livre à ses passions, au contraire, il est réellement libre «lorsque son âme s'appartient à elle-même dans la mesure où elle peut user droitement de la Raison», et c'est aussi «dans cette mesure précise (que) sa conduite est déterminée par des causes qui sont adéquatement compréhensibles à partir de sa seule nature, même si la détermination de sa conduite par ces causes a un caractère nécessaire» (*T.P.*, chap. II, § 11).

Ainsi, sans avoir renoncé à leur droit naturel, les hommes apprennent à réfréner tout ce qui, en eux, les entraînerait à porter tort à leurs semblables comme à eux-mêmes. Il revient à chacun de décider raisonnablement et de plein gré que, pour ne point subir de dommages de la part des autres, il ne doit en infliger aucun, lui-même, à autrui. Si cet engagement se rapproche par la forme du message évangélique, il n'en diffère pas moins par l'intention. Et il ne procède ni du sentiment moral ni de l'inspiration religieuse. Il résulte de l'intérêt bien compris, ou mieux compris, grâce à la Raison, par tous ceux qui ont observé ou éprouvé à leurs dépens que le recours à la force se retourne toujours contre celui qui en fait usage — ce que l'Evangile ne dément pas non plus. Puisqu'il ne peut y avoir d'impunité pour personne, puisque le glaive est pour tous, il est forcé que tous finissent par s'entendre selon une règle d'abord inaperçue : à savoir que le droit naturel d'autrui doit être défendu comme s'il s'agissait pour chacun du sien propre. Dans l'inspiration évangélique, l'élan de la charité va au devant de cette règle et la soutient. Mais Spinoza, dans son inspiration rationaliste et réaliste, se réfère à la seule Justice. Celle-ci : « est, de la part de chaque individu, une disposition constante qui lui fait attribuer à chacun son dû, d'après le droit positif » (*T.T.P.*, chap. XVI). Les individus raisonnables devraient donc, par consentement réfléchi, après estimation des avantages et des inconvénients, s'accorder de mutuelles garanties. A défaut de s'unir en vue d'un Bien commun, ils éviteraient au moins de se porter préjudice.

Mais, à ce point, une nouvelle difficulté surgit. Si la Raison est utile aux hommes en ce qu'elle leur conseille de régler leur entente selon une règle de réciprocité, c'est-à-dire, conformément à la Justice, elle ne leur dit pas encore comment les contractants engagés par cette disposition pourront la maintenir constante. Si négocier avec lucidité est nécessaire ou même, sans négocier éviter les conflits, comment faire que ces conventions ou ce simple évitement soient toujours respectés ? Si la question se pose dans le cas d'ententes partielles limitées à deux ou quelques individus, *a fortiori* lorsque, entrecroisées, elles forment un tissu social. Dans ces cas, une délégation de pouvoir est nécessaire. Chaque individu transfère à son groupe ou à l'institution qui représente le groupe sa propre puissance. « Pour vivre dans la sécurité et le mieux possible, les hommes ont dû nécessairement aspirer à s'unir en corps et ont fait par là que le droit que chacun avait de nature... appartînt à la collectivité et fût déterminé non plus par la force et l'appétit de l'individu mais par la volonté et la puissance de tous ensemble » (*T.T.P.*, chap. XVI). Dès lors, la volonté et la puissance de tous ensemble font que chacun « a d'autant moins de droit que tous les autres réunis l'emportent sur lui en puissance » (*T.P.*, II, § 16). En fait, chacun n'a de droit qu'autant que lui en confère la loi commune et, d'autant cette loi est sévère, d'autant semble s'amenuiser la liberté de chacun.

C'est à cette situation paradoxale que les hommes s'exposent dans la condition du Contrat souscrit pourtant par eux-mêmes de plein gré. La seule raison d'être de leur engagement est l'instauration de la concorde par la pacification de tous sous une loi commune. Mais, une fois consentie, cette pacification a valeur d'un serment fait par chacun à la collectivité. Ce serment ne peut être défait faute de dissolution du Contrat. Et pourtant, chacun peut être tenté de le dénoncer, à bon droit de son point de vue, s'il estime que la contrainte qu'il subit devient insupportable et donc révocable. Mais il ne pourra se reprendre ainsi que s'il en a le moyen. Le moyen supprimé, la récusation est de pure forme, à supposer même qu'elle puisse s'exprimer. Telle est, comme on l'a vu précédemment, la solution de Hobbes. Solution sans nuance puisque la seule libre volonté est celle du Souverain qui, détenant tout le pouvoir, détient aussi tout le Droit, les autres, en lui ayant abandonné une fois pour toutes l'imperium, ont renoncé du même coup à tout recours. En légitimant l'autorité dans sa toute-puissance, ce serment d'obéissance est devenu irrécusable : celui qui y déroge sera nécessairement réprimé et châtié. Si la position de Spinoza est différente, ce n'est pas sans détours, ni même ambiguïté. Par exemple, dans sa lettre à Jarig Jelles (Lettre L), ou il se déclare nettement en faveur du maintien du droit naturel, il n'en écrit pas moins aussi qu'il «n'accorde dans une cité quelconque de droit au souverain sur les sujets que dans la mesure où, par la puissance, il l'emporte sur eux; c'est la continuation de l'état de nature». En stricte logique, le propos n'est pas contradictoire. Si le droit de nature est maintenu, il doit l'être forcément pour tous, et donc aussi pour le Souverain qui y trouve plus d'avantages que les autres puisqu'il dispose de plus de puissance. Ainsi, dans le fait, dans la réalité sociale, la difficulté se maintient également. Comment concilier la nécessité d'obéir à la loi et aux commandements du Souverain et l'exigence du maintien du droit naturel individuel, autrement dit des libertés ?

Si une solution doit être trouvée, ce ne peut être qu'à la couture de ces deux impératifs. On peut remarquer d'ailleurs que, de Saint-Thomas à Luther et à Calvin, en passant par beaucoup d'autres, Bodin, Grotius, etc., cette question est toujours primordiale en philosophie politique. Pour y répondre, il faudra faire, comme l'écrit Spinoza lui-même, «la part aussi belle que possible au droit et à la puissance politique» (*T.T.P.*, chap. XVII), c'est-à-dire examiner au plus près toutes les raisons qui se rapportent à l'obligation d'obéissance des sujets — et aussi bien citoyens — vis-à-vis du Souverain. Il sera toujours temps ensuite d'introduire des atténuations et des réserves en vue d'établir que «le droit ainsi défini ne conférera jamais au Souverain une puissance absolue sur tout ce qu'il voudrait» (*ibid.*). Enfin, cette démonstration faite, ou dans son développement même, on comprendra quelle sorte de Contrat ou quel dépassement du Contrat initialement conçu conduit à un système de conciliation satisfaisant, le plus naturel et le plus libre, en ce sens qu'il porterait la Raison dans l'Etat, non pas seulement comme une fin ou un idéal qui lui serait assigné, mais comme sa propre manière d'être.

2. DU CÔTÉ DU SOUVERAIN : L'OBÉISSANCE

Spinoza n'hésite pas à écrire que l'individu doit se soumettre en tout aux lois de la Cité : «... il faut que l'individu transfère à la société toute la puissance qui lui appartient de façon qu'elle soit seule à avoir sur toutes choses un droit souverain de nature, c'est-à-dire une souveraineté de commandement à laquelle chacun sera tenu d'obéir» (*T.T.P.*, chap. XVI). Il écrit également que : «la volonté de la Cité doit être tenue pour la volonté de tous; si le sujet juge iniques les décrets de la Cité il est néanmoins tenu de s'y soumettre» (*T.P.*, III, § 5). Sur ce point, il y a parfaite concordance entre les deux Traités puisque, dans le *Théologico-Politique*, il est dit que : «... à moins que nous ne voulions nous comporter en ennemis de l'Etat et aller contre la Raison qui nous conseille de maintenir cet Etat de toutes nos forces, nous sommes dans l'obligation d'exécuter rigoureusement tous les ordres de la Souveraine Puissance, fussent-ils d'une extrême absurdité» (chap. XVI). Et, allant même plus loin, à propos de la violation du droit, Spinoza estime que : «... jamais elle ne saurait être imputée à la Souveraine Puissance de l'Etat considéré — la Souveraine Puissance ayant le droit de se conduire comme il lui plaît à l'égard de ses sujets. La violation du droit au sein d'un Etat ne peut avoir lieu qu'entre particuliers astreints par la loi à ne pas se porter tort l'un à l'autre» (*ibid.*). Exécution rigoureuse, ordres d'une extrême absurdité, bon plaisir du Souverain! Est-ce à dire que Spinoza souscrit à la logique de l'absolutisme ou, pour parler comme Luther, à la nécessité du «glaive nu»? Si nous faisons — comme indiqué plus haut — la part aussi belle que possible à la puissance de l'Etat telle qu'elle est catégoriquement affirmée dans les propositions précédentes, nous devrons bien remarquer, d'emblée, que cette puissance «embrasse tous les moyens grâce auxquels s'obtient l'obéissance à des ordres» (*ibid.*).

Divers arguments peuvent être invoqués. Les uns conseillent la soumission au nom de l'utilité ou par constat d'impuissance. D'autres justifient l'obéissance au nom de la sauvegarde de l'Etat et de la sécurité pour tous. C'est bien ce que dit Hobbes : «Otez dans n'importe quelle sorte d'Etat l'obéissance (et, en conséquence, la concorde du peuple) et... ce peuple se dissoudra à bref délai. Et ceux qui désobéissaient en se proposant simplement de réformer la République découvriront que, par là, ils la détruiront» (*Léviathan*). On réservera pour la suite une argumentation plus complexe visant à dépasser la relation éventuellement conflictuelle entre le Souverain et le sujet et conduisant à la promotion du régime démocratique. Considérons l'individu en tant que personne privée, ou simple particulier. Quel avantage aurait-il à se rebeller plutôt qu'à rester soumis? S'il se révolte, il s'expose à des répressions qui seront bien plus dommageables pour lui que ne l'est l'oppression d'une loi même tyrannique. Son utilité personnelle bien comprise lui commande donc de choisir le moindre mal, c'est-à-dire la soumission. Il n'y a là, évidemment, aucune considération d'ordre éthique. Il ne s'agit que de suivre la pente d'un intérêt immédiat sous l'empire de la crainte. Un autre argument s'appuie sur cette évidence que, par suite du consentement par lequel le sujet s'est soumis au Souverain, chaque particulier est faible et le Souverain fort. Aussi, quels que soient les griefs du particulier, son peu de droit, c'est-à-dire son peu de puissance, ne lui laisse d'autre choix que celui d'obéir. C'est l'argument de la résignation, mais que l'on peut estimer à la fois paradoxal et spécieux. Paradoxal puisque c'est dans le maintien du droit naturel que le Souverain trouve la source de sa puissance (voir Lettre L précédemment citée) et l'emporte sur ses sujets (alors que la continuation du droit naturel dans l'état social devrait avoir pour fin, au contraire — à la différence de Hobbes — de protéger les sujets contre l'absolutisme), spécieux, car il repose sur une confusion entre les notions de souveraine puissance et de puissance absolue. Ces notions sont voisines, mais non pas identiques. Spinoza ne manquera pas de souligner, lui-même, cette confusion.

L'argument le plus direct et le plus solide, l'argument du réalisme, se fonde sur la nécessité pour un Etat d'assurer sa propre sauvegarde, de veiller prioritairement à sa sécurité : « imperii virtus securitae ». Il faut donc que cet Etat use, en vue de sa conservation, de tous moyens appropriés à cette fin — dont les particuliers eux-mêmes sont bénéficiaires puisque, ainsi, ils continuent à être protégés. Puisque cette entreprise est bonne pour tous, personne n'a de raison de s'y opposer, et point davantage aucun particulier n'a à s'en mêler : « La seule personne qui ait le droit de juger quelles sont les exigences du salut général n'est jamais un particulier quelconque, c'est le détenteur de l'autorité » (*T.P.*, IV, § 3). Nous sommes ici, de nouveau, dans « la continuation de l'état de nature ». L'Etat, comme chaque particulier, assume son vouloir-être et cherche à se perpétuer sans avoir à se justifier ou rendre compte de ses initiatives : « (la souveraine Autorité)... peut bien demander un avis à de simples particuliers, mais elle n'est pas obligée de reconnaître qui que ce soit pour arbitre, ni au-dessus d'elle, aucun mortel en qualité de champion de quelque droit que ce soit » (*T.T.P.*, chap. XVI). S'il en était autrement, l'Etat ne pourrait assurer les diverses missions qui lui ont été confiées par les sujets dans les nombreux domaines de la vie publique.

Car l'accomplissement de ces missions dépend du maintien des lois — seuls garants légitimes de l'ordre et de la sécurité. En outre, compte-tenu de changements toujours possibles à l'intérieur comme à l'extérieur de la Cité, changements souvent provoqués par des événements imprévisibles (la guerre, l'émeute, l'entreprise factieuse, les subversions), il doit pouvoir s'adapter toujours à ces circonstances nouvelles, ce qui signifie disposer de la faculté d'interpréter, sinon de modifier, les lois fondamentales ; «... selon les principes de l'organisation des hommes en société, l'Autorité en exercice reste l'unique interprète des lois ; aucun particulier n'ayant non plus le droit de s'en improviser le champion, ces lois ne sont point en elles-mêmes contraignantes pour la personne investie de l'Autorité» (*T.P.*, IV, § 6). Ainsi, le gardien des lois est au-dessus de la loi. L'argument sécuritaire est au fondement de ce privilège paradoxal. Mais, l'élucidation doit se poursuivre faute pour la Politique de Spinoza de se retrouver dans les rets de l'absolutisme.

L'utopie politique peut croire ou espérer que les individus ayant consenti à céder leur droit finiront par se comporter en individus raisonnables et vertueux. Mais, dans aucun Etat, on ne les a vus encore se comporter ainsi, ni personnellement, ni, encore moins, en masse. On retrouve ici le réalisme de Spinoza qui lui fait regarder les hommes, gouvernants comme gouvernés, tels qu'ils sont et agissent, et non pas tels qu'ils pourraient et devraient être, notamment selon l'idéal démocratique. «Tout observateur familiarisé avec la mobilité d'humeur de la masse désespère presque d'elle ; car elle est régie non par la raison, mais par le sentiment et son impulsivité l'expose gravement aux corruptions de la cupidité et de la débauche» (*T.T.P.*, XVI). Et, pour ce qui concerne la psychologie individuelle, chacun se croit seul à tout savoir, veut trancher de tout, méprise ses semblables dont il ne veut accepter aucun conseil, envie les uns, souhaite le malheur des autres et y prend plaisir, etc. «Aussi, l'organisation d'un Etat en vue de remédier à ces maux représente-t-elle une œuvre laborieuse entre toutes ; il s'agit d'empêcher tout jeu de la malhonnêteté... de créer des institutions qui porteront les hommes à toujours mettre le droit de la collectivité au-dessus de leur avantage particulier». Ajoutons encore que la meilleure réalisation politique ne peut écarter «la menace incarnée par les citoyens — bien plus redoutable que celle que l'on peut attendre des ennemis» (*ibid.*). Ce qui revient à dire que, pour un Etat, les pires dangers viennent souvent de l'intérieur : «une nation est toujours menée à sa perte par ses citoyens, plutôt que par les ennemis du dehors, car la majorité des hommes n'est pas constituée de gens de bien» (*T.P.*, chap. VI, § 6). De sorte que le Souverain détenteur du droit de l'Etat doit toujours redouter les citoyens plus que les ennemis. D'autant que, vis-à-vis de l'intérieur, il n'aura jamais la même liberté d'action (même s'il se met, par exception, au-dessus de la loi) que vis-à-vis de l'extérieur où il n'y a pas, tout simplement, de loi. Les rapports d'Etat à Etat se règlent en termes de droit naturel, c'est-à-dire de puissance.

De cette situation de fait — le comportement habituel des hommes —, il résulte que la Puissance souveraine doit enraciner son pouvoir, non seulement dans toutes les fonctions pratiques relatives à la gestion de la Cité mais bien plus profondément, dans tout ce qui relève de l'ordre des valeurs et qui, pour être entièrement assuré, ne doit dépendre que de ses décrets. Par conséquent, rien ne pourra être réputé bon ou mauvais, équitable ou impie, tant que l'Autorité ne l'aura pas marqué de son sceau, indiquant du même coup «quelle conduite devra être adoptée par les sujets pris, tant isolément que dans leur ensemble» (*T.P.*, IV, § 1). Ainsi, dans l'état social, contrairement à l'état de nature où rien n'est prescrit, le droit fondamental du Souverain n'est pas que de faire la loi et de la faire obéir, il est aussi de poursuivre comme faute tout ce qui est manquement et transgression. «La faute se définit : toute action que la loi interdit d'accomplir» (*T.P.*, II, § 18). Elle s'entend donc uniquement en termes de subordination sociale et non de morale traditionnelle. Elle est «la désobéissance qui, pour cette raison, est punie en vertu du seul droit de l'Etat» alors que, à l'inverse, «l'obéissance est comptée au citoyen comme un mérite parce qu'il est, par cela même, jugé digne de jouir des avantages de l'Etat» (*Eth.*, IV, Prp. XXXVII, Scol. 2). Il est donc clair que si l'état de nature exclut ou plutôt ignore la faute et le péché — puisqu'il n'y a pas de norme pour les définir —, au contraire, l'état social les intègre absolument en les rapportant au seul droit du Souverain et sans aucune référence à d'autres impératifs tels que moraux et religieux. La faute, cette «action que la loi n'autorise pas, (cette) action illégale», est exclusivement une notion sociale; «elle ne se conçoit que dans le cadre d'un Etat ou le Bien et le Mal sont appréciés relativement au droit général» (*T.P.*, II, § 19). De même, pour les notions de Justice et d'Injustice qui «entendues en toute rigueur ne sauraient se concevoir que dans un Etat (*ibid.*, § 23).

Ainsi, la loi et toutes les autres notions, traditionnellement morales ou dérivées de l'ordre du sacré, cessent d'être transcendantes. Elles sont socialisées et donc laïcisées. Cette laïcisation a forcément des conséquences quant au rapport que l'autorité souveraine entretient avec les instances religieuses, la pratique religieuse et la Religion elle-même. Celle-ci, si elle est distinguée de son appareil cérémoniel et rituel de son apparat spectaculaire ainsi que de ses interprètes et gestionnaires le clergé — devrait se concentrer sur son noyau moral, sur ce qui est «divinement écrit dans le cœur de l'homme» (*T.T.P.*, XII) sur ce que d'autres nommeront lumière naturelle par distinction du penchant superstitieux qui fait adorer des simulacres et des images peintes au lieu de la Parole divine elle-même. Débarrassée de toute cette pompe illusoire destinée seulement à captiver les esprits crédules, elle consisterait en la pratique des vertus. Et l'on ne voit pas qu'un croyant vertueux ait aucune raison de s'opposer aux lois de la Cité et que, entre autres obligations, il n'accomplisse pas celle d'obéissance. «On reconnaîtra que la ferveur spirituelle, la tranquillité intérieure et la Bonté recommandée par la Raison ne sauraient être pratiquées ailleurs qu'au sein d'un Etat» (*T.P.*, II, § 21). Réciproquement, «l'obéissance extérieure n'en suppose pas moins une activité spirituelle interne» (*T.T.P.*, chap. XVII). Ce qui est dire que si l'obéissance comme acte social n'a pas à être négociée, elle n'exclut pas cependant, bien au contraire, le consentement, attitude intérieure, de la part du sujet.

La loi de la Cité n'est pas, à la différence de la loi physique, l'expression d'une nécessité tenant à la nature des choses. Elle est un commandement d'institution qui se règle sur l'équité et sur l'utilité commune, c'est-à-dire la sécurité et la vie de tous les membres de la Cité; et qui, aussi, pour être maintenu durablement, doit être imposé avec une rigueur inflexible; faute de quoi elle serait fragilisée et ne tarderait pas à être défaite. De même que, si une dérogation aux lois de la nature était possible, elle entraînerait la destruction de celle-ci (on verra plus loin, à ce sujet, la critique spinoziste de la notion de miracle). La première règle est donc bien de soumission. Il faut obéir. L'obéissance seule importe, et non pas le motif qui laisserait une marge d'indétermination et de contestation. «Si l'on veut saisir jusqu'où s'étendent le droit et la puissance d'un état politique, il faut bien remarquer que cette puissance ne se limite pas à l'exercice d'une contrainte redoutée des hommes. Elle embrasse tous les moyens grâce auxquels s'obtient l'obéissance à des ordres. Ce n'est pas le motif de son obéissance, mais l'obéissance seule qui caractérise la situation du sujet». L'obéissance ne se discute ni ne se justifie. Elle ne peut être passée au crédit du sujet. Elle est inconditionnelle. Et c'est aussi pourquoi même les ordres les plus absurdes doivent être obéis. De sorte que si, dans sa résolution d'obéissance, un sujet s'appuie sur des raisons personnelles, il n'en agit pas moins sous la seule autorité de la Souveraine Puissance. Et il ne saurait donc renoncer à sa résolution sous prétexte de raisons ou convenances personnelles.

Par contre, aussi longtemps qu'il maintient son adhésion intérieure, aussi longtemps que son consentement est de bonne volonté, cette attitude d'acquiescement sans réticence est supérieure à toute autre, de simple acceptation, de résignation ou, encore plus, de refus silencieux. Il est aisé de comprendre que l'individu le plus étroitement soumis au pouvoir d'un autre est celui qui consent à exécuter les ordres de cet autre de l'élan le plus sincère. Par «étroitement soumis», on n'entend pas ici celui qui est soumis à la manière d'un esclave mais celui qui s'est soumis de plein gré par un élan du sentiment, par gratitude, ou, quelles que soient ses raisons, d'après les moyens que le Souverain a su utiliser pour obtenir ce consentement sans réserve. «L'autorité politique la plus puissante est celle qui règne sur les cœurs des sujets (*ibid.*)». Aussi est-il de l'intérêt du Souverain — et sans doute, également, de son obligation — d'obtenir «la fidélité des sujets, leur valeur morale et leur constance dans l'exécution des ordres reçus». Ce sont là «des facteurs essentiels de la conservation de l'Etat ainsi qu'il ressort tant du raisonnement que de l'expérience» (*ibid.*). La conjonction de la règle nécessaire d'obéissance inconditionnelle et de la règle contingente d'obéissance consentie réalise la meilleure condition pour assurer l'Autorité dans sa pleine souveraineté. Il revient à celle-ci de ne point compromettre elle-même cette situation — la plus favorable — par des actes inconsidérés. Autrement dit de ne jamais s'écarter des raisons qui obligent le citoyen à l'obéissance, y compris celles qui le motivent intérieurement — et même si ces dernières sans être nécessaires n'en sont pas moins souhaitables.

Outre les arguments pratiques déjà invoqués — la sauvegarde de l'Etat, la sécurité pour tous, la nécessité de contrôler toujours la masse instable et impulsive —, l'argument fondamental est celui de la rationalité de l'Etat. La loi «fondée elle-même sur des critères raisonnables» suppose une adéquation entre sujet docile et sujet doué de raison. Dans l'ordre métaphysique, le Sage «ne saurait, en aucun cas, aller à l'encontre du vouloir éternel de Dieu tel que, inscrit dans l'univers naturel, il exprime l'ordonnance de la nature entière» (*T.P.*, II, § 22). De même, dans l'ordre de la société civile, puisque la rationalité de l'Etat l'emporte sur les passions et convoitises toujours renaissantes et toujours discordantes des individus, il faut que le citoyen soit soumis en tout à l'Autorité. Non seulement la désobéissance est une faute, elle est aussi une déraison, ou la marque d'une impuissance, puisque le citoyen désobéissant se conduit inadéquatement, c'est-à-dire négativement. Spinoza récuse, comme on l'a déjà vu, l'opinion ordinaire selon laquelle l'homme est libre s'il laisse latitude à ses emportements, et esclave s'il les réprime en les pliant aux ordres de la Raison. Il est pourtant bien évident que «la faute asservit l'homme au lieu de le libérer» (*ibid.*, § 20) et que, socialement, liberté et sagesse sont dans l'acceptation de la loi et non dans son refus. En résumé, si l'état de nature est le sommeil de la raison, l'état social devrait en être l'accomplissement. La Raison donne la norme, l'Autorité la met en place et s'engage à la faire respecter en suivant sa propre nécessité. Tel est l'argument le plus fort en faveur de l'obéissance. Néanmoins, ayant fait «la part aussi belle que possible» au devoir de soumission, ne peut-on s'engager sur un autre versant où l'Etat, tout en restant reconnu, par principe, porteur de Raison, serait regardé lui aussi d'un point de vue critique au nom de cette Raison même. Dans ce cas, si l'on proclamait qu'«une nation est d'autant plus indépendante que sa conduite est plus raisonnable», on devrait reconnaître également que «dans la mesure où sa conduite est déraisonnable elle est coupable envers soi-même, c'est-à-dire en faute» (*T.P.*, IV, § 4). Et, fautive, devrait-elle encore être obéie?

3. DU CÔTÉ DU SUJET : LA LIBERTÉ

L'argumentation développée dans les pages précédentes marque très nettement la convergence entre la nécessité de l'obéissance au Souverain et l'exercice de la Raison : «... la paix intérieure a pour condition le respect rigoureux de la législation nationale. Il en résulte que plus l'homme se laisse guider par la raison, c'est-à-dire plus il est libre, plus il apporte de fidélité à observer le lois ainsi qu'à exécuter les ordres de la Souveraine Puissance de son pays» (*T.T.P.*, chap. XVI, en note). Mais ceci n'implique pas soumission à l'absolutisme — ou du moins à n'importe quel absolutisme. Car il est clair qu'un individu engagé par contrat, ou par quelque autre forme d'alliance à la fois plus souple et plus exigeante, ne saurait être un consentant tacite irrémédiablement voué à l'acceptation sinon à la passivité. Il est un Sujet (au sens philosophique), c'est-à-dire un être doué de raison et capable de liberté, et de qui, en outre, personne ne peut changer l'essence inaliénable. «Nul ne pourra jamais, quelque abandon qu'il ait fait à un autre de sa puissance et conjointement de son droit, cesser d'être homme. Et il n'y aura jamais de Souverain qui puisse tout exécuter comme il voudra» (*T.T.P.*, chap. XVIII). Ceci n'est pas, à proprement parler, un désaveu des affirmations précédentes. Mais c'est une ébauche de correction, une approche plus intimiste, en quelque sorte, du mode de dépendance de l'individu vis-à-vis du Souverain. Il est impossible qu'un être humain devienne autre qu'il n'est et tout souverain serait insensé qui voudrait confisquer par décret l'âme d'autrui. Il ne peut se faire que l'âme d'un homme appartienne entièrement à un autre. Personne, en effet, ne peut transférer à un autre, ni être contraint d'abandonner son droit naturel ou sa faculté de faire de sa raison un libre usage et de juger toutes choses. «Un gouvernement, par suite, est jugé violent qui prétend dominer sur les autres, et une majesté souveraine paraît agir injustement contre ses sujets et usurper leur droit quand elle veut prescrire à chacun ce qu'il doit admettre comme vrai ou réputer comme faux» (*T.T.P.*, chap. XX).

C'est ici que se marque la limite entre Souveraine Puissance et Puissance absolue. Aucune Souveraine Puissance pour aussi puissante qu'elle soit ne le sera jamais assez pour s'arroger un droit suprême sur toutes choses. Si une Société était en mesure de créer tous les droits *ex nihilo* et de les attribuer tous au Souverain, il n'y aurait, en principe, aucun empêchement à ce que le Souverain retire toute espèce de droit à qui bon lui semblerait selon sa volonté ou même par caprice. Etre à la source du Droit serait en être le Maître — sans partage. Mais la nature existe avant la société, le droit naturel avant le droit civil, le sujet humain avant le monarque. Et c'est même du fait que l'homme dispose de cette puissance appelée Droit Naturel que la Société est possible comme résultant du consentement réciproque, ou mieux, de l'union des volontés. Il existe dans la nature au moins une loi universelle à laquelle aucune force ne pourra jamais s'opposer et selon laquelle nul ne renonce jamais à ce qu'il juge être bon pour lui — sinon dans l'espoir d'un plus grand bien ou dans la crainte d'un mal. «Cette loi est inscrite en caractères si profonds dans la nature humaine qu'il faut la ranger parmi les vérités éternelles auxquelles nul ne serait se dérober» (*T.P.*, chap. XVI). Impératif imprescriptible qui fait, comme le montrent déjà les Tragiques grecs, que aucun décret d'aucune Autorité, même justifié par des raisons pratiques, ne peut empêcher la personne privée de faire ce qu'elle a à faire, au nom du devoir, de la pitié, du respect ou de son droit naturel. Créon ne viendra jamais à bout d'Antigone.

Ainsi, même lorsque par contrat ou par consentement tacite, un homme s'est dépouillé de toute espèce de droit, il n'en continue pas moins de suivre, éventuellement contre toute puissance, la loi de son être. Car il ne peut jamais cesser d'être homme. Le pouvoir du Souverain, bien que décrété absolu en droit, ne peut être l'être jamais en fait — à moins que tous les membres de la Cité ne soient devenus simultanément insensés et voués à l'absurde. Comment peut-on imaginer qu'une Autorité puisse se maintenir si elle cesse d'inspirer le respect, si elle se comporte de façon indigne ou odieuse. «Ceux ou celui qui incarnent l'autorité politique ne sauraient se mettre à parcourir les rues en état d'ivresse ou nus au côté de prostituées. Pas plus qu'ils ne sauraient se donner en spectacle bouffon ni enfreindre ou ignorer ouvertement les lois dont ils ont été eux-mêmes les auteurs» (*T.P.*, IV, § 4). Bref, il n'est possible à personne, en même temps, d'être et de ne pas être. Si le Souverain fait de son pouvoir un usage tyrannique, ce pouvoir lui sera nécessairement enlevé. Ceci n'est pas une déclaration de principe, c'est la prévision de ce qui peut manquer d'arriver. En même temps que le respect, la crainte disparaît, l'indignation et la fureur l'emportent sur la soumission et déclenchent des violences qui ne sont que la sanction naturelle des aberrations du monarque.

Il est vrai que le mécanisme de rupture qui entre alors en jeu n'a aucun caractère de légalité et de justice civile, mais comme il résulte d'une exaspération de la nature humaine en cas d'abus, il fonctionne nécessairement. Ce qui s'accorde au Bien et à l'utilité de la communauté entière ne s'oppose en rien à l'idéal de la Raison. Celle-ci n'a pas pour mission d'encourager des menées séditieuses, mais elle est dans son rôle et porte l'accent de la nécessité lorsqu'elle condamne la tyrannie. Nous rappelons que cette position est tout à fait proche de celle de Thomas d'Aquin : c'est la tyrannie qui est séditieuse et non pas la révolte qui renverse la tyrannie. Thomas, distinguant le Bien de l'Imperium social, dit que le Bien — valeur suprême — ne saurait jamais céder aux violences et folies du despotisme. Au regard de la société, le révolté encourra toujours répression et châtiment — pour les raisons invoquées plus haut — mais, au regard de la Raison elle-même, s'il a agi en vue du Bien, il mérite estime et louange. N'est-ce pas, pour Spinoza, la vocation de l'homme libre qui affronte tour à tour le tyran et la populace ? Mais qui les affronte en toute lucidité et connaissance de cause. Car la liberté d'action serait dangereuse et pourrait n'être que déraisonnable si elle n'était guidée par la liberté de jugement. Celle-ci, même, doit être correctement conçue si l'on veut que l'obéissance reste la règle dans un Etat gardien de la sécurité. En aucun cas, elle ne saurait être confondue avec la fantaisie, la licence, le libertinage. « On ne saurait concevoir qu'une nation autorise chaque citoyen à vivre selon sa fantaisie... » car dans l'état social, le fondement de la sécurité et la façon de se comporter ont une référence commune : la loi ; « mais ce n'est pas à dire que la faculté de juger soit, par là-même, enlevée à chacun » (*T.P.*, chap. III, § 3).

Cette faculté de juger, c'est-à-dire, par exemple, la capacité de discerner librement l'utile et le bien, est si profondément ancrée dans la nature humaine, en étant le prolongement de son droit naturel, qu'il serait impensable d'espérer la proscrire. Nul ne pourrait s'en défaire, même le voudrait-il. « Tout homme jouit d'une pleine indépendance en matière de pensée et de croyance ; aussi, fût-ce de plein gré, il ne saurait aliéner ce droit individuel ». De même, on ne voit pas que le plus puissant monarque puisse empêcher ses sujets « de porter des jugements de tout ordre, à leur gré, ni de ressentir tel ou tel sentiment à titre individuel » (*T.T.P.*, XX). C'est en usant de cette « liberté native » conjuguée avec sa tendance à persévérer dans l'être que chaque personne humaine résiste spontanément et opiniâtrement à tout ce qui est dégradant et révoltant. Ce que le sentiment exprime par la répulsion, la Raison l'exprime d'autre manière par une condamnation de l'ineptie comme absurde et contradictoire. Il y a ainsi une convenance réciproque, dans l'acte de juger, entre liberté et rationalité. Lorsque le Sage s'efforce, aussi, d'atteindre le Bien et d'entrer dans l'état de Béatitude, cela se fait par la rencontre de la Raison qui découvre la Nécessité divine et de la liberté qui donne son adhésion à cette nécessité.

De même, dans un Etat bien conçu, la Raison est aussi bien le guide de la souveraine Puissance prescrivant la loi que du citoyen consentant à la respecter. Il serait contradictoire qu'une Autorité se comportant raisonnablement veuille réprimer le libre jugement des citoyens et, réciproquement, que les citoyens, au nom de cette liberté de jugement, veuillent s'opposer à de justes décrets. A la fois «l'homme est d'autant plus en possession d'une pleine liberté qu'il se laisse guider par la Raison» (*T.P.*, chap. II, § 21) et «la communauté politique la plus libre est celle dont les lois s'appuient sur la saine Raison» (*T.T.P.*, chap. XVI). Les déclarations en ce sens abondent dans les deux Traités. Il nous semble que l'on peut les entrecroiser pour preuve sans trahir la pensée de Spinoza — même si, d'un Traité à l'autre, il existe des variations d'intention, notamment à propos du meilleur fondement du lien social (la notion de Contrat est bien moins évoquée dans le second que dans le premier). Il faut remarquer aussi que ces propositions n'ont pas pour but d'exprimer l'idée d'une mutuelle tolérance entre le Souverain et les sujets, comme si le Souverain ne se résignait à la liberté de jugement de ceux-ci que parce qu'il ne peut faire autrement, et comme si les sujets ne la revendiquaient que comme une arme ou un moyen de pression en réserve (encore que ces attitudes ou intentions ne puissent être absolument exclues). Pour l'essentiel, ces propositions disent que le jugement libre, loin de constituer une menace pour l'Etat, contribue, au contraire, à sa conservation.

«La puissance individuelle de la liberté de juger (qui ne menace ni la paix, ni aucune ferveur véritable au sein de la communauté publique, ni le droit de la souveraine Puissance) est, en outre, elle-même indispensable à la conservation de la paix, de la ferveur et du droit politique souverain» (*T.T.P.*, chap. XX). Ceci, à l'avant-dernière page de l'ouvrage, vient en écho à ce qui est écrit dans la Préface, à savoir que «ce n'est pas sans grand danger pour l'Etat» que certaines initiatives dont les sujets jouissent par prérogatives naturelles leur seraient enlevées; «la liberté individuelle ne saurait être enlevée sans mettre en péril la paix intérieure et miner considérablement la communauté entière » (*T.T.P.*, préf.). Il n'y a aucun paradoxe, en effet, à admettre — compte-tenu de l'adéquation entre rationalité et liberté — que « un homme, plus il est guidé par la raison et plus il est libre, plus il s'astreindra à respecter la législation de son pays ainsi qu'à exécuter les ordres de la souveraine Puissance à laquelle il est soumis » (*T.P.*, chap. III, § 6), ces conditions étant nécessaires à la fois pour la Sécurité et pour la concorde et pour l'activité même de la Cité. Que l'on imagine *a contrario* une situation d'oppression où une nation conquise serait réduite au silence par force, où les sujets « menés comme du bétail et inaptes à s'assimiler quelque rôle que ce soit, sinon celui d'esclaves », perdraient toute initiative et jusqu'à faire usage de leur libre jugement. Il n'en pourrait résulter qu'un effondrement à terme. Une masse asservie perd tout espoir et toute force, « elle se contente d'éviter la mort » (*T.P.*, chap. V, § 4.6).

A considérer la question d'un autre point de vue, on peut encore ajouter ceci : s'il est absurde et durablement impossible qu'une Autorité quelconque réduise les hommes à une absence de pensée, il est tout aussi absurde qu'elle veuille les réduire à un même mode de pensée, c'est-à-dire à un jugement contraint, à une pensée unique. Les opinions, chez les êtres humains, sont inévitablement diverses, instables, voire opposées. On peut essayer de les modifier par la libre discussion, par l'appel à la réflexion et aux avis de la Raison, mais non par la force. Le même argument vaut pour la diversité des comportements déterminés par les passions et convoitises. « Vouloir régler la vie humaine toute entière par des lois, c'est exaspérer les défauts plutôt que de les corriger » (*T.T.P.*, XX). Si l'on se résigne à tolérer la débauche, l'ivrognerie, la cupidité, pourquoi voudrait-on empêcher l'exercice libre du jugement qui, pas davantage, ne se laisse contrecarrer, et qui, surtout, manifeste une valeur en l'homme, et non pas une déchéance. Enfin, à supposer que la liberté des hommes raisonnables soit interdite par des lois oppressives, des lois scélérates, ce ne serait que pour laisser le champ libre à des fanatiques, des furieux ou des hypocrites voulant interdire Raison et tolérance. Celui qui proscrit la liberté de penser ouvre la porte à la déraison. « Lorsque l'on s'efforce de ravir cette liberté aux sujets », lorsque croyances, opinions, convictions personnelles sont mises en jugement et condamnées comme dissidentes, « les exécutions décrétées contre des gens de bien ressemblent à des martyres ; elles inciteraient plutôt les assistants à encourir le même sort ; elles éveillent la pitié, voire le désir de venger les victimes, plutôt qu'elles ne servent de moyen d'intimidation » (*T.T.P.*, chap. XX).

4. DU CONTRAT À L'UNION : L'EXIGENCE DÉMOCRATIQUE

Si la double argumentation précédente, d'abord en faveur de l'obéissance à l'Autorité, ensuite en faveur de la liberté individuelle de jugement est convaincante, elle n'en laisse pas moins l'impression d'un dilemme incomplètement surmonté. Ce dilemme peut s'exprimer ainsi : d'une part, nul être humain ne saurait abdiquer un droit naturel, même le voudrait-il, car ce droit coïncide avec la force de son vouloir-vivre, avec son besoin vital de liberté. D'autre part, nulle société ne peut renoncer à sa sécurité et aux moyens — y compris coercitifs — qui assurent sa protection. Jamais aucune autorité en place ne perdra de vue que la dissolution de l'ordre est le Mal suprême de la Cité. En n'importe quel régime raisonnable, le but constant de l'état de société est de « maintenir la paix et la sécurité de la vie » (*T.P.*, V, § 2). Spinoza a marqué nettement cette nécessité et le contraste qui en résulte dans le rapport de l'individu et de l'Etat. « Tandis que la liberté ou force intérieure constitue la valeur d'un particulier, un Etat ne connaît d'autre valeur que sa sécurité » (*T.P.*, I, § 6). Et c'est pourquoi toute Puissance souveraine qui se veut raisonnable en vient à rechercher, selon la forme d'organisation qui lui est propre — son régime politique —, le meilleur point d'équilibre entre ces deux exigences. Et de même, tout individu qui veut se conduire en citoyen attentif aux lois et décidé à les respecter, accepte d'obéir, mais non pas d'aliéner sa liberté de jugement. Spinoza ne varie jamais sur l'un et l'autre point. A savoir, pour ce qui concerne le premier : « Quelle que soit la personne détentrice de la Puissance souveraine, la situation est invariable ; peu importe qu'Elle s'identifie à un individu, à quelques individus, à tous les individus, il est évident qu'elle jouit du droit de commander tout ce qu'elle veut » (*T.T.P.*, XVI). Et pour ce qui concerne le second : « Le but final de l'instauration d'un régime politique n'est pas la domination ni la répression des hommes, ni leur soumission au joug d'un autre... Non, je le répète, le but poursuivi ne saurait être de transformer les hommes raisonnables en bêtes ou en automates » (*T.T.P.*, XIX).

Mais, si tel était le cas, si l'absolu du pouvoir se transformait en absolu tyrannique, s'il conduisait au nivellement et à la répression des jugements et des comportements individuels, on a vu — à l'alinéa précédent — quelles en seraient les conséquences, c'est-à-dire l'effondrement à terme, soit par l'inertie de la masse asservie, soit par la révolte des sujets — esclaves contre la terreur diffuse que le tyran fait planer sur leurs têtes. A toute époque, il existe des régimes despotiques qui ne règnent que par l'ostentation de la force et par les adjuvants ordinaires de celle-ci : la corruption, l'oppression, la domination sans règle, l'arbitraire. Spinoza évoque la barbarie des tyrans turcs qui ne se maintiennent qu'en réprimant sans cesse et, au besoin, par anticipation. Un exemple de ce comportement mortifère est visible chez ces despotes « qui se font un devoir de mettre tous leurs frères à mort » (*T.P.*, VII, § 23). Ainsi, l'absolu de la tyrannie détient tous les attributs de la souveraineté, le sceptre et le glaive, le pouvoir de vie et de mort, mais il lui manque le seul qui soit essentiel : la légitimité appuyée sur le consentement. Ce pouvoir n'est donc absolu que selon l'apparence : parades de la force, gesticulations, abus de toutes sortes. Le tyran ne dure que par son immobilité et par un mélange de faux décors, de complaisances, de violences ou de promesses de violences. Mais son troupeau d'esclaves, son « bétail », bien que muselé et enchaîné, constitue, lui aussi, une menace en permanence. Spinoza écrit : « Gardons-nous de mesurer la puissance d'une Autorité à la crainte qu'elle inspire, sinon nulle ne serait plus considérable que celle des sujets d'un tyran — tant ceux-ci sont redoutés du maître dont ils subissent le joug » (*T.T.P.*, chap. XVIII). On ne saurait dire plus subtilement combien est fragile la puissance d'un régime de force tyrannique.

Si l'on veut éviter les contradictions de l'absolutisme tyrannique, ou, plus généralement, si l'on veut surmonter entièrement le dilemme de l'absolutisme sécuritaire et de la liberté individuelle, bref, si l'on veut mettre ensemble obéissance et autonomie, il n'est d'autre moyen que de penser la relation au Pouvoir en d'autres termes que celui d'une dépendance utilitaire au seul nom de la protection des particuliers par l'Autorité. Car, dans ce cas, le risque est grand — pour reprendre la métaphore de Locke — de n'échapper aux loups que pour tomber sous la griffe des lions. D'autres conditions doivent être définies dans une intention qui dépasse la demande de Sécurité — sentiment pauvre, passif en quelque sorte — vers l'espérance de Concorde — où se conjuguent « la justice, l'équité, l'honnêteté » (*Eth.*, IV, App., chap. XV). Quelles sont ces conditions ? La première est que tous les intéressés, par un comportement identique à la volonté dominante qu'ils auront exprimée en corps, s'engagent au respect des institutions et des lois par eux-mêmes adoptées. Il ne s'agit donc pas, comme dans la solution absolutiste, d'attribuer d'emblée, sans conditions, le pouvoir à un Souverain indépendant de la multitude, mais de « l'union des hommes en un tout qui a un droit souverain collectif sur tout ce qui est en son pouvoir » (*T.T.P.*, chap. XVI). La seconde condition est que tous les intéressés, ne pouvant gérer constamment eux-mêmes l'ensemble des affaires publiques, désignent par élection des représentants qui prendront ces affaires en charge. Ensuite, pour passer du principe à l'application, on peut envisager — comme le proposait déjà Grotius — que plusieurs ordres sociaux ayant chacun son autonomie se voient attribuer une fonction propre qui, en se combinant avec d'autres, contribue à un équilibre général. Si l'individu lui-même n'a pas de pouvoir particulier en dehors de ces corps constitués, il n'en conserve pas moins une valeur éminente en tant que personne humaine. Son droit naturel lui est conservé et, en même temps, relayé et pris en charge par le droit civil d'organes communautaires. Ceci est, à l'évidence, la conception d'une puissance publique capable, sans contradiction, d'imposer la loi et de respecter les droits individuels. Comment cette puissance pourrait-elle jamais prendre une décision contraire aux intérêts de la société comme des individus puisqu'elle est, elle-même, l'émanation et l'interprète de l'une comme des autres!

Le régime démocratique fondé dans le principe sur le respect des personnes par l'intermédiaire de la volonté générale et, dans les faits, sur la répartition des pouvoirs à la fois séparés et conjugués, s'accorde à cette conception qui exclut par définition toute tentative arbitraire ou déraisonnable. «Outre que dans un état démocratique, l'absurde est moins à craindre, car il est presque impossible que la majorité des hommes, unis en tout, s'accordent en une absurdité, cela est peu à craindre en second lieu en raison du fondement et de la fin de la démocratie qui n'est autre que de soustraire les hommes à la domination absurde de l'appétit et de les maintenir autant qu'il est possible dans les limites de la Raison, pour qu'ils vivent dans la Concorde et dans la Paix» (*T.T.P.*, XVI). Aussi, dans cet état pour lequel Spinoza déclare sa préférence en le jugeant «le plus naturel et le plus susceptible de respecter la liberté naturelle des individus» (*ibid.*), les comportements absurdes ou violents sont logiquement exclus. Le pacte social est bien unilatéral — et donc solide — en ce sens que les contractants font allégeance de leurs droits à la Puissance souveraine, mais, comme cette allégeance n'est jurée qu'à eux-mêmes réunis en corps, la dite Puissance ne fait que représenter leur volonté commune. S'il revient donc aux citoyens d'exécuter les commandements du Souverain et de «ne reconnaître comme Droit que ce que le Souverain déclare être le Droit» (*ibid.*), ceci n'entraîne aucun asservissement. En tant qu'unis dans un groupe organisé, «les hommes jouissent d'un droit souverain sur tout ce qui est en leur Pouvoir» (*ibid.*).

En toute logique, le lien social ainsi défini est le meilleur instrument, à la fois de la légitimité et de la sécurité, mais aussi de la liberté. D'autre part, la souveraineté n'est pas soumise à condition, sauf constitutionnelle — mais non pas circonstancielle, car si c'était le cas, elle s'exposerait à être démantelée à l'occasion de n'importe quelle contestation —. D'autre part, il faut qu'elle ait été conçue de telle sorte qu'il lui soit impossible de ne pas respecter le droit faute de se désagréger elle-même. Autrement dit, il serait contradictoire de rejeter ce que l'on s'est prescrit à soi-même. Il n'est donc plus seulement théorique, encore moins spécieux, de soutenir simultanément ces deux exigences. Dans un état démocratique, elles ne s'opposent ni ne s'annulent ; au contraire, elles se conjuguent et se complètent. Nul ne peut refuser d'obéir aux lois de la Cité, mais nul non plus ne peut abdiquer sa capacité de faire de sa Raison un libre usage, puisque l'obligation qui est faite à chacun de se conformer à la loi n'est que la confirmation du fait que chacun a voulu raisonnablement cette loi. Toutefois, si cette volonté commune engage entièrement la personne sociale, il reste que la personne humaine naturelle conserve en tout, comme personne privée, son libre jugement ou sa faculté critique, à proprement parler, un droit de réserve. Mais ce droit ne s'oppose pas à l'Etat, il contribue à l'épurer plutôt et même à le renforcer en donnant à cette puissance, toujours susceptible de se transformer en monstre froid, une capacité de vigilance et d'auto-critique, bref, une dimension spirituelle.

Car, d'un côté, « la fidélité des sujets, leur valeur morale, leur constance dans l'exécution des ordres reçus, sont les facteurs essentiels de la conservation de l'Etat ainsi qu'il ressort tant du raisonnement que de l'expérience » (*T.T.P.*, chap. XVI), et, d'un autre côté, « le droit de l'Etat et de la Souveraine Puissance est, tout simplement, le droit naturel, déterminé par la puissance, non plus de chaque homme, mais de la masse en tant qu'incarnation d'une personnalité spirituelle » (*T.P.*, II, § 2). Ceci est la définition de principe de l'Etat conçu dans une intention démocratique. La masse, ou le peuple, y est nommée comme incarnation d'une personnalité spirituelle, c'est-à-dire d'une libre volonté collective constituée par le transfert du droit de chacun à la totalité dont lui-même fait partie. Dès lors sont dépassées les clauses et conditions d'un Contrat au sens strict. Il s'agit d'une Union où les hommes « tous égaux, comme naguère dans l'état de nature » ne se préoccupent plus de réduire réciproquement leur droit — par délégation ou abandon à une autre Puissance qui les protégera au prix de leur liberté —, mais de conjuguer leurs forces et leurs volontés. Ils aspirent ainsi à une autre fin, plus haute, que celle, par ailleurs nécessaire et qui les inspirait originellement : la sécurité. « La fin de l'Etat n'est pas de faire passer les hommes de la condition d'être raisonnables à celle de bêtes brutes et d'automates, mais, au contraire, il est institué pour que leur âme et leur corps s'acquittent en sûreté de toutes les fonctions, pour qu'eux-mêmes usent d'une Raison libre, pour qu'ils ne luttent point de haine, de colère ou de ruse, pour qu'ils se supportent sans malveillance les uns les autres. La fin de l'Etat est donc, en réalité, la liberté » (*T.T.P.*, XX, Proposition voisine, *T.T.P.*, XIX, précédemment citée).

Cette déclaration pourrait être mise en exergue à toute la philosophie politique de Spinoza. Elle est comme le fil directeur à partir duquel on pourrait tracer la ligne de partage entre les pouvoirs nécessairement liés à la Souveraineté dans l'ordre intérieur de la Cité, mais aussi dans l'ordre extérieur — celui des relations internationales et des moyens que l'on y affecte tels que la diplomatie, les traités, les forces armées — et les droits et libertés attachés aux personnes privées. Notamment en ce qui concerne la question des croyances et le rôle des Eglises, ou encore les diverses formes de gouvernement et les régimes politiques, par référence aux exigences d'Utilité, de Raison et de Liberté. A ce sujet, nous remarquerons que si, dans les deux Traités, Spinoza déclare nettement sa sympathie pour le régime démocratique, il n'a pu, malheureusement, développer dans le *Traité Politique*, une étude systématique sur ce type de régime comme il l'a fait auparavant, dans le détail, pour le monarchique et l'aristocratique. Divers auteurs n'ont pas manqué de souligner d'ailleurs que, nonobstant son inclination pour la démocratie, sa critique est fort modérée envers la forme libérale du gouvernement aristocratique. Certains en ont même conclu que cette attitude exprime implicitement une réserve à l'égard d'un régime émanant de la seule volonté populaire. Réserve ressentie à la suite des violences exercées par la foule lors du renversement du gouvernement libéral des Régents en 1672. Comme si Spinoza en était venu à se défier de la masse comme «incarnation d'une personnalité spirituelle».

La question est controversée. On peut soutenir aussi bien que cette interprétation est non seulement hypothétique mais tendancieuse. Plutôt que de prêter des intentions à Spinoza, il vaut mieux regarder de près ce qu'il dit lui-même des régimes politiques avec précision et minutie. Deux caractéristiques nous semblent dominer son analyse. La première, d'ordre technique, concerne sa méthode et son mode d'exposition. A la différence de tous ses devanciers, Spinoza se comporte en mécanicien de la Politique. Il combine et ajuste des éléments ou pièces d'un système d'organisation jusqu'à obtenir pour un Régime donné ce qui devrait être son modèle de référence. La seconde, d'ordre idéologique, concerne le rapport de la démocratie aux deux autres régimes définis classiquement : monarchie et aristocratie. Il n'est pas possible de considérer la démocratie comme un régime politique du même ordre que les autres. Elle n'est pas un mode d'organisation du rapport social parmi d'autres. Elle est Le rapport social. Ou, comme l'écrit Roland Caillois, «elle est l'essence de tout régime raisonnable, c'est-à-dire qui veut conserver son être et qui parvient à penser son effort pour être. Elle est présente en tout régime comme son obscure vérité... La Démocratie, c'est la Raison dans l'Etat» (in Spinoza, *Œuvres complètes*, La Pléiade, Introduction, XLII). La question dernière est de savoir si la Raison dans l'Etat existe dans une idéalité qui n'est pas tout à fait hors de prise et qui consacrerait l'alliance de la Liberté et de la Nécessité.

Chapitre 7
Les régimes politiques

1. LA NOTION DE MODÈLE : STRUCTURE ET COHÉRENCE

La Politique rationnelle de Spinoza montre que s'il y a un absolu du pouvoir qui, en imposant l'obéissance, oblige à l'ordre et fait régner la paix, cette paix ordonnée n'est en rien celle de la servitude ni celle qui se définirait en toute passivité comme l'absence d'hostilités. C'est une paix où les hommes vivant «selon la discipline de la Raison» accèdent à la Concorde. L'absolu de l'ordre, l'obéissance aux lois, l'aspiration aux libertés peuvent se concilier entièrement lorsque l'organisation politique quelle qu'en soit la forme particulière repose sur une alliance consensuelle entre le peuple et la Personne souveraine. Dans l'hypothèse où cette alliance se réaliserait sous la forme d'une «incarnation spirituelle» non pas approchée mais accomplie, le régime politique adéquat impliquerait que l'exercice du pouvoir et la source du pouvoir fussent, ensemble, une seule et même chose. Ce régime serait alors, *omnine absolutum*, la démocratie idéale. En réalité, aucun régime n'atteint cette perfection en raison de conditions de lieu et de moment, c'est-à-dire en étant pétri de contingences historiques et non ordonné par de seuls liens logiques. Mais chacun tend obscurément ou sciemment vers un modèle où s'agenceraient au mieux les aspirations et les contraintes au moyen d'institutions appropriées. Cette constatation est d'importance car elle permet de comprendre la démarche démonstrative, ou mieux, constructive de Spinoza dans le *Traité Politique* et sa minutieuse description des régimes monarchique et aristocratique — tels que, à ces conditions seulement, ils seraient authentiques et viables. Mais description si minutieuse qu'elle étonne et même déconcerte le lecteur par son caractère systématique et, pourrait-on dire, par endroits, obsessionnel.

Faut-il alors prendre pour évident le fait que cet ennemi déclaré de l'utopie s'adonnerait lui-même à la manie perfectionniste des faiseurs de systèmes? Ce jugement demande à être nuancé. Un modèle rationnel n'est pas une même chose qu'un modèle fantastique même si l'un et l'autre semblent pareillement éloignés de la Cité réelle et de l'histoire. Entre l'un et l'autre, il y a la même distance qu'entre la Constitution d'un Etat possible établie par des juristes et politiques, et la Codification d'une Cité imaginaire inventée par des auteurs, non pas forcément chimériques, mais, en tout cas, détachés du réel. Le modèle rationnel reste toujours susceptible d'application, même à échéance lointaine, mais non pas le modèle utopique. D'autre part, Spinoza ne renonce point au mode de démonstration *more geometrico* qu'il a utilisé dans l'*Ethique*. Il l'adapte à son nouveau sujet — dans le *Traité Politique* — sous forme d'une déduction développée à l'extrême. Enfin, il est une autre raison, peut être plus déterminante, qui tient à la nature même des questions examinées : quel que soit le régime politique étudié, ce qu'il faut mettre en avant est la nécessité de sa cohérence structurale. Ce régime ne peut «tenir» que si les institutions qu'il se donne sont correctement agencées, c'est-à-dire s'ajustent et s'impliquent en d'exactes proportions. Des règles de structure, d'équilibre, d'harmonie, bref, de cohérence interne de toutes les parties constituantes doivent être rigoureusement définies comme conditions d'Etats modèles, même si, dans les Etats réels, ces règles sont seulement approchées, mais sans être nullement ignorées de ceux qui exercent le pouvoir. Aucun point d'articulation ou de friction ne sera donc négligé, de même que s'il s'agissait du plan d'un édifice complexe ou mieux, d'une machine destinée à fonctionner. Ce pour quoi nous avons dit de Spinoza que, dans son étude des Régimes, il se comporte comme un mécanicien de la Politique.

Pour prendre un exemple — sur un thème qui doit faire l'objet d'un autre chapitre (la protection de la Cité) —, comment faut-il concevoir le recrutement d'une force armée selon que l'on est sous régime monarchique ou sous régime aristocratique? Pourquoi le monarque et ses conseillers jugeront-ils préférable une armée nationale composée des sujets du royaume? Alors que l'assemblée des Patriciens dans une Aristocratie préférera adjoindre — ou bien substituer à une milice plébéienne, une armée de métier composée de mercenaires, c'est-à-dire de soldats étrangers appointés. Quel genre de guerre conduire, quelle stratégie adopter, quels chefs militaires choisir? Les réponses à ces questions peuvent dépendre, accessoirement, des circonstances. Mais, quant au fond, elle sont liées à l'agencement d'un système de gouvernement. Tous les éléments retenus sont interdépendants et déterminés par conséquent dans leurs conditions de structure et d'exercice. Les modèles politiques conçus par Spinoza sont, selon sa démarche logique, les meilleures formes d'organisation possible. Ce sont de «bonnes formes». La quantité y joue son rôle et même de façon détaillée, le calcul arithmétique, mais non pas l'arithmomanie des Cités de l'Utopie.

2. LA MONARCHIE

Puisque «l'instauration d'un régime politique quelconque caractérise «l'état de société» et puisque, classiquement, «l'Etat de société revêt trois formes : à savoir démocratique, aristocratique, monarchique» (*T.P.*, III, § 1), Spinoza se propose, en pédagogue, d'étudier de près successivement ces trois formes — en commençant par la monarchique — mais, en logicien, il se propose aussi de fixer pour chacune les modalités idéales de fonctionnement. Quand la Puissance souveraine assumant la charge de la communauté publique «s'identifie à un seul homme dépositaire unique par conséquent de l'autorité politique, le régime porte le nom de monarchie» (*T.P.*, II, § 17). Cette définition doit s'entendre par référence à l'origine que Spinoza assigne à tout régime politique, comme condition de sa légitimité, c'est-à-dire la volonté ou, au moins, le consentement populaire. Ainsi, au terme de son étude détaillée du régime monarchique pourra-t-il écrire : «... la monarchie dont j'ai conçu en cet ouvrage l'agencement est instituée par une masse en toute liberté» (VII, § 26). «Le glaive, c'est-à-dire le droit du roi, s'identifie à la volonté de la masse ou, du moins, à la plus forte représentation de celle-ci» (VII, § 25). Comme aucun homme ne peut renoncer absolument au droit qu'il tient de nature, ni, par conséquent, ne devrait «se laisser traiter comme du bétail», le droit suprême de la Cité est toujours, en dernier ressort, entre les mains de la masse humaine. C'est elle qui détient la vraie puissance : «multitudine potentia». Le monarque se voit confier le droit d'exercice de cette potentia puisqu'il a mission de veiller sur la chose publique. Il en a la charge et le souci, le soin et la jouissance, mais il ne peut se l'approprier.

A ceux qui jugeraient risible cette idée que le monarque tient son sceptre de la plèbe et croiraient justifier cette dérision par le fait que la plèbe est inconstante, ignorante, sans jugement et, de plus, insolente et dangereuse dès qu'on la laisse dominer, Spinoza répond que la nature humaine est la même chez tous, que l'insolence se rencontre en chaque individu en position de dominer les autres et que «tous deviennent redoutables lorsqu'ils ne sont pas maintenus par la crainte » (VII, § 27). A *fortiori* quand les plus hauts pouvoirs sont aux mains d'un seul ou d'une minorité ayant l'assurance de conserver honneurs et privilèges et qui « pour prendre des arrêts ne tiennent compte ni du droit ni de la vérité, mais de l'importance des fortunes en jeu » (VII, § 27). Pourquoi donc rire de la plèbe, de son ignorance et de sa vulgarité, si tout est fait pour la réduire à ce mode d'être en la tenant à l'écart des responsabilités et de tout droit à l'élection. De même qu'un homme devient arrogant s'il dispose d'un pouvoir sans frein, de même, un autre, mis en état de servilité, devient envieux et duplice, sans attrait pour le Bien et le Vrai. Est plébéien, par définition, ce qui vient du peuple (catégorie sociale). Mais la vulgarité — trait psychologique —, si on l'attribue trop aisément à la plèbe, est possible en tous, du plus humble au plus fortuné. En ce sens, vulgus n'est pas la foule. Vulgus est bassesse et bêtise chez gens de toutes conditions.

Qu'il soit donc entendu que la monarchie n'est en rien, dans son principe, un gouvernement absolu (au sens despotique). Elle procède du peuple et elle y retourne en cas de crise. Puis, comme elle est confiée, par définition, à un seul, celui-ci, bien que monarque souverain, est soumis aux mêmes incommodités et faiblesses naturelles que tout être humain. Certes, en tant que souverain, il est, comme toute souveraine Puissance, au-dessus de la loi, mais, en cas de transgression, de comportements absurdes ou préjudiciables à la masse de ses sujets, il s'expose à des sanctions inéluctables. On ne dit pas que la masse doit renverser le monarque — ce qui serait lui reconnaître un droit de désobéissance —, mais c'est ce qu'elle fera à coup sûr. Dans les situations conflictuelles résultant d'abus de pouvoir où la légitimité se dément elle-même, le retour à l'état de nature est inévitable. Ni un droit sacré, ni une puissance transcendante ne sont la garantie irrévocable de la position du monarque, ni ne le soustraient aux séditions. (On a vu — Première partie, chapitre 4 — que cette conception se trouve chez d'autres auteurs, même dans la théocratie conçue par Thomas d'Aquin.) L'hérédité du pouvoir, elle-même, n'est nullement une règle obligée. Elle peut résulter d'un consentement tacite, mais elle n'est pas acquise par principe. Ainsi, « à la mort du roi, c'est en quelque sorte la nation qui meurt, et tous retournent de l'état de société à l'état de nature... La puissance souveraine revient donc tout naturellement à la masse qui, dès lors, a le droit de faire des lois nouvelles et d'abroger les anciennes. De sorte que nul ne succède légitimement au roi, sinon par la volonté de la masse » (VII, § 25).

Une fois cette succession légitimement assurée, qu'en est-il de l'efficience du monarque dans l'exercice du pouvoir ? Le monarque, détenteur du pouvoir, est seul. En ceci réside le paradoxe du régime monarchique : ce Souverain incontesté, cette Personne légitimée, est la faiblesse même en tant qu'individu. Y a-t-il un être humain qui soit capable, isolément, d'assurer pareille mission : la souveraineté sans partage et l'ensemble des tâches qui en résultent ? Ceux qui croiraient à cette possibilité sont « dans une erreur profonde... la puissance d'un homme est tout à fait disproportionnée à un tel fardeau » (VI, § 5). Faut-il rappeler, en toute simplicité, que « l'homme le plus vigilant est cependant assujetti au sommeil par intervalles, le plus fort et le plus inébranlable est sujet à faiblir ou à se laisser vaincre au moment précis où il aurait besoin de la plus grande énergie » (V, § 3). Le régime monarchique *stricto sensu* — c'est-à-dire dans lequel le pouvoir exercé égalerait le pouvoir conféré — est un leurre. Celui que l'on a élevé à la fonction de monarque, ne pouvant suffire à tout, est obligé de s'entourer de conseillers et mandataires auxquels il confie l'administration des hautes affaires de l'Etat. De sorte que la monarchie fonctionne, en réalité, comme une aristocratie déguisée, et, en raison même de ce caractère inavoué, dissimulé, « du genre le plus mauvais ». D'autant que les conseillers et autres courtisans, choisis par le roi seul — quand il ne s'agit pas de favoris incompétents ou de maîtresses —, œuvrent le plus souvent dans leur intérêt propre, et nullement pour le bien public. En effet, cet entourage du monarque jouit de l'impunité. Désigné par le roi, il n'a aucun compte à rendre au peuple. Au contraire, le roi, seule autorité constante, répond de tous et pour tous. Ce qui l'expose à tout mécontentement et le fragilise encore plus.

Afin de surmonter ces difficultés tout en respectant le principe même du régime — à savoir que la monarchie est le gouvernement d'un seul duquel dépendent toutes décisions capitales —, il est nécessaire que, lors de la désignation du Souverain, « des conditions expresses » lui soient notifiées et qu'il les accepte. Selon Spinoza, il n'est pas d'exemple qu'un monarque ait pu être élevé à la fonction royale « sans réserves », telles que, par exemple, il ne lui serait reconnu en aucun cas la possibilité d'annuler une législation en usage. Car les lois fondamentales qui protègent la Cité et garantissent la pérennité de l'Etat ne sauraient être transgressées par un monarque particulier. Elles sont comme les décrets d'une souveraineté intemporelle que nulle volonté royale ne peut prétendre abolir. Car même une volonté royale est une volonté humaine, c'est-à-dire instable, inconstante, sujette à se contredire. Sans doute, en monarchie, toute mesure législative nouvelle doit être fondée sur la volonté explicite du roi. Mais ce n'est pas dire que toute volonté du roi ait force de loi. Il est plus pertinent de considérer que nul décret n'est juste s'il ne garde le roi lui-même contre ses faiblesses. Car « les rois, en vérité, ne sont pas des dieux, mais des hommes, et il sont souvent séduits par un chant de sirènes » (VI, § 1). Ulysse, ayant donné l'ordre sage d'être lié au mât, fut obéi par ses compagnons, mais non point lorsqu'il prétendit, ordre insensé, qu'on le déliât. Par cette exigence, il se démentait lui-même. Au lieu de vouloir être le guide de ses compagnons, il s'apprêtait à les abandonner. Ceux-ci, de leur côté, après avoir obéi, cessèrent d'obéir, selon ce qu'ils estimaient juste et nécessaire. Leur soumission n'était donc pas « sans réserves ». Le vouloir du roi ne peut l'emporter sur la bonne volonté des sujets si ce vouloir devient déraisonnable.

Une volonté royale qui se contredit entraîne donc l'opposition de ses sujets à différents niveaux : de la simple abstention à la désobéissance active. Cela suffit à souligner le vice intime du système monarchique : une majesté royale ne peut se soutenir d'elle-même à moins d'être garantie. Mais, dans la description qui en est faite jusqu'ici, cette garantie n'existe pas. En effet, puisque le roi ne peut veiller à tout, ni agir en tout alors que sa fonction l'y obligerait, puisqu'il recourt à des conseillers dont il est le seul juge, et non le peuple, puisque ses conseillers œuvrent davantage pour eux-mêmes que pour le bien de tous, sa position solitaire et la précarité qui en résulte l'inclinent à la crainte envers ses sujets et à la défiance envers ses proches. Le régime monarchique est le régime du soupçon. N'ayant pas le moyen d'assurer le bien pour tous, le roi, conscient de son insuffisance, songe surtout à se prémunir contre tous, en particulier contre ceux qui sont destinés à lui succéder. Le système entier est dominé par sa négativité. Comme « la majorité des hommes n'est pas composée de gens de bien », ce monarque doit supposer que les entreprises des plus puissants sont pernicieuses à son endroit et qu'il doit y opposer ses propres embûches. La fragilité de sa condition, fragilité d'autant plus accentuée qu'il a, paradoxalement, davantage de pouvoir — car « le roi est d'autant moins son propre maître et la condition du sujet est d'autant plus digne de pitié que le pouvoir de la Cité lui est davantage transféré sans réserve » (VI, § 8) —, l'oblige même à se protéger contre ses propres fils — « qu'il redoute plus qu'il ne les aime » (VI, § 7) puisque ceux-ci sont, en fait, ses rivaux pour le pouvoir.

Au terme de cette description sévère, faut-il conclure que le régime monarchique est absurde à force de contradictions et qu'il faut donc le rejeter ? Dans ce cas, on ne pourrait comprendre que Spinoza, au-delà de sa critique, s'attache si longuement et si minutieusement à la description des dispositions institutionnelles qui, en tous domaines, permettraient de rendre viable ce type de régime. Il est clair que cette démarche systématique répond à deux intentions. La première est de réintroduire la cohérence et l'équilibre dans un système qui, autrement, est destiné à se désordonner de plus en plus, soit par l'intrigue, soit par la violence. Ceci est, en somme, le point de vue du théoricien politique qui, prenant acte de contradictions, cherche à les annuler en construisant un modèle monarchique en principe viable. L'impression de construction utopique ressentie à première lecture tend à s'effacer alors. Ce n'est pas de projection imaginaire qu'il s'agit, mais d'un plan rationnel. La seconde intention est celle du témoin considérant l'imbroglio politique de son époque : systèmes de gouvernement et relations conflictuelles entre Etats. Il n'est pas douteux que Spinoza porte un regard extrêmement critique sur les monarchies existantes, toutes belliqueuses — notamment la monarchie française de «droit divin». Mais aussi sur les ambitions régaliennes de ceux qui cherchent à réintroduire le régime monarchique là où il est, provisoirement, hors pouvoir : ainsi pour les Provinces-Unies vers le milieu du XVIIᵉ siècle et jusqu'à l'élimination sanglante des frères de Witt.

De plus, comme théoricien politique tourné vers l'avenir, il dépasse le modèle relativement conventionnel des futures monarchies constitutionnelles pour concevoir un autre modèle plus radical que l'on pourrait nommer monarchie démocratique, c'est-à-dire un régime où le pouvoir, tout en étant attribué à un seul, serait réellement contrôlé par le peuple. Car s'il est souhaitable que le monarque soit en sécurité et libre de toute coterie, il faut que «sa pleine indépendance soit indissolublement liée à un extrême souci du salut de la masse». Dans ces conditions, les facteurs humains qui le rendraient irrémédiablement fautif — conseillers irresponsables, courtisans, profiteurs — sont éliminés. Nous voici au fondement du régime monarchique. Le peuple, on l'a vu, confère la légitimité à un monarque soit par élection, désignation, à l'origine d'une lignée, soit, simplement, par son consentement, lorsqu'il s'agit de succession et de transmission du pouvoir à l'intérieur de la lignée. «Le roi peut bien renoncer au règne, de sa propre volonté, mais il ne saurait transmettre l'Etat à un autre qu'avec l'approbation de la masse, ou du moins de la plus forte représentation de celle-ci» (VII, § 25). Et, surtout, la légitimité ainsi conférée doit, pour se maintenir sans déviation, rester sous contrôle. Il faut donc définir exactement les conditions d'exercice, les mécanismes du pouvoir et leur agencement.

Spinoza base son système sur un couple politique dont l'un des membres est le roi et l'autre un groupement d'individus ou *familia*. Il ne s'agit pas d'une famille au sens biologique, d'individus apparentés en nombre variable, mais d'un groupe social comportant un même nombre de personnes — quelques centaines. Les traducteurs donnent des équivalents tels que tribu, compagnie, quartier, clan, unité de groupement. Ces unités aux noyaux de la vie sociale se substituent dans la démarche politique de Spinoza à l'individu comme élément premier du passage de l'état de nature à l'état social. L'individu seul dans l'état de nature est une hypothèse de travail servant à une démonstration théorique. Mais la réalité initiale est celle du groupe. L'homme est un animal sociable et non un bon (ou mauvais) sauvage solitaire. La familia, selon Spinoza, est la projection concrète de cette sociabilité. Elle est, dans la Cité, comme une agglomération de personnes qui, tout en conservant un enracinement biologique — puisqu'elle intègre des familles, au sens ordinaire, dans son sein — est disponible pour la gestion des affaires publiques. C'est ainsi que chaque familia délègue quelques-uns de ses membres auprès du Roi, sous réserve de l'approbation de celui-ci. La détermination du nombre de délégués est stricte en fonction du nombre de clans représentés, mais de sorte que l'assemblée ainsi composée comporte « une grande réunion de citoyens » (VII, § 4 ; d'après le chiffrage proposé par Spinoza, une assemblée représentative de six cent clans comporterait de deux mille à trois mille représentants (V, § 15).

Cette Assemblée, dite Conseil du Roi, a pour mission d'assister le monarque dans diverses et importantes fonctions : l'éducation des fils du roi et l'exercice éventuel d'une tutelle ; la médiation entre les citoyens et le roi pour toutes questions litigieuses exposées par supplique, pétitions, réclamations ; délibérations et avis motivés sur toute affaire intéressant l'Etat, de sorte que le monarque ne puisse rien décider sans connaître l'avis du Conseil — ou les avis, si plusieurs options ont été retenues, auquel cas le roi décide, mais en suivant l'avis majoritaire ; responsabilité d'exécution pour toute décision prise. Il est bien clair que, dans ces conditions, le roi est entièrement dépendant des vouloirs de son Conseil. D'autant que le pouvoir judiciaire ne lui appartient pas davantage que les fonctions d'éducation, de médiation, etc., évoquées ci-dessus. En effet, un Conseil de Justice composé de juristes reconnus et choisis dans chaque clan traite les affaires litigieuses et les délits et prononce les sentences. Ces décisions sont contrôlées par une Commission restreinte issue du Conseil. Ainsi, le pouvoir judiciaire dépend de l'Assemblée et le roi n'y remplit aucun rôle éminent. En définitive, et telle est la conclusion de Spinoza, « la puissance à accorder au Roi sera déterminée par la puissance de la masse elle-même ; elle sera garantie aussi, exclusivement, d'autre part, sous la protection de cette masse » (VII, § 31).

De cette manière, la masse, largement représentée dans le Conseil du roi par les délégués de chaque familia, bénéficie dans un régime monarchique ainsi conçu d'une « liberté assez étendue ». Et, en même temps, d'une sécurité accrue en raison de diverses dispositions pratiques relatives à la défense du territoire et à la gestion du terroir. Spinoza recommande que les villes soient fortifiées par précaution contre les menaces d'invasion et que les habitants contribuent eux-mêmes à la protection du territoire. L'armée n'est ni offensive ni conquérante. Elle est conçue pour la défense. Organisée à la romaine, commandée par des chefs choisis par le Conseil du roi, elle est composée exclusivement de citoyens : c'est une armée nationale. La terre est du domaine public. Elle est donnée en location à tout citoyen (citadin comme paysan), ce qui remplace avantageusement le système des impositions et taxes foncières (VI, § 9.10.11.12). Et ce qui supprime aussi les privilèges des hobereaux campagnards. S'agit-il d'une forme possible de communisme agraire ? Les paysans pauvres des Provinces-Unies gagneraient sans doute quelque liberté matérielle à ce changement. Mais cette éventualité, si elle est théoriquement admissible, n'est rattachée en rien dans la construction logicienne de Spinoza à une analyse de la complexité et de l'hétérogénéité des faits socio-économiques.

En définitive, la monarchie de Spinoza n'est autre qu'une démocratie couronnée. Un régime tel que toutes précautions sont prises pour que le roi ne puisse commettre aucun abus, ni même, par une initiative personnelle, provoquer le moindre déséquilibre. Protégé contre lui-même, ayant l'assurance de vivre son règne en sécurité — il a la liberté de fonder sa noblesse en la composant de personnes issues de son clan ou de sa propre parenté —, il est, en tous cas, le symbole vivant de l'équité et de la concorde, le gardien emblématique du bien pour tous. Il est «l'esprit de la nation» (*T.P.*, VI, § 19). Nous avons dit que la conception de Spinoza n'est pas une Utopie — en ce sens qu'il s'appuie sur la réalité humaine telle qu'elle est et non sur des êtres fictifs qui sont les références habituelles des inventeurs d'utopies — et, du reste, il existe encore, actuellement, des régimes politiques où un Roi (ou une Reine) règne sans pouvoirs et, pour ainsi dire, symboliquement. Mais aucun de ces régimes n'est une structure politique, même approchée, de l'édifice aux proportions supposées parfaites conçu par Spinoza. A trop rechercher l'articulation exacte entre légitimité du Souverain et exercice du pouvoir, on ne sait si le logicien définit la meilleure monarchie possible ou bien s'il ne contribue à en ruiner le concept. Multiplier les détails d'institution, d'organisation, de gestion — jusqu'à atteindre une contrainte arithmétique qui s'applique à tout : évaluation du nombre de représentants dans les Conseils et assemblées, détermination des durées des divers mandats, tout en négligeant les aspects économiques, n'est-ce pas courir, en dépit de l'exigeante rationalité, le risque de l'irréalité.

Ce qui se retient de plus convaincant dans les analyses des chapitres VI et VII du *Traité Politique* est que ce que l'on nomme monarchie ne peut être, dans un mode de fonctionnement raisonné, qu'une sorte de démocratie. La description extrême de ce fonctionnement présente un intérêt en pure logique. Mais l'application dépend aussi du milieu, de l'époque, bref des circonstances. L'élément positif primordial réside dans l'alliance, ou mieux, dans la convenance réciproque à établir entre le peuple et le monarque. Cette disposition ne se retrouve point — on le verra ci-dessous — dans le cas du régime aristrocratique.

3. LES ARISTOCRATIES

On trouve chez Spinoza plusieurs modalités de définition des régimes politiques. La plus simple est la définition par le nombre. Ainsi, dans le *Traité Politique*, la Puissance souveraine est rapportée soit à la masse en totalité (démocratie), soit (comme on vient de le voir ci-dessus) à un seul (monarchie), soit à quelques-uns (aristocratie), « quand (l'Autorité) se réduit à un groupe d'hommes choisis, le régime porte le nom d'aristocratie » (IV, § 17). Cette définition demande à être précisée en tenant compte à la fois du mode de désignation et du rapport que le groupe dirigeant — le Souverain — entretient avec la masse. « La caractéristique de l'aristocratie est que l'autorité n'y appartient plus à un seul homme mais à un certain nombre d'hommes choisis au sein de la masse (d'où sortira le corps organisé nouveau). Ces hommes seront désignés par la suite sous le nom de patriciens » (VIII, § 1). Une fois constitué, ce corps organisé nouveau devient, sous forme d'Assemblée, le lieu central du système car il détermine à la fois le mode d'élévation ultérieure de tous ceux qui seront appelés à siéger et le mode de relation avec ceux qui resteront au dehors de l'enceinte du pouvoir : la masse. « Dans l'aristocratie, la nomination de tel ou tel homme au rang de patricien dépend uniquement d'une volonté et d'un choix libre de l'Assemblée suprême. Si bien que nul ne reçoit héréditairement le droit de voter ni le droit de revêtir une charge publique... nul ne saurait non plus revendiquer ce droit » (XI, § 1). --

Ainsi, ce qui distingue l'aristocratie de la démocratie, ce n'est point le nombre — car il est aisé de concevoir une aristocratie où les patriciens seraient aussi nombreux, sinon plus, que les représentants du peuple dans une assemblée démocratique —, c'est le fait que la qualification au pouvoir politique dépend d'un choix fondé sur la reconnaissance de telle ou telle qualité individuelle, mais non d'un droit inné ou droit naturel (VIII, § 1). Puisque ceux qui gouvernent sont choisis par cooptation

— et non pas élus —, tous les autres, les individus quelconques qui composent la plèbe sont, par le fait même, exclus de tout rapport au pouvoir et de toute possibilité de gestion, à moins que certains soient élevés à leur tour par choix ou bien seulement sollicités pour une participation secondaire et subordonnée. Car la désignation de n'importe quel gestionnaire, non plus que celle des patriciens, ne peut se faire par la voie de l'élection. Elle descend des patriciens en place vers ceux qu'ils souhaitent utiliser. Elle ne monte jamais du peuple. La différence est psychologiquement et politiquement primordiale non seulement par rapport à la démocratie mais aussi par rapport à la monarchie où le peuple et le roi sont indissolublement liés au point que, à la mort du roi, le pouvoir retourne en principe au peuple qui, alors, confie le sceptre à un autre ou donne son consentement.

De cette disposition propre à l'aristocratie — le choix par le haut, et non l'élection — résultent deux conséquences. La première est que : « s'il n'est pas question que la masse soit jamais consultée, le régime aristocratique doit être déjà considéré comme absolu (du fait que toute volonté de son assemblée, sans restriction, fait loi » (VIII, § 4). Dès lors, « il trouve sa perfection dans la mesure où ses institutions le font tendre toujours vers l'absolutisme » (VIII, § 5); ou encore, « l'autorité politique transférée à une assemblée suffisamment nombreuse tend vers un exercice croissant de l'absolutisme » (VIII, § 3). Ainsi, ce qui est impossible dans le régime monarchique où le détenteur du pouvoir, le Roi, est seul et donc faible, et son règne précaire, soumis aux vicissitudes de toute existence humaine, cela est, au contraire, possible dans le régime aristocratique où une Assemblée d'hommes étant au-dessus des défaillances de chacun peut administrer, gérer, régner en permanence, sans discontinuité ni inconstance. En ce sens, il est vrai que le régime aristocratique coïncide, en principe, avec l'absolu du pouvoir puisque ce pouvoir, il en détient la légitimité de son propre choix et il l'exerce sans interruption et sans fléchissement.

Mais, à cette vérité d'institution s'oppose, comme seconde conséquence, une réalité incontournable. A savoir que si la masse n'a aucun accès à l'Assemblée des patriciens, si elle ne désigne personne pour sa représentation, si, par conséquent, elle n'a aucune part aux décisions, elle n'en existe pas moins comme force brute ayant ses propres exigences et aspirations et, de ce fait : « profitant de la crainte qu'elle inspire à ses maîtres, elle s'arroge une certaine liberté — sans aucune confirmation légale, il est vrai, mais tacitement revendiquée et exercée » (VIII, § 4). Ainsi se trouve soulignée la contradiction propre au régime aristocratique : si l'Assemblée des patriciens règne, ou tend à régner absolument, ce n'en est pas moins sous la menace, même si cette menace reste sourde, implicite. Que penser d'une Assemblée souveraine entourée d'une masse sans aucun droit, d'autant que cette masse vit au cœur de la Cité. Elle en est même le cœur. Comment assurer la sécurité dans ces conditions? L'Assemblée ne doit-elle point «empêcher à tout prix, que la masse ne se fasse par trop craindre, ni ne s'arroge une liberté quelconque — passées les bornes de celle qui doit nécessairement lui être accordée de par la constitution de l'Etat»? (VIII, § 5). Et Spinoza de préciser encore que «nous ne saurions douter que l'autorité politique échappe d'autant plus au patriciat que la plèbe revendique des droits plus nombreux» (*ibid.*).

Il est donc évident que, si l'on veut qu'une aristocratie soit viable, toutes les mesures à prendre seront en vue d'assurer la seule puissance de l'Assemblée patricienne, «celle-ci doit autant que possible rester indépendante et à l'abri de tout péril de la part de la masse» (VIII, § 6). Il est difficile ici de faire la part de l'ironie chez ce logicien imperturbable. La suite montre, cependant, que Spinoza veut aller jusqu'au bout de sa reconstruction. Deux sortes de mesures sont à prendre. Les premières dispositions concernent l'organisation politique de la Cité, organisation entièrement centralisée sous contrôle de l'Assemblée. Les secondes concernent les moyens de protection de cette même assemblée, autrement dit la composition d'une force armée (la position adoptée par Spinoza sur ce dernier point réclame, comme nous l'avons indiqué précédemment, une analyse particulière comportant un rappel de données historiques, une comparaison entre monarchie et aristocratie, ainsi qu'une explication de la réserve ou même de l'hostilité que Spinoza manifeste, en toutes circonstances, à l'égard des responsables militaires du haut commandement : le Stathouder dans les Provinces-Unies).

La structure du pouvoir en régime aristocratique doit s'entendre comme suit : il existe, primo, une Assemblée patricienne qui a «pour fonctions de faire et d'abroger les lois, de choisir les collègues patriciens et tous les fonctionnaires de l'Etat» (VIII, § 17). Cette assemblée détient la puissance souveraine en tant qu'assemblée, c'est-à-dire dans la totalité de ses membres. Ceux qui la composent «incarnent par leur union une seule personnalité spirituelle» (VIII, § 9). Mais cette union peut être compromise à tout instant par des désaccords internes, des divergences d'opinions et d'intérêts. Il n'est pas possible que, en toute question, tous les membres d'une assemblée puissent entièrement s'accorder et soient prêts à prendre la même décision. Mais, comme il n'est pas possible non plus que les uns jugent les autres et leur infligent des sanctions puisque tous sont égaux devant la loi et doivent décider ensemble — Spinoza retient le principe du vote secret (VIII, § 27) —, la seule solution envisageable, à moins de s'en remettre à un guide ou à un prince (VIII, § 20) — ce qui serait faire retour à la monarchie — est de donner une délégation de pouvoir à un Conseil, issu de l'Assemblée et désigné par celle-ci. Ce Conseil ou Conseil des Syndics est composé de patriciens, anciens Sénateurs (voir ci-dessous) nommés à vie, âgés d'au moins soixante ans et recevant une rémunération appropriée, autrement dit substantielle — parade à des corruptions éventuelles. Il a «pour tâche unique de maintenir l'intégrité de la législation de l'Etat». L'articulation entre l'Assemblée et ce Conseil est complexe. Notamment, les Syndics siègent dans l'Assemblée patricienne et participent aux débats. Ils préparent même l'ordre du jour de l'Assemblée (VIII, § 26) mais ils ne votent pas. Enfin, ni les uns ni les autres, patriciens et syndics, ne peuvent mettre en question les lois constitutionnelles. Il y aurait là crime de lèse-majesté ou haute trahison passible de la peine capitale. Dans sa recherche de structures logiquement agencées, emboîtées en quelque sorte, il est clair que Spinoza multiplie les précautions tendant à une neutralisation réciproque de tous les détenteurs du pouvoir.

Le Sénat, autre Conseil issu de l'Assemblée suprême et restant dépendant de celle-ci, est composé de membres élus parmi les patriciens. Il a pour fonction principale la gestion des affaires publiques. Entre les sessions, un groupe de Consuls — choisis parmi les Sénateurs pour une brève durée — suivent les affaires au jour le jour et veillent à l'exécution des décisions prises par le Sénat qu'il ont également la prérogative de convoquer en cas de nécessité. Enfin, les Juges sont nommés par l'Assemblée qui les choisit parmi ses propres membres. La seule dérogation au principe de l'exercice du pouvoir par le corps des patriciens est que des plébéiens peuvent se voir confier des fonctions administratives. L'ensemble du système peut se décrire en résumé comme suit : le Pouvoir législatif appartient souverainement à l'Assemblée; le Pouvoir exécutif est partagé entre les Syndics — gardiens de la loi et de son application correcte —, les Sénateurs — gestionnaires des affaires publiques — et les Consuls — organisateurs de la gestion; le Pouvoir judiciaire est exercé par des Juges choisis dans l'Assemblée mais contrôlés par les Syndics qui veillent à leur impartialité; le Pouvoir administratif est délégué à des plébéiens composant une sorte de haute et moyenne bureaucratie (VIII, § 17). Comme cette bureaucratie pourrait s'avérer dangereuse par sa connaissance et sa maîtrise des dossiers publics, il est remédié à cet inconvénient par une division du travail administratif en plusieurs secteurs et par des nominations à temps de ces gestionnaires et administrateurs (VIII, § 44). La question religieuse a été traitée dans un autre chapitre. Rappelons néanmoins que la cohérence du système implique, selon Spinoza, qu'en régime aristocratique existe une religion nationale ou religion de la patrie, telle que les sénateurs détiennent «le droit d'officier aux cérémonies du culte» que «eux seuls devront être reconnus sans réserve comme prêtres de l'Eglise, défenseurs et interprètes de la religion nationale» (VIII, § 46).

La monarchie est fragile parce que le monarque est seul. Elle ne retrouve sa force et son équilibre qu'en régénérant le pouvoir du Prince par l'énergie de la plèbe — et par le contrôle qu'elle exerce. L'aristocratie devrait être stable et forte, puisqu'elle est plurielle par définition et maîtresse de toutes ses décisions par l'Assemblée souveraine qui la gouverne. Or, elle est faible et peureuse. Il y a deux raisons à cela. La première est que si la plèbe est exclue par principe de tout pouvoir, elle reste pourtant une masse installée au cœur de la Cité et disponible à tout instant pour toute violence. Par conséquent, seule la force peut la museler. Mais cette force, elle-même, ne pourra qu'être extérieure, mercenaire, source d'un autre danger pour un régime d'Assemblée. La seconde raison est que si le pouvoir est pluriel et fondé sur la cooptation et non pas sur l'élection de ses détenteurs, maintes rivalités et discussions peuvent le miner à l'intérieur même de l'Assemblée souveraine, faisant de celle-ci un «corps sans tête». Ainsi qu'une corruption multiforme, soit dans cette Assemblée elle-même, soit dans les autres instances de pouvoir qui, à la fois, la contrôlent et en dépendent. La méticulosité des arrangements conçus par Spinoza suffirait-elle à conjurer le mélange toujours possible d'arbitraire et de complaisance? Ou bien faut-il croire que ce système politique à hauts risques serait moins menacé s'il était moins centralisé? Le chapitre IX du *Traité Politique* est entièrement consacré à cette question avec ses quinze alinéas dans lesquels Spinoza n'hésite pas à «reprendre un à un les principes sur lesquels l'aristocratie centralisée s'appuyait» (IX, § 1).

Sans aller au détail de cette aristocratie fédérale que Spinoza estime préférable à la précédente, nous retiendrons les points essentiels justifiant cette préférence. Dans ce nouveau modèle «où plusieurs villes partagent l'autorité souveraine», il est nécessaire qu'existe un Sénat fédéral «formé des patriciats de toutes les villes de l'Etat» (IX, § 6). Outre les attributions antérieures du Sénat dans l'aristocratie centralisée, celui-ci a, de plus, «qualité pour régler toute les difficultés surgies entre telle et telle ville» (*ibid.*). S'il n'est pas l'instance de recours suprême — laquelle est, en principe, l'Assemblée générale des patriciats de chaque ville —, il est néanmoins, en pratique, l'instance la plus commode, la plus efficace et, pourrait-on dire, la plus libérale. En effet, ce Sénat fédéral est conçu sous le signe de l'interdépendance de toutes les villes de l'Etat, encore que ce soit selon une règle de proportionnalité puisque «ce serait tomber dans l'absurde que de réclamer une égalité entre éléments inégaux» (IX, § 4). Par conséquent, par son existence même, il garantit à chaque ville une capacité d'auto-détermination irrévocable, «un droit proportionnel à sa puissance» (IX, § 6). Aussi, le risque de sédition et de violences est bien moindre que dans un Etat centralisé — ne serait-ce que pour la simple raison géographique que des instances de pouvoir délocalisées ne sont guère accessibles à une émeute ou à une tentative brutale de prise de pouvoir qui ne peut se produire simultanément en plusieurs lieux éloignés. Par contre, la protection des habitants de chaque ville, même sans droits reconnus, est mieux assurée, car aucune cité fédérée n'est assez puissante pour imposer sa volonté, par la force, aux autres cités et à leurs populations. La préférence en faveur de l'aristocratie fédérale se justifie en dernière analyse par le fait que le Pouvoir est non pas dissous ou affaibli, mais redistribué de façon équitable entre plusieurs cités capables, en raison même de leur relative autonomie, d'entretenir de bons rapports. La règle d'organisation qui rend possible cette interdépendance n'est plus abstraitement arithmétique. Elle est déjà, concrètement, démocratique.

4. LA DÉMOCRATIE

La Personne souveraine est un seul individu dans une monarchie (le Roi). Elle est plusieurs et même, de préférence, beaucoup (les Patriciens) dans une aristocratie. Mais «quand cette personne est une assemblée réunissant la masse en sa totalité, le régime porte le nom de démocratie» (*T.P.*, II, § 17). La démocratie ne différerait donc des deux autres formes de régime que par le nombre de gouvernants. Quant à l'étendue du pouvoir, elle serait la même dans les trois cas. Cela était déjà dit, explicitement, dans le *Traité Théologico-Politique* : «Quelle que soit la personne détentrice de la Puissance souveraine, la situation est invariable; peu importe qu'Elle s'identifie à un individu, à quelques individus, à tous les individus, il est évident qu'elle jouit du droit souverain de commander tout ce qu'elle veut» (*T.T.P.*, XVI). Mais, en dehors de cet absolu du pouvoir considéré comme invariant aux mains de toute personne souveraine, Spinoza développe une distinction qualitative d'un autre ordre. Le modèle démocratique n'est pas un modèle du même genre que les deux autres. C'est-à-dire qu'il n'est pas seulement proposé comme référence d'une sorte de régime parmi d'autres, mais que, par sa singularité même, il est présenté comme s'il était aussi la référence des deux autres, soit comme leur source (conceptuelle ou historique), soit comme leur but vers lequel ils tendraient obscurément mais nécessairement. Par exemple, alors qu'une aristocratie est fondamentalement élitiste, il lui faut, pour subsister « s'étendre à un groupe de plus en plus nombreux, proportionnellement à la croissance de l'Etat lui-même » (*T.P.*, VIII, 11). Même si cette expansion expose une aristocratie à des conséquences contradictoires, on voit néanmoins que la classe patricienne, à mesure qu'elle est obligée de s'ouvrir à d'autres, en quelque sorte se démocratise (mais le processus inverse peut également se produire).

En effet, regardant le rapport des deux autres à la démocratie, d'un point de vue historique, Spinoza estime que monarchie et aristocratie sont des régimes dérivés, nés d'anciennes démocraties. « Je suis bien convaincu que la plupart des aristocraties sont issues de démocraties primitives ». Mais ce n'est point par amélioration, c'est, au contraire, par dégradation, par une sorte de dégénérescence de l'organisation initiale. Puisqu'il est vrai que « leur simple nature crée entre les hommes une hostilité spontanée » (VIII, § 12), que se passe-t-il lorsqu'une population ayant acquis un territoire, s'y étant fixée et l'ayant mis en valeur par son travail et, simultanément, reconnu à chacun de ses membres les mêmes droits, assiste à l'arrivée d'étrangers venus s'adjoindre à son établissement et qui, progressivement, s'adaptent à son mode de vie, à ses mœurs, et finissent par les adopter — mais non sans heurts et lenteurs ? Les premiers occupants, même s'ils acceptent d'accueillir les étrangers et de les assimiler en quelque sorte, n'en veulent pas moins conserver leurs droits initiaux et non les partager. Ce que les arrivants tardifs contestent ou ne contestent pas selon les circonstances. Il en résulte que « peu à peu l'autorité politique revient à une minorité et, enfin, par suite de querelles entre les factions à un seul » (VIII, § 12). Au passage, nous avons ici l'explication de l'emploi du mot « étranger » que Spinoza utilise parfois dans le *Traité Politique* lorsque, dépeignant le régime aristocratique, il situe la plèbe hors de tout pouvoir et de tout droit. Etrangère politiquement, mais étrangère aussi, en partie, par son origine extérieure à la Cité. En somme, les patriciens sont pleinement nationaux. Issus des familles initiales, ils ont droit à une préférence nationale. Les autres, ceux qui composent la plèbe, viennent d'ailleurs ou se sont mélangés à ceux qui viennent d'ailleurs, ils doivent être tenus à la lisière.

Il s'agit donc bien d'une dégradation de la démocratie initiale (maints rapprochements pourraient être faits, même avec réserves diverses, avec la situation des démocraties à la fin du XXe siècle). Cette démocratie initiale, en se scindant, devient un régime élitiste, forcément inégalitaire et même réactionnaire. Et son dernier avatar peut la conduire à une monarchie au plus mauvais sens du terme, c'est-à-dire au gouvernement autoritaire d'un seul qui s'empare du pouvoir en émergeant des factions et en s'appuyant sur la force armée : un chef militaire habituellement qui règnera ensuite de façon tyrannique et dictatoriale. A l'opposé, par conséquent, de cette monarchie modèle telle que Spinoza la conçoit et dans laquelle l'ordre, l'équilibre, la sécurité et la paix ne peuvent exister que si le peuple retrouve son plein droit de contrôle sur le monarque. Toute décadence ou déchéance provient d'un déséquilibre. L'aristocratie et la monarchie évoquées ci-dessus dérivent de la démocratie — au sens plein du verbe dériver, précisément — parce que les rapports de convenance ne sont plus respectés entre individus, ni ceux de proportions entre les groupes ou classes (altération ou privation des droits, centralisation et élitisme du pouvoir, etc.). C'est en ce sens que l'on peut dire que la démocratie est toujours obscurément en arrière-plan de tout autre régime, soit comme sa source — détournée —, soit comme son correctif — futur.

Dans le *Traité Thélogico-Politique*, Spinoza donne un autre exemple de la sorte de relation dialectique établie entre une inspiration démocratique et un régime politique qui, à première vue, en paraît le plus éloigné. Quelle fut la décision des Hébreux à leur sortie d'Egypte lorsque, « libres de l'insupportable oppression des Egyptiens », ils avaient retrouvé leur droit naturel sur tout ce qui était en leur pouvoir et avaient donc la capacité de choisir leurs institutions à commencer par un pacte qui les unirait à une Autorité suprême. L'Autorité choisie fut non pas une autorité mortelle, mais Dieu. « Seul, Dieu fut désormais leur chef politique et seul l'Etat ainsi fondé eut le droit de porter, en application du pacte, le nom du Royaume de Dieu... Dieu était le roi des Hébreux » (*T.T.P.*, XVII). Il s'agissait donc, nommément, d'une Théocratie. Cependant, l'analogie avec une Démocratie est évidente sur plusieurs points : « chacun des Hébreux ne transféra son droit à personne en particulier mais tous en firent un égal abandon à la manière des membres d'une démocratie » (*ibid.*). « Tous restèrent donc rigoureusement égaux », ayant le même droit de s'adresser à Dieu, de recevoir et d'interpréter ses lois, de participer au même degré à la charge d'administration de l'Etat (*ibid.*). Mais, s'effrayant ensuite de ce rapport direct avec Dieu, ils préférèrent transférer à Moïse « leur droit, tant de consulter Dieu, que d'interpréter ses décrets » (*ibid.*). Tel est le fondement de la monarchie mosaïque : née d'une délégation volontaire des droits individuels, et non pareille aux monarchies dites de droit divin, en ce sens que dans celle-ci le vouloir de Dieu est connu explicitement par le monarque Moïse, elle est, dans son origine comme dans son accomplissement, d'institution démocratique.

Dès son premier Traité, Spinoza déclare sa préférence pour ce régime démocratique car il le juge, écrit-il, « le plus naturel et le plus susceptible de respecter la liberté naturelle des individus » (XVI). Il y a, en cela, trois raisons convergentes. La première est que les hommes sont unis « en un tout qui a un droit collectif souverain sur tout ce qui est en son pouvoir ». La seconde est que le transfert du droit naturel de chacun se fait non pas à un autre — un individu —, mais à la majorité de la société dont chacun fait partie. Et, dans ces conditions, tous demeurent égaux comme ils l'étaient antérieurement dans l'état de nature — mais sans avoir à subir les inconvénients de cet état. La troisième est que des hommes qui se sont unis volontairement et qui ont décidé d'être égaux dans cette union ne peuvent se conduire de façon absurde ; « il est presque impossible que la majorité des hommes au sein d'un groupe un peu considérable se mette d'accord sur une absurdité » (*ibid.*). Il est beaucoup plus vraisemblable que, dans une communauté librement organisée, les hommes se comportent en suivant des lois appuyées sur la saine raison et avec « la volonté constante de faire ce qui, suivant le droit commun de la Cité, doit être fait » (*T.P.*, V, § 4). S'il en est ainsi, la double finalité souhaitable pour tout être humain est atteinte : vivre libre et vivre en paix en suivant les conseils de la Raison. Sur la question de la liberté comme fin assignée à l'Etat, nous revenons ci-dessous (5), car le point de vue adopté par Spinoza n'est pas le même dans les deux Traités. Dans le *Théologico-Politique*, la liberté est au premier plan comme but à atteindre. Dans le *Politique*, elle est quelque peu subordonnée à la sécurité et doit s'entendre plutôt comme une pratique adaptée à chaque régime que comme une exigence inconditionnelle. On n'oubliera pas que, déjà, dans l'*Ethique*, Spinoza écrit : « L'homme libre dirigé par la Raison est plus libre dans l'Etat où il vit selon le décret commun que dans la solitude où il n'obéit qu'à lui-même » (*Eth.*, IV, LXXIII). N'est-ce pas dire que la liberté doit être plus exercée comme un talent que possédée comme un trésor à exploiter.

L'autre finalité, la paix, demande aussi réflexion. Il ne suffit pas de dire que « la caractéristique principale de la Démocratie consiste en ce que sa valeur se manifeste plus dans la paix que dans la guerre » (*T.P.*, VII, § 5), il faut avoir précisé que la paix n'est pas un état passif défini négativement par l'absence de guerre, mais un état conquis et maîtrisé par des hommes en corps, solidaires : « la paix, en vérité, n'est pas une simple absence d'hostilités, mais une situation positive dont certaine force de caractère est la condition » (*ibid.*, V, § 4). *En effet, c'est seulement lorsque les hommes cherchent à dominer leurs appétits, en se conduisant raisonnablement qu'ils se rapprochent de la paix. Sinon, dans les sociétés tyranniques, la paix civile n'est que simulacre : obéis-*

sance servile, soumission terrifiée d'hommes réduits à l'état d'esclaves. La fin de la démocratie n'est pas de provoquer le silence et la stagnation sous prétexte de sécurité. Cette fin « n'est autre... que de soustraire les hommes à la domination absurde de l'appétit et à les maintenir, autant qu'il est possible, dans les limites de la Raison » (T.T.P., XVI).

Au début du chapitre XI du *Traité Politique* (resté inachevé), « la forme de régime que l'on appelle démocratique » se trouve caractérisée par deux traits : « son absolutisme rigoureux » et « le droit de citoyenneté » conféré à « tous ceux qui sont nés sur le sol national ». Aussi, tous les membres de la Cité « peuvent se fonder sur la loi pour réclamer le droit de vote à l'Assemblée suprême et pour poser leur candidature aux diverses charges » (*T.P.*, XIV, § 1). La qualification au pouvoir politique n'est donc point attribuée ou concédée par une Autorité en place. Elle découle d'un droit inné, ce droit naturel dont aucun sujet humain ne se défait jamais entièrement, même le voudrait-il. Mais qui, cependant, ne prend forme et ne reçoit un statut que lorsqu'il est consacré par la loi et garanti par un pouvoir assez fort pour en assurer la consécration — c'est-à-dire en reconnaissant le citoyen en chaque individu. Nous retrouvons ici le paradoxe de l'absolu du pouvoir, évoqué en d'autres pages. L'absolu du pouvoir, susceptible de devenir oppressif ou contradictoire dans d'autres formes de gouvernement, cesse d'avoir ce caractère en démocratie. Car c'est un tel absolu — lieu de jonction de la légitimité du pouvoir et de sa pratique (par tous) — qui fonde liberté et sécurité en étant l'expression rationnelle de la volonté commune. Sous le contrôle de cet absolu fédérateur, les citoyens ne jouissent pas seulement de la sécurité faible ou neutre qui résulte de l'aplanissement des obstacles, mais de la sécurité forte et pleine issue de décisions prises en commun et, conséquemment, de la conformité aux lois et aux institutions : « une volonté constante d'exécuter les actes dont l'accomplissement est prescrit par une décision générale de la nation » (*T.P.*, V, § 4).

Comme cette disposition à se gouverner soi-même, à se commander en étant libre, réclame un effort constant de la volonté et de la raison, il n'est pas surprenant que ce régime puisse se détériorer plus aisément que d'autres. On a vu ci-dessus qu'une dégénérescence vers un régime élitiste, donc inégalitaire et probablement réactionnaire, peut se produire par suite de l'afflux d'étrangers auxquels les premiers occupants refusent des droits politiques. Une autre cause est à envisager : que peut-il se passer en temps de guerre, lorsque, contre une invasion, des mesures urgentes sont à prendre, lorsqu'il faut décider, agir et non délibérer; et lorsque des chefs militaires soucieux de leur propre gloire sont également prêts à s'emparer du pouvoir pour satisfaire leur ambition?. « Il ne faudrait pas, écrit Spinoza, comme l'ont fait trop de peuples, tirer la conclusion extrême qu'il est préférable, en temps de guerre, de se donner un roi, parce que les rois sont plus heureux au combat que toute autre personne souveraine» (*T.P.*, VII, § 5). Il y a là une absurdité puisque, dans l'espoir de gagner une guerre, on s'expose à une situation d'esclavage, que la guerre soit gagnée ou perdue. D'autant que le roi, chef de guerre, n'aurait que trop tendance à perpétuer l'état de guerre, soit pour prendre sa revanche, s'il a perdu, soit pour faire valoir sa vaillance et poursuivre d'autres conquêtes, s'il a gagné. Cette argumentation est déjà présente dans le *Traité Théologico-Politique* où Spinoza fait observer que lorsque le peuple hébreu «eut substitué au régime primitif une monarchie, les guerres se succédèrent presque sans interruption et se déroulèrent en combats si atroces qu'on n'avait jusque-là entendu rien de semblable» (*T.T.P.*, chap. XVIII). Il y a donc grand danger pour une démocratie à vouloir se protéger de la guerre par l'abandon de ses droits à un monarque. En aucun cas, celui-ci, une fois en place, ne voudra retourner à des dispositions démocratiques. Il cherchera au contraire à les abroger par une législation nouvelle en sa faveur. Signalons enfin qu'un risque voisin menace les démocraties qui prennent la décision de réserver le droit de vote à une partie seulement des citoyens (la sélection se fait le plus souvent par l'argent). Ces démocraties deviennent des oligarchies gouvernées par des citoyens les plus fortunés. Ceux qui élisent et ceux qui sont élus constituent une classe dirigeante de plus en plus distincte du reste de la population.

Il reste un dernier point à examiner — sur lequel les commentateurs, en général, se montrent prudents et discrets. Il s'agit du quatrième et dernier alinéa du chapitre XI du *Traité Politique* où Spinoza évoque la condition des femmes dans la Cité — du point de vue politique. Que les opinions de Spinoza à ce sujet paraissent aujourd'hui périmées ne justifie pas que l'on s'en tienne à l'affirmation qu'il ne fait qu'exprimer le jugement commun à son époque. En quoi cette remarque est-elle une explication et une justification, alors que sur tant d'autres sujets, le même exprime des jugements qui sont, précisément, autres que ceux de son époque. Il faut prendre les choses comme elles sont, qu'il s'agisse d'un penseur de la taille de Spinoza ou de n'importe qui d'autre. Spinoza n'est pas féministe, c'est le moins qu'on puisse dire. Et l'on peut ajouter que son réalisme habituel ne l'incline pas au féminisme. Spinoza dit ce qu'il dit et, à propos des femmes, il dit ce qui est soit de tout temps, soit de son temps, et notamment pour ce qui concerne leurs rapports avec les hommes et réciproquement. Premièrement, au nom de l'expérience, il estime que «la condition des femmes dérive de leur faiblesse naturelle» (XI, § 4). Deuxièmement que «si les femmes étaient, de par la nature, les égales des hommes... l'expérience politique le proclamerait bien». Troisièmement que «parmi les peuples du monde, il s'en trouverait bien où les deux sexes assumeraient ensemble l'autorité politique». Quatrièmement que «les hommes n'aiment le plus souvent les femmes que d'un désir sensuel... ils n'apprécient leurs autres qualités qu'autant qu'elles sont belles... et, de plus, ils les jalousent si elles s'intéressent à d'autres qu'eux-mêmes». La conclusion est que si les hommes et les femmes «assuraient ensemble l'autorité politique, la paix aurait beaucoup à souffrir de cette probabilité permanente de conflits entre les deux sexes».

Dans les sociétés démocratiques contemporaines, l'évolution des mœurs, des pratiques et des institutions a fait justice — au moins partiellement — des points 1 à 4. Notamment la participation des femmes à la vie politique est une réalité. Même si, à la fin du XXe siècle, plus de trois cents ans après la parution des écrits de Spinoza, les fonctions de représentation et de responsabilités politiques sont loin d'être également partagées par les deux sexes. La femme n'est plus une mineure politique, mais elle reste en minorité politique pour la participation au pouvoir, en particulier s'il s'agit du pouvoir exécutif. Quant à la question du rapport sexuel, elle est un leurre en ce sens que les rapports sexuels sont privés et divers. Si l'on proteste que les hommes s'intéressent aux femmes lorsqu'elles sont belles seulement, que dira-t-on du genre d'intérêt que les femmes portent aux hommes — s'il est admis que ces relations s'établissent désormais sur fond d'égalité ? Et que dira-t-on de l'intérêt sexuel que certains hommes se portent entre eux et certaines femmes entre elles ? Ces questions sont sans solution — et sans intérêt du point de vue politique — car elles concernent des individus et non des catégories, classes, etc., à moins que ces minorités ne deviennent provocantes et exagérément revendicatrices de droits particuliers — selon la pente malheureuse des démocraties faibles vers la complaisance et la facilité. En vérité, la seule question importante est celle des capacités et de l'aptitude au pouvoir — quel que soit le sexe.

Spinoza, à propos de l'aristocratie, souhaite des Assemblées souveraines suffisamment nombreuses de façon qu'il en émerge quelques patriciens réellement éminents. S'il en estime la proportion à 3%, pourquoi cette proportion ne serait-elle pas la même chez les femmes? Quand on invoque, en réaliste, ce qui se fait à un moment de l'histoire et ce qui s'est fait auparavant, et que l'on suppose que cela continuera à se faire, le risque de se tromper est grand. Le jugement psychologique de Spinoza sur les rapports inter-sexe comporte quelque vérité, mais son jugement politique est en défaut — par la bonne raison, réaliste, qu'il est démenti par les faits. Observation faite toutefois que les démocraties actuelles sont loin de représenter le tout politique de la planète Terre. En beaucoup d'autres endroits, on ne saurait dire qu'intégrisme et féminisme font bon ménage.

5. L'INDISSOLUBLE COUPLE : LIBERTÉ-SÉCURITÉ

Dans le *Traité Politique* comme dans le *Traité Thélogico-Politique*, on a vu que Spinoza maintient un lien constant entre liberté et raison, qu'il s'agisse de l'individu ou qu'il s'agisse de la Cité et des rapports de l'un à l'autre. Dans le *T.T.P.* est proclamé « libre l'individu qui choisit volontairement de guider sa vie sur la raison » et, de même, « la communauté politique dont les lois s'appuient sur la saine raison » (chap. X). Dans le *T.P.*, l'homme est déclaré : « d'autant plus en possession d'une pleine liberté qu'il se laisse guider par la raison » (II, 11), et « l'Etat le meilleur, celui où les hommes passent leur vie dans la concorde », c'est-à-dire une vie humaine définie ici « non point par la circulation du sang et les différentes autres fonctions du règne animal, mais surtout par la raison : vraie valeur et vraie vie de l'esprit » (*T.P.*, V, 5). Il ne s'agit pas évidemment de deux séries indépendantes, liberté et raison chez l'individu, liberté et raison dans la communauté. Tout le chapitre XIX du *Traité Théologico-Politique* est écrit dans l'intention de prouver que la liberté de penser ne peut en aucune manière porter préjudice à l'Etat et que, par conséquent, l'Autorité souveraine ne doit pas se contenter de la tolérer comme un fait mais doit lui accorder un statut de droit. Les modèles des régimes politiques ci-dessus étudiés montrent que, sous des modalités différentes, la liberté doit être protégée dans les institutions. Il y a donc un lien nécessaire entre la liberté revendiquée par chacun et les garanties que l'Autorité doit donner à cet effet. « Par droit positif de chaque particulier, nous ne pouvons désigner que la liberté dont chacun dispose pour se conserver en son état, telle que, désormais, elle est déterminée par les édits et garantie par le pouvoir respecté de la souveraine Puissance » (*T.T.P.*, chap. XVI).

Propositions de même sens dans le *Traité Politique* où Spinoza, ayant écrit que « la liberté est une valeur ou une perfection », et souligné de nouveau le rapport entre liberté et raison : « plus nous considérons l'homme comme libre, moins nous sommes fondés à dire qu'il peut s'abstenir de raisonner et de choisir le pire au lieu du meilleur » (II, 7), confirme plus loin que : « Plus l'homme se laisse guider par la raison, plus il est libre, plus il s'astreindra à respecter la législation de son pays ainsi qu'à exécuter les ordres de la souveraine Puissance à laquelle il est soumis » (III, 6). Convergences incontestables, par conséquent, dans les deux Traités, au point même que la proposition que nous venons de citer se trouve déjà presque dans les mêmes termes, en note, dans le chapitre XVI du *Traité Théologico-Politique*. Et pourtant, ni dans la conception, ni dans l'intention, ni même dans la forme, ces deux œuvres ne se ressemblent. Le *Théologico-Politique* est un ouvrage engagé, fondé sur des références historiques et sur une méditation savante de la Bible hébraïque. Il est aussi, nommément, proposé à «l'examen et au jugement des Hautes Puissances à la fin de la Préface et à la fin du dernier chapitre (XX). A ces Hautes Puissances dirigeant une «florissante et libre République», il est suggéré d'officialiser un principe de conduite peu usité à l'époque, sinon inexistant, à savoir le respect de la liberté de juger. En 1670, dans une Europe monarchique appuyée sur le droit du monarque comme droit divin, un auteur qui écrit : «il est impossible de priver les individus de la liberté d'exprimer ce qu'ils pensent», cet auteur ne peut passer que pour utopiste ou provocateur (on sait, du reste, quelles diatribes et quels jugements injurieux son œuvre déclencha dès le dernier tiers du XVIIe siècle). Spinoza, assignant à l'Etat la liberté comme fin, a l'audace sans pareille de faire la leçon aux Princes de son temps — faut-il rappeler que les dragonnades, en France, auront lieu quelques années plus tard et que la Révocation de l'Edit de Nantes est de 1685.

L'orientation du *Traité Politique* est autre. On n'y trouve point d'intention polémique, non plus qu'un plaidoyer déclaré en faveur de la liberté. L'ouvrage est composé comme un Traité, comme un livre de démonstration faisant la théorie de l'Etat et des régimes politiques. Faisant suite à une interrogation sur «la meilleure forme qui soit réalisable pour tout régime politique» (*T.P.*, V, 1) Spinoza déclare que le but poursuivi par l'état de société «n'est autre que la paix et la sécurité» (V, 2). Cela est dit également dans le *Traité Théologico-Politique* en des termes voisins : «... la fin de toute société et de tout Etat est de vivre dans la sécurité et de posséder certains avantages» (chap. III) — il ne s'agit donc pas, ici, d'opposer systématiquement les deux Traités, mais il reste que dans le Théologico-Politique, l'exigence de sécurité reste en second plan à l'avantage du concept de liberté posé comme prioritaire quasi inconditionnellement dans le dernier chapitre : «Quant aux perturbateurs, en dernière analyse, les plus responsables, ce sont les sujets qui, dans une libre République, voudraient faire interdire la liberté — pourtant invincible — du jugement» (chap. XX). Le ton est plus mesuré, distancié, dans le *Traité Politique*, et surtout la position de l'auteur vis-à-vis de la liberté s'est modifiée. Non par atténuations ou réserves, mais par une plus juste appréciation de ce qui est nécessaire au maintien d'une société organisée.

La liberté reste exigible, évidemment, comme valeur et perfection, et comme point ultime de l'organisation sociale. Encore faut-il qu'elle ait son assise dans la Cité et qu'au lieu d'être seulement assumée comme une fin individuelle intériorisée — telle est la liberté de penser —, elle devienne une pratique liée à des situations concrètes. Autrement dit, il s'agit de savoir comment la liberté peut être mise en œuvre dans tel ou tel régime, dans l'ordre social, dans les institutions. C'est ici que se marque une réelle différence entre les deux Traités. Dans l'un on demande à la souveraine Puissance de reconnaître la liberté et de l'aménager officiellement pour ainsi dire. Dans l'autre, on se demande de quelle manière la liberté doit être ajustée aux modalités d'organisation propres à chaque régime. De sorte que « le meilleur Etat est celui où les hommes vivent dans la concorde et où la législation nationale est protégée contre toute atteinte » (*T.P.*, V, 2). A propos du régime monarchique, Spinoza souligne « qu'une législation doit rester valide et irrévocable » faute de quoi « les citoyens ne pouvant escompter aucune sécurité générale iront droit à leur perte ». C'est donc subordonner, d'un point de vue pratique, la liberté à la sécurité ou indiquer qu'une liberté non accordée à des règles sociales est illusoire ou formelle. « Les sujets d'une monarchie auront encore avantage à transférer sans restriction leur droit à un seul homme plutôt que de stipuler de vagues conditions de liberté si illusoires et si inopérantes qu'elles préparent l'avenir d'esclavage le plus cruel » (*T.P.*, VII, 2). Réserves (ou constatations) bien plus marquées encore dans le régime aristocratique où « la masse, profitant de la crainte qu'elle inspire à ses maîtres, s'arroge une certaine liberté — sans aucune confirmation légale, il est vrai, mais tacitement revendiquée et exercée » (*T.P.*, VIII, 4). Mais Spinoza d'ajouter encore, au paragraphe suivant : « Il faut empêcher à tout prix que la masse ne se fasse par trop craindre et ne s'arroge une liberté quelconque — passées les bornes de celle qui doit nécessairement lui être accordée, de par la constitution de l'Etat » (VIII, 5).

On est bien loin alors de la liberté comme fin de l'Etat. L'argumentation développée dans ces paragraphes paraît ambiguë. D'une part, lorsque Spinoza adopte — ou logiquement, ou ironiquement — la position des Patriciens, à savoir que « l'Assemblée doit, autant que possible, rester indépendante et à l'abri de tout péril de la part de la masse » (VIII, 7), sa position est strictement sécuritaire. D'autre part, dans le même paragraphe, remarquant que l'aristocratie « plus que la monarchie tend vers l'absolutisme », il conclut que « plus un régime donné reconnaît un droit considérable à la souveraine Puissance, plus ce régime est en mesure de préserver la paix et la liberté » (car il se trouve davantage en accord avec la discipline de la Raison), il fait, en effet, retour à l'exigence de liberté — et c'est sans contradiction, d'après les prémisses posées antérieurement (voir, par exemple, chap. III, 5). Néanmoins, ce n'est plus le vœu enthousiaste que l'on trouvait dans le *Traité Théologico-Politique*. Concession à l'exigence de liberté plutôt que promotion du principe de liberté, mais l'exigence est assez forte pour faire partie intégrante des objectifs de l'Etat.

Répétons-le : il s'agit d'une pratique de la liberté qui rencontre des obstacles justement parce qu'elle est une pratique. Par conséquent, pour exister en acte, elle doit s'appuyer sur des conditions matérielles, fussent-elles des plus prosaïques. « Protéger sa liberté » consiste à avoir un lieu de résidence sûr, et les citoyens sont d'autant « mieux en mesure de veiller à leur sécurité qu'il sont plus puissants du fait de leurs richesses » (*T.P.*, VII, 16). Leur indépendance est mieux assurée s'ils vivent à l'abri de villes fortifiées. La possibilité d'être libre est donc rapportée aux bases matérielles de la sécurité. Il ne s'agit plus d'une liberté intérieure, d'un « quant à soi » protégé par le retranchement de l'intimité. Il s'agit d'une liberté en acte s'exerçant dans la Cité protégée elle aussi, mais par des remparts bien réels, et délimitée. Chacun peut juger à sa guise et penser comme il lui plaît, mais personne ne peut se conduire, au nom de la liberté, n'importe comment. On revient à cette idée, toujours présente chez Spinoza, qu'un Etat ayant des assises solides est la référence et le point d'ancrage de toute aspiration individuelle. « Si l'état n'existait pas, en effet, aucune valeur n'aurait plus d'assise sûre... la fureur et la méchanceté sans scrupule se dresseraient partout contre les hommes épouvantés » (*T.T.P.*, chap. XIX). Ceci est écrit avant le plaidoyer en faveur de la liberté de penser et avec le même ton de conviction : « Le salut du peuple est la loi suprême par rapport à laquelle toute législation tant humaine que divine ne s'affirme plus qu'à un rang subordonné... C'est à la Souveraine Puissance seule qu'incombe la détermination de ce qu'exigent le salut du Peuple et la sécurité de l'Etat » (*ibid.*).

D'un Traité à l'autre, comme à l'intérieur d'un même Traité, le discours de Spinoza n'est nullement contradictoire. Seule varie l'accentuation des thèmes, mais sur le fond de l'indissoluble liaison de la liberté et de la sécurité. Et ainsi, il s'efforce de répondre à la question fondamentale qui se pose à propos de la vie des hommes en société : les hommes sont-ils rationnellement gouvernables ? Ils le sont ! Sous condition d'obéissance aux Lois et de sujétion à un Ordre raisonnable qu'un gouvernement solide a le devoir, comme le droit, d'imposer à tous. Aussi, le meilleur gouvernement n'est pas celui qui s'inspire de bons sentiments et d'intentions louables, c'est celui qui a un bon agencement. Il n'y a pas à s'interroger sur le fait de savoir si ceux qui administrent le domaine public sont de bonne volonté. Il suffit seulement qu'ils gouvernent comme il faut. «Pour réaliser la sécurité de l'Etat, le motif dont sont inspirés les administrateurs n'importe pas, pourvu qu'ils administrent bien» (*T.P.*, I, 6). Administrer bien c'est, sans doute, pour commencer, veiller à la sécurité des biens et des personnes. On dira donc que les hommes sont gouvernables, si, d'abord, ils sont mis en état de sécurité — fût-ce parfois, contre leur gré. Ainsi, la visée première de l'Etat, sa visée pratique, ne peut être que la sécurité pour tous. Car la sécurité est le médiateur nécessaire pour toute autre fin plus haute : la paix, la concorde, l'harmonie, ou, enfin, la liberté. Ecrire que la fin de l'Etat est la sécurité, puis écrire que la fin de l'Etat est la liberté, souligner tantôt l'une, tantôt l'autre de ces deux affirmations n'est pas se mettre en défaut. C'est énoncer une seule et même vérité regardée tantôt d'un versant — le côté du sujet ou du citoyen —, tantôt de l'autre — le côté du Souverain. Non seulement les hommes sont gouvernables, sous condition de rectitude et de fermeté, mais aussi ils peuvent se donner satisfaction à eux-mêmes quant à leurs aspirations et à la liberté : la pratique civique d'une plus grande sécurité pour tous par le refus de tout groupe de pression, notamment idéologique.

Chapitre 8
La Religion et la Cité

A. LE PROBLÈME POLITIQUE

1. Introduction

«Lorsque j'ai dit, en général, que les Autorités politiques exerçaient leur juridiction en toutes circonstances dans l'Etat, lorsque j'ai dit que leur vouloir était à l'origine du Droit positif, je n'ai pas voulu parler uniquement du Droit dont est régi la vie sociale profonde, mais aussi du Droit sacré. Car, dans le domaine sacré aussi, les Autorités politiques interprètent et défendent la législation» (*T.T.P.*, XIX, in Pléiade). Dans une autre traduction, Appuhn écrit avec plus de force : «... le Droit sacré duquel les détenteurs du pouvoir doivent être également interprètes et défenseurs». Pas seulement «interprètes et défenseurs», mais aussi — Spinoza allant plus loin en ce sens que n'importe quel autre théoricien politique — acteurs, c'est-à-dire aptes en droit à officier eux-mêmes dans les cérémonies religieuses. «Les rites sacrés, écrit-il, sont assumés par un clergé qui mène, certes, une vie particulière, mais (qui) n'est pourtant pas descendu d'une souche exceptionnelle. De sorte que même les personnes exerçant l'autorité politique ne doivent plus être écartées des cérémonies comme indignes de les célébrer. Plus que jamais, les Autorités souveraines sont seules à incarner le Droit dont est régie toute manifestation sacrée». Suit une énumération pratiquement exhaustive des contrôles que l'Autorité civile serait en droit d'exercer «au nom de son prestigieux pouvoir» sur le *Jus circa sacra* (*ibid.*, Pléiade). Au ton ironique visant le clergé succède un ton intransigeant tout en faveur de l'Autorité souveraine. Manifestement, Spinoza milite pour l'instauration d'une Religion civile soumise à l'Etat — ce dont, plus d'un siècle plus tard, la Révolution française donnera sa propre version solennelle et bizarre. Mais cette religion civile, cette *Religio patriae*, selon Spinoza, ne consiste pas en un culte de pur conformisme utilitaire (comme c'est le cas pour Hobbes ou pour Machiavel). Elle a pour seul objet un Dieu moral et pour but l'union des bonnes volontés contre les menaces de la populace.

L'extrême diversité des croyances et pratiques religieuses dans les Provinces-unies dans la deuxième partie du XVIIe siècle, les prétentions hégémoniques de la puissante Eglise calviniste soutenant le parti orangiste depuis pratiquement un siècle (puisque l'Union d'Utrecht conduisant à la fondation des Provinces-Unies — où les calvinistes exercent dès lors une influence prépondérante — est de 1579), l'acharnement dogmatique des uns s'opposant au libéralisme — souvent intéressé, à base économique, des autres : les Régents, les grands bourgeois d'affaires, les chefs d'entreprises maritimes — ne pouvaient qu'inciter le philosophe à se montrer plus que réservé quant à l'ingérence des responsables religieux dans la gestion de la cité. En outre, les prétentions de la plupart des sectes à vouloir répandre et imposer leurs propres cultes et dogmes, l'oppression civile et morale qui pourraient en résulter, devaient heurter l'homme, sévèrement condamné lui-même par la synagogue et rejeté par ses coreligionnaires. Indépendamment de ces réactions subjectives — qui le conduisent à se montrer, comme nous l'avons déjà signalé, injuste et railleur envers les siens dans plusieurs passages du *Traité Théologico-Politique* —, sa méthode et ses analyses en matière métaphysique, les principes mêmes de l'*Ethique* fondent très suffisamment sa position rigoureuse vis-à-vis du *Jus circa sacra* : celui-ci n'a pas à être géré par le clergé. Il doit dépendre en tout des Autorités politiques. A cela s'ajoute la connaissance que Spinoza pouvait avoir des œuvres de certains de ses proches prédécesseurs ou contemporains soutenant des thèses analogues quant aux rapports de la Religion et de la Cité. Et surtout, il n'ignorait rien de la querelle, initialement théologique, à propos du problème de la prédestination qui, développée dès le début du siècle à l'intérieur même de l'Eglise calviniste, eut ensuite de notables conséquences historiques tant sur le plan politique que religieux. Tout en gardant sa réserve habituelle en matière religieuse, il est clair que Spinoza ne fut pas insensible au courant libéral évangélique, repris d'Erasme, qui s'amplifie de nouveau à partir des années 1660. Néanmoins, l'idéologie dominante de l'époque était — même dans les Provinces-Unies — dogmatique, intégriste, soutenue par le parti orangiste et susceptible de dégénérer aisément en intolérance et violences.

En ce qui concerne Spinoza, on peut se faire quelques idée de cette intolérance fanatique généralisée en sachant de quelle manière lui-même fut vilipendé lors de la parution de son *T.T.P.* — et bien que cet ouvrage eût été publié sans nom d'auteur. Mais l'anonymat fut vite démasqué. On sait que le scandaleux Traité fut condamné comme « hérétique » par les Etats de Hollande dès 1671, et que, en 1676, le Synode de la Haye réclamait des poursuites contre son auteur. Un étonnant déferlement d'accusations injurieuses se répandit aussitôt et devait se continuer jusqu'à la fin du siècle et au-delà. On lit sous la plume des nombreux contempteurs que « ce livre est au plus haut point pestilentiel... critique triturée, érudition déféquée... ouvrage fabriqué dans l'Enfer par un Juif renégat... un tel auteur n'a pas à être réfuté mais supprimé... Satan incarné... puisse-t-il être dévoré par la gale... ce Benedictus devrait être appelé Maleficus... il a été chassé de la synagogue à cause des opinions monstrueuses qu'il exprimait contre le judaïsme pour se rallier finalement au Christ par on ne sait quelle ruse et perfidie ». Même le grand Leibniz, qui avait correspondu avec Spinoza en octobre 1671 et qui le rencontra en novembre 1676, n'hésite pas à écrire que cet ouvrage est « un libelle intolérablement licencieux » (citations précédentes, d'après G. Friedmann, *Leibniz et Spinoza*, p. 260 *et sq.*). Et pourtant, selon G.M. Schuller, écrivant à Spinoza en novembre 1675 (Lettre LXX) : « ce Leibniz estime beaucoup votre *Tractatus Théologico-Politicus* ». Mais Leibniz, homme de cour, n'était pas à une contradiction près. Ailleurs, aussi, il a parlé avec plus de pertinence et, peut-être, de révérence du « Juif de Leyde qui annonce la Révolution qui monte en Europe », tout en publiant, plus tard (1710), une Théodicée visant à réfuter, en partie, Spinoza. Celui-ci ne s'était pas fait d'illusions sur l'accueil qui serait réservé à son livre. Dès 1665, il écrivait à Oldenburg (Lettre XXX) : « Je compose actuellement un Traité sur la façon dont j'envisage l'Ecriture ; et mes motifs pour l'entreprendre sont les suivants : 1. Les préjugés des théologiens... 2. L'opinion qu'a de moi le vulgaire qui ne cesse de m'accuser d'athéisme... 3. La liberté de philosopher et de dire notre sentiment ; je désire l'établir par tous les moyens : *l'autorité excessive et le zèle des prédicants tendent à la supprimer...*» (c'est nous qui soulignons).

2. Les sectes

Dans la période d'une quinzaine d'années environ durant laquelle Spinoza compose la majeure partie de son œuvre philosophique et politique — c'est-à-dire de l'hiver 1661 au milieu de l'hiver 1677 ; il meurt en février 1677 —, il ne se trouve pas un seul Hollandais cultivé qui ne s'arroge la capacité de disputer en matière de théologie : dogmes, mystères, Révélation ou, en particulier, prédestination. On peut lire, par exemple, les Lettres 18, 20, 22, 24, 27 adressées à Spinoza par Guillaume de Blyenberg. Ce marchand aisé de la ville de Dorst s'adonne à la spéculation théologique avec une ardeur qui reflète sans doute le climat religieux passionné de l'époque. Les sectes nées de la Réforme connaissent alors un développement exceptionnel. En 1672, au moment où les troupes de Louis XIV, deux cent mille hommes, envahissent la Hollande, les différentes Eglises réformées ou, plutôt, les groupes de chrétiens sans Eglise définie, atteignent leur plus grande extension dans un état de fièvre et de désordre certainement entretenu par les menées des calvinistes et favorisé par l'affaiblissement du gouvernement libéral de Jean de Witt encore en place (l'armée de terre, volontairement réduite par Jean de Witt pour des raisons de stratégie économique et de politique intérieure, n'était pas en mesure de s'opposer au déferlement des troupes entraînées de Turenne et de Condé). En 1673, J.B. Stoupe, colonel suisse dans les armées de Louis XIV, publie son ouvrage consacré à «La religion des Hollandais». On y trouve l'énumération, non exhaustive d'ailleurs, d'une quinzaine de groupes religieux d'obédiences les plus diverses. Spinoza, lui-même, y est mentionné en termes forts dépréciatifs : «très méchant Juif et pas meilleur chrétien, cet homme qui s'appelle Spinoza» serait, à lui seul, un sectateur d'une sorte particulière : un cartésien. S'il n'est pas désigné comme fondateur d'un nouveau groupe dissident, il n'en est pas moins considéré comme un marginal suspect, de tendance trop ouvertement rationaliste, c'est-à-dire déiste ou, pire, athée. Mais il en est bien d'autres, déviants de tout genre en matière religieuse, et, de plus, à dénominations bizarres : les Trembleurs, les Moscovites, les Enthousiastes, les Frères de la Vie commune, les Libertins.

Cette prolifération remarquable peut s'expliquer par le fait que, sous régime libéral depuis une vingtaine d'années, de 1651 à 1672, les Provinces-Unies, en même temps qu'elles connaissaient leur plus grande prospérité, avaient développé une attitude de tolérance et d'hospitalité à l'égard de tous croyants, qu'ils fussent dissidents sur place ou persécutés ailleurs pour leur foi. C'était le cas en Hollande même, pour ceux qui, cherchant à se démarquer du luthéranisme ou du calvinisme, revendiquaient un retour à l'esprit évangélique et refusaient l'oppression des ministres du culte dans les Eglises dominantes, par exemple le rigorisme des nombreux pasteurs calvinistes ou «prédikants». Aussi, bien que le calvinisme fût reconnu comme religion officielle, non seulement toutes les sectes avaient droit de cité, mais également, bien que représentant l'idolâtrie papiste détestée, la minorité catholique. De même, les juifs séphardes, conversos et marranes, qui avaient trouvé dans les Provinces-Unies une terre d'accueil où ils étaient plus libres que dans tout le reste de l'Europe. «On sait, écrit H. Léonard, quelle prospérité ils valurent à leur asile, sans être payés comme ailleurs par la persécution ou l'extorsion, ni même par le mépris, car ils étaient, pour les Protestants, les Hommes du Livre» (*Histoire générale du protestantisme*, p. 163, T. II), et admis, comme tels, à participer à des débats avec des théologiens d'autres confessions. On peut rappeler ici que la famille Despinoza, après avoir quitté le Portugal vers 1600, avait séjourné quelque temps à Nantes, comme d'autres à Bordeaux ou à Bayonne. Puis, forcée de s'exiler de cette ville en 1614 — la franchise accordée à la communauté juive ayant été abolie après la mort d'Henri IV —, était venue s'installer dans le quartier marrane d'Amsterdam. Dans cette Jérusalem du Nord, les Juifs ne furent jamais opprimés ou mal traités et, au contraire, sollicités d'exercer leur culte au grand jour, de façon à n'être point confondus avec les catholiques romains dont la réputation était, certes, moins bonne. La grande synagogue des Juifs d'Amsterdam fut fondée en 1638 — signe à la fois de prospérité et de tolérance —, alors que de vives querelles agitaient les Eglises protestantes.

Au premier rang de celles-ci venaient l'Eglise d'Etat en Hollande et Zélande et l'Eglise wallone, toutes deux d'obédience calviniste, violemment réactionnaires et soutenant sans réserve les ambitions du Prince d'Orange-Nassau au moment où celui-ci allait s'emparer du pouvoir comme Capitaine général au printemps 1672. Le même, resté indifférent quelques mois plus tard (août 1672) au massacre odieux des frères de Witt, devait reprendre ensuite le titre et les fonctions de Stathouder héréditaire des cinq Provinces-Unies sous le nom de Guillaume III, futur roi d'Angleterre. Les deux puissantes Eglises ralliaient la majorité des anabaptistes. Ceux-ci, principalement recrutés dans le peuple, comptaient sur le parti orangiste pour liquider le groupe des Régents, cadres de l'économie libérale et détenteurs du pouvoir. Comme nous l'avons indiqué précédemment, l'Eglise calviniste, grâce à son activisme politique dressait, contre les libéraux capitalistes, non seulement la caste noble des propriétaires terriens à la situation peu florissante, mais aussi une masse de petites gens composée à la fois des artisans et commerçants des villes, de la population rurale pauvre et du prolétariat croissant et misérable des cités portuaires : tous hostiles à la haute bourgeoisie marchande et confiants dans le retour de l'absolutisme. Spinoza, proche des libéraux et respectueux des lois par conviction, ne pourrait être que défavorable à l'agressivité dogmatique de l'Eglise d'Etat et à son entreprise séditieuse. Mais il ne l'était pas moins vis-à-vis des disciples de Luther et des catholiques romains. Les premiers s'appuyant sur la structure et l'idéologie féodales des pays germaniques rejetaient toute forme de libéralisme. Les seconds, partagés entre molinistes et jansénistes souvent proches du schisme, donnaient, du fait même de leurs divergences, de nouveaux exemples du sectarisme et du rigorisme qui recommencent toujours en matière religieuse.

Dans le peuple, une minorité d'anabaptistes, ayant répudié l'enseignement de l'apôtre Jean, formait la secte des Mennonites qui trouvait également des adeptes dans la haute bourgeoisie. Les Mennonites recommandaient le respect des autorités établies et la conformité aux lois, mais ils refusaient pour eux-mêmes tout engagement dans les affaires publiques. Assez indifférents en matière de dogme, ils s'attachaient surtout à la seule autorité des Evangiles, recommandant la pureté de cœur, la valeur de l'intention, l'amour du prochain et, par conséquent, le refus inconditionnel de toute violence. D'autres sectes, réputées pour la rigidité de leurs mœurs — Quakers et Puritains venus d'Angleterre — dominaient parmi les hobereaux campagnards, conservateurs austères. Même les corporations de métiers avaient leurs propres règlements religieux. Et plusieurs groupes de familles dissidentes, ayant choisi un patriarche, se laissaient guider par son seul enseignement. Au début des années 1660, la secte des Sociniens, émigrée de Pologne, vint s'installer en Hollande. Dissidents du calvinisme, les Sociniens rejetaient plusieurs dogmes fondamentaux et rites du christianisme : le dogme de la Trinité, le baptême des nouveaux-nés (remplacé par l'immersion des adultes), la croyance en la divinité du Christ : le Christ est un être humain, mais Dieu lui ayant accordé une sagesse infinie et l'immortalité, ces dons extraordinaires justifient qu'on le vénère comme Christ-Dieu. Cependant, on ne peut le confondre comme une même personne avec Dieu seul et tout-puissant auquel il reste soumis. Vivement contestés de toutes parts, les Sociniens s'étaient néanmoins développés entre 1580 et 1660, notamment en Pologne (les Frères polonais) où leur fondateur, Fauste Socin — auteur de *Christo Servatore* (1594) —, était venu résider à partir de 1579 jusqu'à sa mort en 1604, après avoir séjourné en France, en Italie et en Suisse.

La religion naturelle des Sociniens, proche du rationalisme et d'une morale évangélique simple, éloignée de tout mysticisme et rigorisme, devait trouver un accueil favorable chez divers groupes de chrétiens libéraux des Provinces-Unies. Sous la foi sincère et la pratique religieuse des uns et des autres, se précisait, à l'opposé du calvinisme orthodoxe, une inclination démocratique. Depuis le début du siècle, des penseurs d'origines diverses soutenaient cette inclination à la différence des théologiens en place qui défendaient une orthodoxie formaliste. Par exemple, à Utrecht, le théologien Voetius, dans sa *Politica ecclesiastica*, développait la thèse des «deux royaumes» qui revient à distinguer deux Eglises : la visible, c'est-à-dire l'institution temporelle présente aux yeux de tous, et l'invisible, c'est-à-dire la messagère du surnaturel et la gardienne de la Foi, celle qui unit les âmes et les élève vers Dieu. La seconde protège la première et l'enveloppe de son rayonnement mystique jusque dans l'intérieur de la Cité. Cette enceinte est inviolable. Sur le domaine sacré qu'elle entoure, nul magistrat civil ne peut avoir droit de regard. Aucun Etat ne saurait lui imposer sa souveraineté. Mais, chez d'autres auteurs, d'inspiration plus politique que théologique, ou chez un juriste comme Grotius, le thème dominant était, au contraire, celui de la suprématie de l'Etat sur les Eglises. Celles-ci, quelles que soient leur inspiration et leurs lumières surnaturelles, ou leur mission d'édification dans la Cité par la pratique d'un culte, de cérémonies et de prédications exemplaires, n'ont pas à prétendre à un statut d'exception. Une fin de non-recevoir aussi catégorique ne pouvait qu'irriter les intégristes, en particulier les tenants de l'Eglise d'Etat calviniste, à une époque où les chevauchements du terrain religieux sur le terrain politique étaient quasi constants et se trouvaient renforcés de plus, à la fois par les ambitions antagonistes des hommes de pouvoir et par le violent débat, initialement théologique, où s'opposèrent durant la première partie du XVIIe siècle, les traditionalistes et les libéraux en matière religieuse. Mais, aussi bien, de part et d'autre, des croyants sincères, au point de tracer une ligne de partage — ou, plus que cela : une fracture — à l'intérieur même du calvinisme hollandais. De ce conflit devait naître une nouvelle obédience religieuse génératrice elle-même de quelques cercles d'études d'inspiration à la fois évangélique et philosophique dont Spinoza, lui-même, fut un des participants à partir de 1660.

3. Débats théologiques et conflits politiques

Si les rivalités pour la conquête du pouvoir atteignirent une phase aigue au printemps de l'année 1672, aboutissant à la liquidation du gouvernement libéral de Jean de Witt en place depuis une vingtaine d'années, il n'est pas douteux que le mécanisme du conflit s'était enclenché bien des années plus tôt, c'est-à-dire dès avant la fin du siècle précédent. On rappellera ici que, en 1578, les Etats de Hainaut et d'Artois s'apprêtèrent à former une ligue catholique contre l'influence grandissante des calvinistes, ce qui fut le prélude à la réconciliation entre les provinces du Sud et l'Espagne catholique par le traité d'Arras du 6 janvier 1579 (en dépit du fort ressentiment contre les violentes répressions exercées par le Duc d'Albe quelque dix ans plus tôt). Presque dans le même temps, l'Union d'Utrecht aboutit à la Fédération des Provinces du Nord regroupées autour de la Hollande et de la Zélande. Ainsi se formèrent (23 janvier) les Provinces-Unies. Le statut religieux de ces provinces était, certes, libéral, laissé au choix de chaque assemblée; mais les calvinistes se livrèrent à des menées acharnées tendant à s'imposer eux-mêmes et à écarter les catholiques jusqu'à les priver de l'exercice de leur culte. Cependant que, à la même époque, l'humaniste libéral Dirck Coornhert (1522-1590), héritier d'Erasme, à la fois homme politique et théologien, se déclarait déjà, dans deux de ses ouvrages publiés en 1580 et 1590, en faveur de la liberté en matière de croyance et de pratique religieuse.

Coornhert, d'inspiration catholique, à distance des sectes et des partis, invoquant la parole du Christ : « mon royaume n'est pas de ce monde », rappelait que ce n'est pas au Prince qu'il appartient de protéger, encore moins d'imposer par la force, une religion en quelque sorte officielle, au détriment de toutes les autres. La parole de Dieu, librement interprétée, suffit. La religion est affaire d'intériorité, d'intimité, et non d'exposition publique. Les cérémonies, les célébrations ostentatoires, tout l'apparat du culte sont de peu d'intérêt, ou ce ne sont que des intermédiaires provisoires vers la piété. Ceci implique réserve et tolérance envers tous les cultes. Nulle pratique religieuse ne peut s'opposer à telle autre. A cette attitude réservée, Coornhert associait une inspiration stoïcienne : la tendance à se maintenir dans l'être, le vouloir-vivre, l'appétit ne sont en rien répréhensibles. Ils sont, au contraire, des signes de bonne volonté et de force (virtus). Point de prédestination, point de condamnation fatidique d'aucun être humain, ni avant, ni après le péché originel. Même les Gentils ou païens, même les Anciens, qui n'ont pu connaître la Révélation, ne sauraient être exposés à aucune condamnation par décret divin. S'ils ont obéi à la loi naturelle, si leur vie a été droite, ils étaient proches, bien que ne le sachant point, de l'idéal évangélique. Humanisme, tolérance, cet état d'esprit érasmien était loin de faire exception dans la dernière partie du siècle précédent. Guillaume le Taciturne y avait recouru lui-même en Politique avisé. Plusieurs autres avaient cherché à le propager. Même un théologien protestant, à Utrecht, dès 1575, recommandait l'indulgence à l'égard de « ceux qui sont encore dans les ténèbres du papisme ou d'autres sectes du même genre, aussi longtemps qu'ils ne se livrent pas à la rébellion ou à d'autres crimes » (*cf.* L. Mugnier-Pollet, *op. cit.*, p. 57).

Cependant, à cet esprit de tolérance s'opposait le fanatisme de nombreux prêcheurs sectaires. Car, au début du XVIIe siècle, deux tendances politico-théologiques commençaient à s'affronter au sein même du calvinisme hollandais. L'une, s'inspirant de l'orthodoxie et animée par de jeunes pasteurs formés à Genève, donnait son appui au stathouder Maurice de Nassau. L'autre, soutenue par des pasteurs libéraux, trouvait sa représentation politique dans les Etats et les gouvernements municipaux dont les aspirations républicaines s'accordaient avec les intérêts économiques de la bourgeoisie d'affaires. Celle-ci, lorsqu'elle s'intéressait — par nombre de ses représentants aisés et cultivés — aux questions de science, de philosophie et de métaphysique, montrait un net penchant pour la liberté intellectuelle et pour le rationalisme. En matière de morale et de politique, elle s'intéressait à la notion de Droit naturel d'où peuvent se tirer des règles d'échange dans les rapports humains privés comme dans les rapports économiques et, de même, des principes de gestion réaliste de la Cité permettant de concilier l'obéissance due aux lois et la liberté des individus. Même les questions ardues de théologie ne pouvaient laisser indifférents les uns et les autres puisque, à l'époque, les réponses données par les théologiens avaient immédiatement du retentissement dans la conception des rapports de l'Eglise et de l'Etat. A volonté, ces réponses, par leur pertinence et leur modération, pouvaient pacifier les ambitions et les querelles autour du Pouvoir, ou, au contraire, les envenimer par leur virulence. Personne n'est à l'abri. Un homme politique de premier plan, tout comme un misérable «pécheur», peut y perdre la vie.

Dès avant la fin du siècle, la question de la prédestination (voir plus loin) détermine un affrontement théologique transposé ultérieurement dans l'ordre politique. En 1590, Jean Arminius, pasteur à Amsterdam, après avoir été prédestinataire lui-même, change d'opinion et finit par adopter la thèse du libre-arbitre soutenue, entre autres, à cette époque, par Coornhert alors Secrétaire des Etats. Quelques années plus tard, devenu professeur à l'Université de Leyde (1603), le même Arminius entre en discussion avec son collègue Gomar, interprète des calvinistes orthodoxes. La controverse se poursuit des années durant. Loin de s'apaiser après la mort d'Arminius (1609) ou de se limiter à un débat de théologie universitaire, elle s'aggrave par l'action militante des calvinistes intégristes qui réclament des autorités civiles des mesures de contrôle et de répression contre toutes les «hérésies» (y compris l'arminianisme). Or, en 1610, un groupe de pasteurs de tendance arminienne, exposant à leur tour leur propre point de vue, adressent une Remonstrantia aux Etats de Hollande et de Frise. Tout en se montrant conciliants vis-à-vis des thèses de Gomar sur la prédestination, ils réclament à la magistrature politique son intervention en vue de rétablir la tolérance et la paix religieuse — et non pas d'organiser des répressions. Il s'agirait donc pour l'Etat, en général, de se rendre attentif à toute manifestation de l'Eglise «visible» et d'intervenir en cas d'abus. Mais l'assemblée des théologiens qui se réunit à La Haye, en mai 1611, sur décision des Autorités, loin de s'aligner sur cette Remontrance, ne fait qu'accentuer l'opposition entre arminiens et gomaristes, avivée par d'autres querelles socio-politiques toujours renaissantes.

«Les Etats généraux, écrit E.G. Léonard (*op. cit.*, p. 216), seraient sans doute arrivés à rétablir la paix entre les partis ecclésiastiques... Mais les luttes politiques vinrent appuyer l'autoritarisme des rigoristes... La conjoncture liait étroitement un problème théologique, une rivalité politique, une tension sociale et une querelle ecclésiastique». En effet, à l'incessant débat sur la prédestination vinrent se surajouter des difficultés d'ordre politique : le conflit de pouvoir entre deux hommes, le Stathouder Maurice de Nassau et le Pensionnaire de Hollande Jean Oldenbarnevelt (ou Barnevelt), une opposition de classes, le petit peuple des villes et des champs contre la riche bourgeoisie des provinces maritimes, et, enfin, la querelle passionnée entre pasteurs, rigoristes et libéraux. En 1614, le jeune Hugo de Groot rédige, à la demande des Etats de Hollande et de Frise, une résolution interdisant la chaire aux sujets controversés. Mais, en dépit de l'appui qui lui est apporté dans les années suivantes par d'autres auteurs libéraux — dont Jacques Taurinus, pasteur à Utrecht, qui publie (1618) un Traité sur la Tolérance —, l'Edit décrété par les Etats est suivi de peu d'effets ou d'effets négatifs — comme à Amsterdam où se produisent de vives agitations. Puis, gomaristes et calvinistes, ne cessant d'accroître leurs pressions, finissent par obtenir des Etats généraux la réunion d'un Synode national chargé de se prononcer sur toutes les questions de foi et de discipline religieuse. Ce synode se réunit à Dordrecht le 13 novembre 1618.

Dans le même temps, Maurice de Nassau, le fils du Taciturne, poursuivait sa montée vers le pouvoir commencée dès le début du siècle en dépit de ses revers contre les Espagnols. Car ceux-ci, faute de subsides, ne parvenaient pas à s'imposer sur le terrain et, de plus, subissaient des défaites navales à Malacca et Gibraltar (1606 et 1607). Le principal obstacle aux ambitions monarchistes de Maurice de Nassau était le Grand Pensionnaire Jean Barnevelt qui, au printemps 1609, avait négocié une Trêve de Douze Ans avec l'Espagne. Celle-ci avait alors reconnu l'indépendance des Provinces-Unies. Dans les années suivantes, Barnevelt, s'inspirant des avis d'Hugo de Groot auteur d'un rapport rédigé en janvier 1614 —, s'était efforcé d'éteindre la querelle entre gomaristes et arminiens. Il avait pris diverses mesures défavorables aux intégristes jusqu'à une Résolution des Etats de Hollande (août 1617) qui soumettait la prédication des pasteurs au contrôle et à l'assentiment des Autorités civiles. Cette résolution fut si mal accueillie qu'une campagne calomnieuse fut aussitôt lancée contre Barnevelt. Maurice de Nassau, mettant à profit l'agitation qui en résultait, fit appel au soutien de l'armée et de la masse populaire. Les quelques milices recrutées par Barnevelt furent dispersées. A la suite de quoi les Etats de Hollande se résignèrent à capituler et Barnevelt qui s'apprêtait à les rejoindre fut arrêté et emprisonné avec quelques-uns de ses partisans dont Grotius (août 1618). Au printemps suivant, Barnevelt, mis en accusation et jugé coupable d'avoir conspiré et de s'être laissé acheter par l'Espagne lors de la signature de la Trêve de Douze ans, fut condamné à mort et exécuté aussitôt par décapitation à la Haye, le 13 mai 1619. A peine quelques jours auparavant, le synode de Dordrecht s'était séparé après avoir tenu maintes séances hostiles aux arminiens en minorité. Ceux-ci, taxés d'hérésie et de compromissions avec les catholiques romains, furent exclus de toutes fonctions universitaires et, s'ils étaient pasteurs, déposés de leur ministère et astreints à résidence. Plusieurs furent condamnés à l'exil. Au moins provisoirement, le calvinisme gomariste, le plus proche de l'enseignement de Calvin l'emportait. Mais ce triomphe public officiel en quelque sorte ne fut jamais tel qu'il pût entièrement étouffer les controverses avec les arminiens et avec les partisans de la Remonstratia de 1610.

4. Remonstrants et Collégiants

Les thèses du calvinisme orthodoxe sont à la fois cohérentes et intransigeantes en matière dogmatique comme en matière politique. Les calvinistes professent la croyance en la prédestination qui, ne laissant aucune place au libre-arbitre de l'homme même dans son effort pour se libérer du péché, affirme que le salut est décrété d'avance par Dieu seul. «Nous appelons Prédestination, écrit Calvin, le conseil éternel de Dieu par lequel il a déterminé ce qu'il voulait faire de chaque homme. Car il ne les crée pas tous en pareille condition mais ordonne les uns à la vie éternelle, les autres à éternelle damnation. Ainsi, selon la fin à laquelle est créé l'homme, nous disons qu'il est prédestiné à mort ou à vie » (*L'Institution chrétienne*, Tome 3, chap. VIII). Nulle créature ne peut se racheter par ses œuvres. La glorification de soi par les bonnes actions, loin d'être le chemin de la Grâce, est, au contraire, la voie du péché et de la perdition. Qui pourrait se prétendre humble en cherchant à négocier avec la volonté divine. Seule celle-ci concède ou refuse sa Grâce, souverainement, aux créatures corrompues. Dans l'ordre politique, l'Eglise et l'Etat se trouvent dans une dépendance réciproque car ils doivent ne former qu'un seul corps sous l'empire souverain de Dieu. Si le Souverain détient le pouvoir en son domaine — politique —, il ne saurait le disputer en rien au ministre du culte en matière spirituelle, car, en cette matière, il lui est subordonné comme tout sujet ayant juré «confession en Dieu». En réalité, bien que le calvinisme recommande l'obéissance du citoyen aux lois et la soumission à l'Etat (voir Première partie, chap. IV), le pouvoir fût-il provisoirement aux mains d'un «tirand pervers et cruel», son inspiration est fondamentalement théocratique. On ne saurait concevoir un Souverain autre que chrétien — ou sinon «colloqué sur le throsne par l'ordonnance de Dieu» — et, par conséquent, comme tel dans la dépendance de l'Eglise puisque celle-ci, par sa mission et son autorité spirituelles, est médiatrice entre Dieu et la Cité.

Or, déjà bien avant la fin du siècle précédent, les humanistes, les croyants libéraux rejetaient le rigorisme calviniste, son dogmatisme pessimiste et répressif. Ils s'inspiraient du christianisme évangélique tel que l'avait conçu Erasme, une religion de charité, indifférente à tout apparat cérémoniel, aussi peu doctrinaire que possible, fondée sur un message de compréhension et de tolérance. Parmi ces continuateurs d'Erasme, on peut distinguer, outre le catholique Coornhert déjà mentionné, d'autres auteurs du milieu de ce siècle, également interprètes du message évangélique contre tout sectarisme. Sébastien Frank, spiritualiste, inclinant vers un mysticisme affectif, refuse tout ce qui, dans la pratique religieuse, consiste en accomplissement de rites et de cérémonies. Seule compte la Parole de Dieu reçue directement par tout croyant sincère. Castellion, violemment hostile au fanatisme des calvinistes, de tendance spiritualiste, marque son originalité par l'importance exemplaire qu'il donne à la Raison appelée par lui «fille de Dieu». Il annonce le courant rationaliste qui s'imposera au siècle suivant. En ce sens, on peut le considérer comme un précurseur, entre autres, de Descartes et de Spinoza. Dans son *Art de douter* («Arte dubitandi», etc.), publié en 1563, l'année de sa mort, il écrit : «... la raison est comme un discours continu de la vérité qui ne cesse de parler éternellement au-dedans de nous». Acontius (1565) peut être dit fondamentaliste en ce sens qu'il recherche ce en quoi toutes les sectes et églises pourraient s'entendre, autrement dit le credo suffisant au salut de chaque créature, «les articles fondamentaux de la foi». Commentant les indications détaillées qu'il donne sur ces trois auteurs, L. Mugnier-Pollet écrit : «le thème de la religion conçue comme vie et affranchie des cérémonies ainsi que la doctrine des «articles fondamentaux de la foi» furent élaborés une centaine d'années avant la composition du Tractatus de 1670». Ce qui est dire que Spinoza n'est pas forcément un inventeur en ce domaine, mais plutôt un héritier. Il n'empêche que si «Tout chez Spinoza n'est peut-être qu'héritage, (celui-ci) est totalement transposé et, par là même, rendu à l'originalité» (*cf.* Mugnier-Pollet, chap. XV, p. 197, *op. cit.*).

Si l'esprit de tolérance fut véhiculé tout au long du XVIe siècle par ces auteurs profondément croyants, tous inspirés d'Erasme, et s'il trouva son prolongement chez d'autres, immédiats prédécesseurs ou contemporains de Spinoza, on ne doit pas ignorer que la revendication de tolérance avait d'autres sources, moins pures ou moins désintéressées, dans l'ordre politique comme dans l'ordre économique. L'expansion des cités maritimes des Pays-Bas, commencée vers 1585 avec le déclin du port d'Anvers, repris par l'Espagne, portait la haute bourgeoisie déjà détentrice du pouvoir politique par l'intermédiaire des Conseils de Régents administrant chaque ville à revendiquer toute liberté pour l'ensemble de ses activités. Liberté économique, certes, favorisant l'essor commercial sous toutes ses formes, mais aussi liberté intellectuelle et liberté de jugement en tous domaines — y compris religieux — et, par voie de conséquence, liberté d'indifférence — laquelle dispense l'entrepreneur sur mer, le marchand, le mercator lorsqu'il négocie en des pays lointains de s'occuper d'autre chose que de son profit. Aussi, cette puissante classe des négociants, à mesure qu'elle s'enrichissait et que, simultanément, elle se procurait les agréments de l'art et de la culture, s'affichait et se voulait libérale, revendiquant la tolérance comme une technique politique plutôt que comme une vertu ou une exigence chrétienne. Le colonel Stoupe (déjà cité à propos des sectes) ne se prive pas d'écrire que la vraie religion des Hollandais est «l'avarice» et qu'ils n'ont «autre but dans la vie que de devenir riches et d'amasser de l'argent». De sorte que, sous couleur de liberté, ces spéculateurs tolérants sont «plus adorateurs de Mammon que du Vray Dieu», c'est-à-dire à la fois avares et indifférents, si ce n'est athées. Néanmoins, si la tendance de la bourgeoisie d'affaires était bien celle-là — comme elle l'est toujours —, si la religion des riches commerçants, armateurs et trafiquants était bien celle de l'accumulation capitalistique, on ne saurait perdre de vue qu'au XVIIe siècle comme au XVIe, la religion est présente partout. L'âpre spéculation théologique, qu'il s'agisse de la question particulière de la prédestination ou de la question générale de la tolérance, retient l'attention de tous les esprits et se répand sans cesse sur le terrain politique.

On en trouve une manifestation nouvelle dans la Remonstrance de 1610 inspirée par l'aile libérale des pasteurs calvinistes; l'auteur de ce texte et d'un commentaire doctrinal publié peu après, Uytenbogaert, conseiller de Barnevelt, ne se contentait pas de lancer un appel à la tolérance. Il demandait aux Autorités civiles d'imposer le respect de celle-ci aux pasteurs intransigeants. Il était ainsi, certainement, l'un des premiers à souligner qu'il revient aux responsables de la Cité de contrôler de plein droit les affaires religieuses. C'est de l'Etat seul, c'est de la souveraine Puissance que la société est dépendante. L'Autorité civile, à la fois, assure le bien matériel des hommes et veille à leur salut. L'Eglise est évidemment impliquée dans la seconde tâche puisque la société est un *corpus christianum*, mais elle-même est subordonnée aux autorités en place. Celles-ci la régissent comme toute institution temporelle. Elles nomment les membres du clergé. Elles leur assignent même le contenu de leur fonction pastorale. On ne distingue donc plus deux pouvoirs susceptibles d'être diversement combinés dans une organisation politique, le civil et l'ecclésiastique, mais deux domaines, le temporel et le spirituel, le second relevant de la seule intimité des conscience, tandis que le premier, relatif aux pratiques confessionnelles et aux missions d'édification et de prédication, dépend de ce que dit l'Etat.

Durant toute la première partie du XVIIe siècle, et au-delà jusqu'à Spinoza, d'autres auteurs reprennent cette thèse en la rationalisant et, en quelque sorte, en la socialisant davantage. Chez Grotius (comme indiqué précédemment) s'affirme la suprématie de l'Etat sur l'institution religieuse. La pleine autorité est celle du Magistrat politique, lequel ne doit soumission qu'à Dieu Seul et non aux Eglises. La souveraine Puissance enveloppe l'ordre spirituel, ou religieux, comme le temporel. Indivisible et unique, elle détient à la fois Législation et Juridiction — le «Traité du pouvoir du magistrat politique» fut écrit par Grotius entre 1614 et 1617, soit seulement quelques années après le manifeste des Remonstrants, mais il ne fut publié que beaucoup plus tard, en 1647. C'est aussi à cette date qu'un autre auteur, Salmasius, critiquait la prétention des Eglises à s'administrer elles-mêmes. Si l'Eglise invisible, l'Eglise de la croyance intériorisée est inaccessible à tout décret, si elle est inviolable, l'Eglise visible, l'assemblée des croyants réunis pour un culte, ne peut prétendre, quelles que soient son inspiration et l'authenticité de sa ferveur, à un statut d'exception. Dans la Cité, elle est un groupe social parmi d'autres. On voit que la même distinction, déjà proposée par le théologien Voetius, conduit à des conclusions opposées. En 1665, le «De jure ecclesiasticorum» publié par Constans se montre également défavorable à un privilège social quelconque dont l'Eglise serait bénéficiaire. Si la fonction de pasteur a certainement une spécificité et un rayonnement particuliers, cela ne signifie pas que son autorité lui vient de Dieu par on ne sait quelle élection exceptionnelle. Compétent, expert en son domaine, respectable par sa fonction, le pasteur ne l'accomplit pourtant que par délégation de l'Etat. «Il ne faut établir nulle distinction entre les Ecclésiastiques et le reste des citoyens». Telle est la thèse de Constans, en 1665. Telle est, aussi, à la même date, celle des cercles de Collégiants (voir ci-dessous) et telle sera, exprimée en 1670, dans le *Traité Théologico-Politique*, celle de Spinoza — comme l'exprime clairement la citation donnée en début du présent chapitre.

Sous le nom de Remonstrants, un groupe de fidèles d'inspiration arminienne s'était formé à distance de l'Eglise d'Etat calviniste tenue par les gomariens. A ce groupe, auquel participa Grotius, vinrent s'associer au cours des années des croyants de diverses obédiences, mennonites, sociniens, d'autres même, sans confession définie, ainsi que plusieurs membres de la bourgeoisie libérale et de la classe dirigeante. Tolérants, ouverts à toute discussion, les Remonstrants, partisans du libre arbitre contre la thèse de la prédestination, se rapprochaient des Sociniens quant à leur profession de foi rationaliste et à leur religion « naturelle ». Mais, s'ils approuvaient partiellement leur pacifisme, ils ne pouvaient les suivre dans leur refus de porter les armes même pour défendre leur propre liberté religieuse. Pas davantage, ils ne les approuvaient dans leur décision de ne jamais s'impliquer dans les affaires publiques. Si l'Etat a charge de faire respecter la tolérance et de garantir la liberté de chacun, il doit être soutenu par les citoyens. De même que ceux-ci, comme croyants, ont à soutenir la vérité et la charité non par des controverses et querelles sectaires, mais simplement par édification réciproque et pratiques de bonne volonté.

Précisément, à ce propos, on a vu ci-dessus que le Synode de Dordrecht s'était séparé en 1619 en ayant exigé, entre autres mesures, l'exil d'un certain nombre de pasteurs arminiens. En l'absence de ceux-ci, des croyants Remonstrants se trouvèrent en plusieurs endroits sans directeurs spirituels. Certains formèrent alors des assemblées privées consacrées à des entretiens d'ordre religieux et philosophique et à la méditation en commun. Telle est, à partir de 1620, l'origine de ces Collegia d'inspiration laïque dans leur fonctionnement : chacun y prend la parole à tour de rôle. Une libre discussion s'engage sans nécessité d'un pasteur ou d'un prêcheur, c'est-à-dire sans ordre hiérarchique. Le principe fondamental est celui de la tolérance, non pas dans un sens proprement laïque, mais comme liberté pour chacun d'exprimer sans réserve sa lecture évangélique. Les premières réunions des Collégiants avaient eu lieu dès 1620, à l'initiative des frères Van der Kodde, dans la banlieue de Leyde. Au cours des années suivantes, le mouvement s'étendit à plusieurs villes, dont Amsterdam. Puis, à partir de 1640, la ville de Rijnsburg — où devait séjourner plus tard Spinoza — devint un lieu de rencontre pour l'ensemble des Collégiants.

Les assemblées se réunissaient deux fois l'an pour des sessions de quelques jours consacrées à la discussion et suivies de rites de communion et de baptême pour de nouveaux venus. Diverses tendances s'y manifestaient conformément à l'esprit de tolérance des participants. L'influence des Sociniens continuait à s'y faire sentir par leurs incitations au repliement hors des activités et charges dans la Cité et à la recherche exclusive de la perfection intérieure. D'autres invoquaient des principes rationalistes selon lesquels les Ecritures ne sauraient être jamais interprétées en désaccord avec l'autorité de la Raison. A l'époque où Spinoza entra dans le cercle des Collégiants de Rijnsburg (1660) et que, à l'instigation de son ami Louis Meyer, un groupe d'étude se forma autour de lui — plusieurs Collégiants connaissaient ses premières œuvres manuscrites (des fragments inédits de la main de Spinoza ont été retrouvés longtemps après sa mort dans l'orphelinat des Collégiants à Amsterdam), un autre ami de Spinoza, Peter Balling, séduit par la philosophie de Descartes, s'efforçait de trouver un accord entre l'*uno intuitu* cartésien et l'illumination en matière religieuse. Une lumière intérieure, une inspiration donnant un sentiment d'évidence — comme le *cogito* — est nécessaire pour trouver le chemin de la foi et du salut.

Bien que la pensée politique et politico-religieuse de Spinoza reflète au premier chef sa propre conception originale de l'ordre universel divin, on peut croire néanmoins que ses contacts et discussions dans ce foyer d'hommes cultivés et libéraux — et de dirigeants politiques — alimentèrent sa réflexion, non seulement sur les questions concrètes de la souveraineté et de l'obéissance aux lois, de la liberté de parole et du droit des personnes, mais également sur la question du Droit sacré, ce droit duquel, écrit-il, les «détenteurs du pouvoir doivent être interprètes et défenseurs». Comme l'écrit de son côté Roland Caillois : «En 1670, la critique religieuse de Spinoza ne pouvait être sans signification politique. Réciproquement, la critique politique avait nécessairement pour contenu la religion, la seule vision du monde qui pénétrât toutes les activités de la vie et donnât sens et valeur à l'organisation sociale européenne... La Préface du *Traité Théologicus-Politicus* commençait par la définition de la superstition. Or, il apparaissait peu à peu que la religion est pleine de superstitions et que la crainte superstitieuse est le secret des régimes de servitude. Ainsi, tous les fils se nouent : la politique rationnelle prend naissance dans la critique du fondement des opinions religieuses et tend à se substituer au contenu même de la religion dans sa prétention à organiser la vie humaine» (introduction générale aux œuvres de Spinoza, *op. cit.*, La Pléiade, p. XXVI). La dette idéologique de Spinoza vis-à-vis des Collégiants peut sans doute se résumer ainsi : défiance envers l'activisme des Eglises, hostilité pour le militantisme des ecclésiastiques. A la prédication conquérante des pasteurs doit être substituée la libre édification réciproque. On incline ainsi vers une religion «morale». On privilégie le message évangélique, l'exemple du Christ, les commentaires des Apôtres.

Cependant, l'intériorisation et l'individualisation complètes de la vie religieuse ne sont pas souhaitables. Elles conduiraient à la dissolution de la foi et à la désunion des fidèles trop livrés à leur seule inspiration. Pour diverses raisons — exposées plus loin —, Spinoza se montrera favorable à un credo commun contrôlé, c'est-à-dire à une religion civile où l'union dans la patrie et l'union des âmes se renforcent mutuellement. Ce credo commun est largement exposé dans plusieurs chapitres du *T.T.P.* On en trouve aussi un résumé partiel dans une lettre à Henri Oldenburg (lettre 73) : d'une part, la reconnaissance de l'inéluctable nécessité qui fait que tout découle de la nature de Dieu, lois divines, lois humaines, prescriptions morales (ce qui met en question une fois de plus de difficile problème de la prédestination où Spinoza semble plus proche de Calvin que des Arminiens) : d'autre part, la contestation du miracle comme argument en faveur de la foi : « je suis persuadé que l'on peut fonder la certitude de la Révélation sur la seule sagesse de la doctrine et non pas sur les miracles, c'est-à-dire sur l'ignorance » (Pl., p. 1282). Enfin, au sujet du Christ, l'affirmation qu'il n'est pas nécessaire « pour faire son salut de connaître le Christ selon la chair », mais qu'il en est tout autrement « de la sagesse éternelle de Dieu qui s'est manifestée en toutes choses, surtout dans l'esprit humain, et plus particulièrement en Jésus-Christ ». Puis, s'il est besoin de précisions sur ce point, comme Oldenburg le demande, en effet, il suffit de lui répondre : « ... la résurrection du Christ fut, en vérité, toute spirituelle... Le Christ a reçu l'éternité et s'est levé d'entre les morts... par le fait même qu'il a donné l'exemple d'une sainteté exceptionnelle par sa vie et par sa mort, et il tire ses disciples d'entre les morts dans la mesure où ils suivent l'exemple de sa vie et de sa mort » (Lettre 75, Pl., p. 1287).

La plus authentique et fondamentale assertion du credo commun est exprimée dans le chapitre XIV du *T.T.P.*. Il existe « un Etre Suprême qui aime la Justice et la Charité, auquel tous, pour être sauvés, sont tenus d'obéir et qu'ils doivent adorer en pratiquant la Justice et la Charité envers le prochain ». Et ces dispositions pour ces vertus n'ont pas à être acquises. Elles sont gravées dans le cœur de l'homme — même occultées par l'ignorance, les passions, l'intérêt. Elles sont, en fait, la marque de la parole de Dieu que chacun peut entendre en lui-même, sans recours à d'autre message que celui de l'Ecriture. Car la doctrine de l'Ecriture, par sa simplicité, et la religion telle qu'elle est prêchée par les Apôtres, « c'est-à-dire en racontant tout simplement l'histoire du Christ », suffisent par la lumière de leur enseignement moral à l'édification de chacun. L'Ecriture n'exige des hommes rien d'autre que l'obéissance envers Dieu, laquelle doit être entendue, en vérité, comme l'amour du prochain. Le croyant qui lit l'Ecriture d'un cœur simple n'a pas à encombrer son esprit de spéculations confuses, de références douteuses aux prophéties, de prétendues démonstrations par les miracles et, encore moins, d'affrontements théologiques obscurs qui transforment les érudits en quérulants et les Eglises en groupes de pression à visée hégémoniques.

Tel est le message de Spinoza. Message évangélique à l'évidence, profession de foi plus morale sans doute que révérencieuse à l'égard de toute autorité religieuse temporelle, et nullement portée à s'incliner devant aucun commandement, mis à part la parole du Christ.

B. LA CROYANCE

Dans le *Traité Théologico-Politique*, Spinoza, presque seul contre tous, prend le risque d'une critique totale de «l'esprit» de son époque. D'un même mouvement, il récuse les conceptions traditionnelles du miracle et de la prophétie et, de plus, il rejette les ambitions temporelles — c'est-à-dire politiques — des Eglises. Cette critique n'est nullement faite, comme l'en ont accusé ses nombreux ennemis, par un «athée de système», mais par un homme libre au nom d'une religion authentique où «le culte de Dieu et l'obéissance à Dieu consistent dans la seule justice et dans la charité, c'est-à-dire dans l'amour du prochain» (*T.T.P.*, chap. XIV).

1. Critique de la prophétie et du miracle

La prophétie, dit Saint Thomas, est «la prédiction infaillible d'évènements futurs naturellement imprévisibles». Ce message certain, cette révélation, Dieu les adresse aux hommes par l'intermédiaire d'individualités exceptionnelles, les prophètes, c'est-à-dire «les interprètes de Dieu», écrit Spinoza (*T.T.P.*, chap. I), précisant que prophète — *nabi* chez les Hébreux — signifie également orateur. Ce sens n'est pas retenu par l'Ecriture. Néanmoins, le prophète est bien, par définition, celui qui parle et qui proclame la parole de Dieu. Et, comme il le fait, justement, à l'instigation de Dieu, il faut voir, en interrogeant l'Ecriture, comment s'établit cette relation. Car ceux qui ont le privilège d'un tel don, de cette grâce, restent des hommes et utilisent des moyens humains. Dieu parle, Dieu apparaît, ou l'un et l'autre. Entendu ou vu, il l'est, par certains, dans l'état de veille, et par d'autres, durant leur sommeil, «c'est-à-dire dans un état où l'imagination a le plus naturellement tendance à forger des fictions» (*ibid.*). Il est, cependant, une unique exception, celle du Christ qui aurait reçu la révélation de desseins divins «non par l'intermédiaire de paroles ou de visions, mais immédiatement». En effet, selon l'Ecriture, Dieu n'apparaît pas au Christ, ni ne lui parle. Il communique avec lui «d'esprit à esprit».

Ainsi, à la seule exception du Christ, le don de prophétie n'exige pas de qualités supérieures d'esprit, mais seulement une vive imagination s'inspirant d'images «tantôt réelles, tantôt illusoires» et variant grandement pour la représentation de Dieu même d'un prophète à un autre car «l'aptitude à imaginer est vague et capricieuse» (chap. II). Daniel a vu Dieu sous la forme d'un vieillard vêtu de blanc, Michée l'a vu sur son trône. Pour Ezechiel, c'est un feu, etc. Il est donc légitime de se demander sur quoi les prophètes fondent leur certitude quant à des objets perçus par imagination sans avoir la garantie des principes de la pensée. Même dotés de personnalités hors de l'ordinaire, les prophètes n'en sont pas moins, comme tous les êtres humains, des individus différant les uns des autres, «non seulement par l'imagination et le tempérament corporel propre à chacun, mais aussi par les opinions dont ils étaient imbus» (chap. II). Et comme la prophétie ne peut se fonder sur une certitude objective — du même genre, par exemple, que la certitude mathématique —, il s'ensuit que les prophètes, eux-mêmes, attendent toujours quelque signe qui viendra confirmer ce que leur don prophétique leur a laissé entrevoir ou présumer. Encore faut-il que ce signe puisse être aperçu et compris de celui à qui il est destiné. Cependant, il serait contradictoire que Dieu veuille jamais décevoir les pieux et les élus, ou tromper les prophètes authentiques qu'il a lui-même choisis. Il lui appartient donc d'approprier les signes qu'il donne aux capacités de compréhension de chacun. Parmi ces signes, le plus manifeste, le plus convaincant est le miracle dont il use à son gré ou pour la persuasion d'un seul ou pour l'édification de la multitude.

Le contenu même d'une révélation est variable selon l'humeur et le tempérament de chacun, selon le style rude ou raffiné de son imagination, selon ses mœurs ou son mode de vie, ses opinions ou ses convictions. «Un examen attentif montrera aisément que Dieu n'a dans ses discours (rapportés par les prophètes) aucun style qui lui appartienne en propre, mais que, de la seule culture et des aptitudes des prophètes dépendent son élégance, sa brièveté, sa sévérité, sa rudesse, sa prolixité et son obscurité» (chap. II). Il n'est donc pas douteux que les prophéties diffèrent selon la personnalité des messagers de Dieu et du fait qu'ils eurent des opinions différentes, voire opposées, et des préjugés différents. Observation faite, toutefois — Spinoza y insiste —, qu'il s'agit ici des opinions relatives aux choses spéculatives, mais que les bonnes mœurs et la probité des intéressés ne sont pas en cause. Néanmoins, s'il en est ainsi, on ne saurait dire que la prophétie comporte en elle-même un supplément de science ou de connaissance objective. Au contraire, si elle a besoin de signes pour être renforcée dans sa propre certitude et dans sa crédibilité pour les témoins, c'est donc qu'elle est inférieure à cet égard à la connaissance naturelle qui de sa nature propre enveloppe la certitude. Mais, dans ces conditions, ces signes espérés, les miracles notamment, quelle est leur valeur de preuve ? Moïse, comme Ezéchiel, et plus tard, le Christ, n'ont-ils pas enseigné que des prodiges peuvent être invoqués aussi par de faux prophètes, et que Dieu lui-même pourrait y recourir pour tenter un peuple idolâtre, et non pour l'édifier.

La critique ainsi commencée se poursuit par la considération que les messages prophétiques n'ont jamais appartenu en propre aux seuls Hébreux. D'autres peuples en ont usé, et ceci est attesté par l'Ecriture. Et ceux qui prophétisaient pour d'autres nations s'adressaient également aux Hébreux tout comme les prophètes juifs ont parlé aussi pour ces autres nations : Jérémie, par exemple, non pas « prophète de la nation hébraïque seule mais prophète de toutes les nations sans distinction ». Si le don prophétique n'est pas particulier aux seuls Juifs, si l'alliance de connaissance et d'amour de Dieu a un caractère universel, il faut en tirer l'idée que toute manifestation de Dieu s'adresse aux hommes vertueux, aux justes et aux pieux, qu'ils soient Juifs ou Gentils. « Les Juifs n'ont donc absolument rien à s'attribuer qui doive les mettre au-dessus de toutes les nations » (chap. III). Même s'ils ont bénéficié de la part de Dieu d'une élection temporaire ou éternelle en tant qu'elle leur serait particulière, celle-ci se rapporte uniquement à l'Etat et à des avantages matériels, « mais, à l'égard de l'entendement et de la vraie vertu, aucune nation n'a été distinguée d'aucune autre, et il n'en est pas une, de ce point de vue, que Dieu ait élue de préférence à d'autres » (chap. IV). Cette partie du texte est, évidemment, polémique. Spinoza ne se cache pas d'être ironique et dépréciatif, par exemple, lorsque, évoquant le rite de la circoncision, il estime que ce rite attestant chez les Juifs la volonté de se particulariser, a plus fait pour les maintenir à l'écart des autres nations que n'importe quelle autre pratique. De même que les chinois, ajoute-t-il, « qui, eux aussi, conservent très religieusement cette mèche en forme de queue qu'ils ont sur la tête comme pour se distinguer des autres hommes ». Au-delà de cette raillerie peut-être amère, la critique de Spinoza vise certainement d'autres objectifs : personne ne peut prétendre, en prophétisant ou en vaticinant, détenir les vérités de la Foi et les imposer à d'autres, par exemple, les prédikants calvinistes lorsqu'ils s'en prennent aux libéraux.

Mais enfin, quoi que l'on pense de la valeur des prophéties et des capacités des prophètes en leur qualité de voyants et de messagers de Dieu, on ne saurait leur contester « leur disposition naturelle à la justice et à la bonté » (chap. XV). Ce n'est pas une coïncidence insignifiante que la Parole communiquée par les prophètes soit en parfaite harmonie avec la Parole de Dieu dont nous entendons les accents en nous. « Ne voyons-nous pas que les Prophètes ont toujours recommandé avant tout la Charité et la Justice, qu'ils n'ont jamais visé, en somme d'autre but » (chap. XV). Il n'est donc pas question de minimiser l'utilité ni le rôle indispensable de la Révélation, car « la lumière naturelle ne suffirait pas à nous faire voir que la soumission à elle seule est voie de salut » (chap. XV). Spinoza ajoute, en note, que « Seule la révélation, non la raison est en mesure d'enseigner qu'on peut parfaitement être sauvé, c'est-à-dire parvenir à la béatitude en prenant les vouloirs divins pour des lois ou des commandements et qu'il n'est pas indispensable de les concevoir comme vérités éternelles ». Il est vrai qu'une fraction — assez faible — du genre humain peut s'élever à la valeur spirituelle par ses propres moyens, c'est-à-dire en prenant pour guide la seule raison. Mais la plupart ont besoin du secours de l'Ecriture et de la révélation qui, à tous, apportent l'espérance et une immense consolation et les aident tous, ainsi, à se soumettre et à obéir.

Telle est la Religion de Spinoza : une religion simple, en vérité, ou plutôt, une morale fondée sur la Parole de Dieu qui, même « faussée, mutilée, déformée », reste divinement inscrite dans le cœur de l'homme, c'est-à-dire dans la pensée humaine ; « c'est cette véritable charité que Dieu a scellée de son sceau, c'est-à-dire de son idée, comme d'une image de sa divinité » (chap. XII). Dès lors, si la Parole de Dieu est inscrite en chaque être humain et si le message des prophètes est seulement authentique lorsqu'il rappelle cette Parole en recommandant la Charité et l'Amour du prochain, pourquoi vouloir invoquer les métamorphoses incompréhensibles, les prodiges, les évènements prétendûment surnaturels, bref, les miracles comme preuves. N'est-ce pas vouloir démontrer « une chose obscure (c'est-à-dire la prophétie en général, au jugement des incroyants) par une chose plus obscure encore ? » (Lettre à Oldenburg, LXXV). Spinoza parle au nom de la Raison critique. D'autres, forts d'une foi sincère, invoquent l'évidence sensible qui, par son contenu exceptionnel même, illumine leur ferveur et nourrit leur conviction.

La réponse la plus simple est, en effet, que la véracité des prophéties comme celle de l'existence de Dieu se trouvent renforcées lorsqu'elles peuvent prendre appui sur des signes visibles qui touchent à la fois la sensibilité et l'imagination par leur caractère exceptionnel. Ces signes n'ont pas à être déchiffrés ni interprétés. Ils parlent d'eux-mêmes. Il sont évidents par leur singularité même. Et comme la plupart sont aperçus, non pas d'un seul, mais de tous, ils suscitent de multiples témoignages que leur nombre même et la certitude enthousiaste des témoins rend irrécusables. La caractéristique commune à tous ces signes est qu'ils n'appartiennent point à l'ordre habituel de la nature. Au contraire, ils dérogent à cet ordre supposé immuable : Josué arrête le soleil, l'ombre recule sous les pieds d'Isaïe, Moïse écarte les flots de la Mer Rouge, Elisée ressuscite un enfant, etc. Ces dérogations sont autant de preuves extraordinaires d'un autre ordre supérieur, celui d'une Volonté suprême qui, par décret, transcende les lois de la nature. Il ne s'agit donc point de phénomènes qui, même exceptionnels, auraient des causes naturelles actuellement ignorées ou incomprises de ceux qui en sont les témoins. Il s'agit de prodiges provoqués intentionnellement par lesquels Dieu met son signe sur l'univers (dans les textes évangéliques, c'est bien le terme *signum* (signe, marque, preuve) qui est employé, et non pas le terme *miraculum* (prodige, merveille; de *mirari*, s'étonner); mais, psychologiquement, le va-et-vient d'un sens à l'autre est aisément compréhensible). Tels sont ces «ouvrages insolites de la nature» que le vulgaire nomme miracles et dont, par dévotion et besoin d'adoration, il ne se soucie point de rechercher les causes naturelles, préférant en attribuer la création à la divinité. D'autant que «la puissance de Dieu ne lui paraît jamais plus admirable que lorsqu'il se représente la puissance de la Nature comme vaincue par Dieu» (*T.T.P.*, chap. VI). Cette représentation repose sur la certitude communément répandue que Dieu est une puissance autre que la nature, et supérieure, de sorte que, transcendant toute détermination, il peut la modifier à son gré.

A la notion de miracle ainsi conçue, Spinoza oppose une argumentation qui aboutit à en nier non seulement la réalité, mais la possibilité dans son principe même. Si l'ordre de la nature est immuable par la volonté même de Dieu — on remarquera que l'Ecriture ne fait pas de distinction entre décret de Dieu et ordre naturel —, tout événement appelé miracle comporte, plus qu'ambiguïté, contradiction. Il doit donc être soumis à critique. Non pas dans une intention pernicieuse, mais dans un but de véracité et de connaissance authentique. En effet, lorsqu'un événement dépasse la compréhension commune, il n'est pas rare que certains le nomment miracle bien qu'il ait une cause naturelle actuellement ignorée. Il y a donc dans cette réaction à la fois passivité de l'entendement et illusion de l'imagination, tendance à user de tournures lyriques et poétiques plutôt que d'expressions objectives. Comment faut-il entendre des expressions telles que : Violence de Dieu (l'orage), Flèches de Dieu (la foudre), Fils de Dieu (un homme puissant, de haute stature), sinon comme des attributions strictement métaphoriques de phénomènes impressionnants que l'on rapporte à Dieu. L'expression Puissances de Dieu — utilisée par le Psalmiste — pour désigner les miracles d'Egypte est significative à cet égard. Comme de tels évènements «ouvraient aux

Hébreux, dans un péril extrême, une voie de salut tout à fait inespérée » (chap. I), ils ne pouvaient passer que pour admirables et prodigieux résultant d'un décret divin. Mais pourquoi ceux-là en particulier ? « En vérité, tous les effets naturels sont les œuvres de Dieu, ils sont provoqués et mis en action par la seule puissance divine » (*ibid.*). Les nombreux passages de l'Ecriture où il est question de l'Esprit de Dieu expriment cette idée, même si l'accent est porté davantage sur les évènements insolites.

Ici se retrouvent les références fondamentales de l'*Ethique*, par exemple la Proposition XV (Première Partie) selon laquelle « Tout ce qui est, est en Dieu, et rien, sans Dieu, ne peut être ni être conçu », ainsi la Nature et l'ordre immuable qui la régit. En effet, si « tout ce qui existe est en Dieu » (*Ethique*, Th. 15, I) et si « cet être infini et éternel que nous appelons Dieu, autrement dit la Nature, agit en vertu de la même nécessité qui fait qu'il existe » (*Eth.*, IV, Préface), alors il est évident que tout enchaînement de causes dans la nature, découlant de la nécessité absolue de la puissance divine, ne saurait en aucun cas être modifié. Entendement et volonté étant une même chose en Dieu, « la même nécessité qui fait que Dieu, par sa nature et sa Perfection, conçoit une chose telle qu'elle est, fait aussi qu'il la veut telle qu'elle est... Si donc quelque chose arrivait dans la nature qui contredît à ses lois universelles, cela contredirait aussi au décret, à l'entendement et à la nature de Dieu ; ou, si l'on admettait que Dieu agit contrairement aux lois de la Nature, on serait aussi obligé d'admettre qu'il agit, aussi, contrairement à sa propre nature, et rien ne peut être plus absurde » (*T.T.P.*, chap. V). Ou alors faudrait-il supposer que Dieu a créé une nature si instable et des lois si inconstantes qu'il lui faut intervenir souvent, soit pour réduire les désordres, soit pour accomplir ses propres vœux. « J'estime, écrit Spinoza, qu'une telle croyance est aussi contraire que possible à la Raison » (chap. V). Elle conduit, pourrait-on ajouter, à l'idée d'un démiurge insuffisant et capricieux et non à celle d'un Dieu souverain. Celui qui proclame le miracle, croyant donner ainsi une preuve certaine de la puissance de Dieu, nie, au contraire, son infinité et sa perfection. D'une chose obscure et incompréhensible, nous ne pouvons inférer aucune conclusion sinon l'aveu de notre ignorance. En revanche, « les ouvrages de la nature que nous connaissons clairement et distinctement nous donnent de Dieu une connaissance plus haute et nous manifestent avec une entière clarté sa volonté et ses décrets » (chap. VI). Tandis que « la foi aux miracles nous ferait douter de tout et nous conduirait à l'athéisme » (*ibid.*). Ainsi, que l'on regarde du côté de la nature dont l'ordre est invariable ou du côté de Dieu qui a voulu cet ordre et le maintient par sa toute puissance, la notion de miracle est « une pure absurdité ». Elle ne se comprend que psychologiquement, c'est-à-dire lorsque des croyants ignorants et naïfs, ne sachant expliquer un supposé prodige dont ils furent témoins, l'attribuent superstitieusement à Dieu.

Selon Spinoza, si l'on suit de près le texte de l'Ecriture, on trouve sans peine que la notion de miracle y est considérée, ou bien comme dangereuse ou ambiguë, ou bien sans fondement. Dangereuse parce que le miracle peut n'être invoqué que pour induire les hommes en tentation, ambiguë parce qu'elle peut servir autant à l'affirmation des pouvoirs de faux dieux que de Dieu lui-même. Il n'y a pas lieu de se féliciter de la pertinence des hommes lorsque l'on voit que leur propension à imaginer des miracles les conduit, non pas à la connaissance de Dieu, non pas à une représentation saine de la divinité, mais à l'idolâtrie : comment un veau («quelle honte!», s'indigne Spinoza) a-t-il pu figurer pour les Juifs, à l'époque d'Aron, l'idée de Dieu? Cependant, écrire que la notion de miracle est sans fondement dans l'Ecriture semble bien paradoxal puisque l'Ecriture fourmille de récits d'évènements prodigieux. Spinoza répond qu'un évènement — tout exceptionnel qu'il soit — n'est miracle que pour celui qui est prêt à le désigner comme tel selon la pente de ses croyances et en raison de son ignorance des causes naturelles. Autrement dit, on ne peut trouver en matière de miracles des critères rationnels pouvant faire l'accord de tous. En outre, le texte de l'Ecriture n'est pas écrit sur le ton de la démonstration ou même d'une exposition objective. Il l'est dans un style lyrique, souvent métaphorique, s'adressant non pas à la Raison pour la convaincre par des preuves, mais à l'imagination pour l'émouvoir et la séduire, et à la foule instable pour l'inciter à la dévotion.

Dans le récit d'un miracle, comme dans tout témoignage, il doit être tenu compte du degré d'ignorance de l'auteur du récit et de sa propre psychologie en tant que témoin. Aucun récit n'est entièrement objectif. Chacun y mêle sa propre façon de juger, ses convictions, ses intérêts : «Les hommes racontent leurs propres opinions plus que les faits réellement arrivés» (chap. VI). Spinoza prend pour exemple le fait miraculeux survenu lors de la bataille de Josué et des Hébreux contre les Cinq Rois : à savoir que les Hébreux ne se contentèrent pas de dire que le jour avait duré plus que de coutume, «mais que le soleil et la lune s'étaient arrêtés, c'est-à-dire que leur mouvement s'était interrompu» (*ibid.*). En quoi cette déclaration peut-elle être prise comme argument d'un évènement miraculeux? A une époque où les Hébreux croyaient que le soleil se meut d'un mouvement appelé diurne tandis que la terre reste immobile, il n'y avait rien de plus évident en apparence que de croire que le soleil s'était arrêté par la volonté de Dieu permettant aux vainqueurs de parachever leur victoire. De plus, quel excellent moyen, pour persuader les adversaires, adorateurs du soleil, que celui-ci est sous le pouvoir d'une autre divinité qui, à son gré, peut en changer le cours naturel. Que d'affabulations pour un phénomène naturel que l'on pourrait expliquer très suffisamment par des raisons atmosphériques ! Et pourquoi faudrait-il prendre à la lettre ce que dit Josué ? « Sommes-nous tenus de croire que le soldat Josué était versé dans l'astronomie ? » En vérité, la croyance aux miracles repose sur la représentation anthropomorphique d'un Dieu dont la puissance serait « semblable au pouvoir d'une majesté royale » et celle de la nature « semblable à celle d'une force déchaînée ». Le vulgaire imagine Dieu « comme un être corporel investi d'un pouvoir royal et dont le trône s'appuie à la voûte du ciel au-dessus des étoiles que l'ignorant ne croit pas à une distance extrêmement grande de la terre ».

A la même époque, un autre philosophe non suspect d'hérésie, l'Oratorien Malebranche, dans son *Traité de la Nature et de la Grâce*, relève certaines erreurs anthropomorphiques de l'Ecriture : « non seulement Elle donne un corps à Dieu, un trône, un chariot, un équipage, les passions de joie et de tristesse, de colère, de repentir et autres mouvements de l'âme, elle lui attribue encore les manières d'agir ordonnées aux hommes afin de parler aux simples d'une manière plus sensible ». Faut-il conclure que le miracle n'est rien d'autre qu'un fait naturel comme un autre, bien qu'insolite, et comme tel, mal compris par l'ignorance ou exploité par l'imposture ? De sorte que la croyance au miracle ne peut nous donner une connaissance authentique de Dieu. Au contraire, elle nous ferait douter de Dieu et de tout. Tel est, en tout cas, le jugement de Spinoza qui ne peut accepter l'idée d'un univers que Dieu, irrité, perturbe par sa colère et rééquilibre ensuite lorsque Lui-même a retrouvé son calme. Cet anthropomorphisme physicaliste est inadmissible. Il faut remarquer à ce sujet que les Eglises, notamment l'Eglise catholique, ont progressivement révisé leur doctrine, sinon à l'égard de la notion même de miracle, du moins à l'égard des phénomènes astronomiques appelés trop souvent miracles. Ces phénomènes (comètes, explosions solaires, « pluies d'étoiles », etc.) peuvent être dits prodiges. Le vrai miracle est autre. Il reflète la gloire de Dieu. Il n'a pas pour but de surprendre les âmes mais de les édifier. Il exprime la bonté divine. Il légitime Dieu (jugement exprimé par l'Eglise catholique en 1919). En vérité, la fonction primordiale du miracle est une fonction morale. Tout autre phénomène exceptionnel doit avoir une explication objective, même si celle-ci est provisoirement ignorée. Interprété avec précipitation et naïveté, l'évènement surprenant conduit non pas à la foi, mais à la superstition.

Si l'on suit Spinoza dans sa propre démonstration, on se trouve certes dans une position bien plus intransigeante. Aucune place n'y est réservée à des interventions opérées par une Puissance transcendante au monde, fût-ce pour sa propre glorification ou pour sa légitimation aux yeux des indécis. « Les lois universelles de la Nature suivant lesquelles tout se produit et tout est déterminée ne sont pas autre chose que les décrets éternels de Dieu qui enveloppent toujours une vérité et une nécessité éternelles (chap. III). L'Ecriture, elle-même, en quelques passages, exprime le même point de vue, à savoir que « la Nature, en général, observe un ordre fixe et immuable » (chap. VI). De même, l'Ecclésiaste dit que « tout ce que fait Dieu demeure dans l'Eternité, que rien n'y ajoutera et rien n'en sera retranché » (*ibid.*). « Les lois de la nature sont parfaites et fertiles, à ce point que rien n'y peut être ajouté ni en être retranché... les miracles ne semblent quelque chose de nouveau que par l'ignorance des hommes » (*ibid.*). Cette critique est donc sans concession, encore que Spinoza termine son chapitre VI « Des Miracles » par une citation de Josèphe, laquelle, s'il la reprend à son compte, peut être comprise ou comme indulgente envers les âmes simples, ou ironique envers les esprits butés : « Aussi bien, chacun peut en penser ce qu'il lui plaira » (*ibid.*).

Si la prophétie et le miracle sont des signes sans valeur probante en est-il d'autres que l'on puisse invoquer pour légitimer la Révélation dans ses valeurs essentielles. Selon Spinoza, ces signes, nullement surnaturels au sens physique, sont l'ensemble des préceptes moraux susceptibles de guider l'action des hommes : une règle de vie définie par les textes bibliques et suffisamment claire et consistante pour déterminer les rapports des croyants aux Eglises et à la Cité, ainsi que la relation de la Religion à l'Etat. Se conformer à la loi divine, c'est aimer Dieu comme étant le Souverain Bien, et tout autre homme comme un autre soi-même. Cet amour envers Dieu peut consister en une croyance où le sentiment domine — sans qu'il soit nécessaire d'exalter ce sentiment et d'enchanter l'imagination par des récits illusoires, non plus que de contraindre l'esprit et le corps par les dogmes et les rites, alors qu'il suffit que l'âme se dispose d'elle-même à l'adoration et à l'obéissance. Il peut consister aussi comme Amour rationnel, comme Sagesse intellectuelle dans ce moment suprême où le Sage, accédant à la découverte de la Vérité éternelle en Dieu, rencontre la béatitude. Ce Dieu, saisi dans son essence éternelle et infinie, ce Dieu du sage, ce n'est point le Dieu d'Abraham, d'Isaac, de Jacob, le Dieu sensible au cœur, c'est le Dieu des philosophes : *amor Dei intellectualis*.

Par son rationalisme critique, Spinoza se place aux antipodes du mysticisme de Pascal, bien que, peut-être, il ne soit pas moins proche de Dieu que celui-ci. C'est, écrit Bunschwicg, « la description la plus parfaite des deux état limites vers lesquels tendent, d'une part, l'idéal de la conscience religieuse, d'autre part, l'idéal de la vérité philosophique » (*Spinoza et ses contemporains*). L'orthodoxie dogmatique de Pascal ne regarde nullement de la même manière que le rationalisme de Spinoza l'objet de la connaissance. Selon Pascal, on ne saurait soutenir que toute démonstration atteint une même certitude pourvu qu'elle soit adéquate car la certitude ne s'élève pas au même degré de dignité selon les objets auxquels elle s'applique. La Bible, chargée d'un message divin, ne peut être approchée du même point de vue historiciste que les ouvrages des hommes. A moins d'hérésie, on ne saurait soumettre la Révélation à une analyse critique suivie d'interprétations. Alors que, pour Spinoza, toute idée adéquate enveloppe et exprime par elle-même l'infinité de la Nature et que l'homme, en se découvrant comme un mode nécessaire de la substance divine, accède à la Béatitude, Pascal soutient qu'il y a deux ordres non comparables dans l'univers — fini et infini — et que ces deux ordres extrinsèques font comprendre la condition précaire de l'homme vis-à-vis d'un Dieu à tous égards transcendant. Le plan de la finalité divine est d'un autre ordre que celui de la finalité naturelle. Dieu ne se manifeste jamais davantage dans la plénitude de sa souveraineté que lorsqu'il rompt les chaînes de l'efficience physique. Le miracle n'est pas un démenti que le Tout-Puissant infligerait à sa propre Perfection, c'est, au contraire, le signe éclatant de sa Présence. Aucune discontinuité non plus entre l'Ancien et le Nouveau Testament. Dieu parle également dans l'Un et dans l'Autre par la voix des prophètes et par la voix du Christ. Et Il montre sa gloire et sa puissance par ses miracles.

Spinoza et Pascal sont incompatibles. L'un parle au nom de la Raison, l'autre au nom du « Cœur », c'est-à-dire de l'intuition et de la grâce. Mais si Spinoza veut démontrer par une froide illumination de l'esprit, « de même que s'il était question de lignes, de plans ou de corps », sans recours à l'intime de la conscience, Pascal, dans son élan mystique, est obscur, ambigu. La prophétie est toujours équivoque. Elle ne peut convaincre que l'esprit déjà convaincu. Son symbolisme n'est sensible que pour un cœur déjà sensible à Dieu et qui perçoit, en lui, autour de lui, cette présence réelle de Dieu. Ce ne sont pas les prophètes qui feront adorer la Croix. C'est l'adoration de la Croix qui rend attentif à la voix des prophètes. On peut remarquer à ce sujet que la position d'un Bossuet est beaucoup plus ferme que celle de Pascal. Bossuet croit, sans épanchement, avec clarté, avec une solidité toute terrienne. Jésus-Christ, par son exemple, par sa parole et par son sacrifice, donne tout son sens au monde et à l'existence humaine. Tous ceux qui l'ont précédé et annoncé, tous les prophètes n'ont fait que converger vers une figure éminente. Tous furent les annonciateurs de la Rédemption. La Raison adhère à l'ordre du monde. En écoutant l'enseignement de Jésus, elle entend les conseils de Dieu. Elle se soumet à la Foi. Sans cette soumission volontaire, délibérée, cette Raison, si sûre d'elle-même, devient impuissante, car la source même de l'intelligibilité lui échappe. Cependant, quelle que soit la distance conceptuelle qui sépare Pascal et Bossuet, le chrétien mystique et anxieux, et le chrétien à la fois rationnel et raisonnable, ils ont en commun d'être des chrétiens, et de croire en restant dans l'orthodoxie de la Foi, sinon contre la Raison, en tous cas, au-dessus de la Raison.

Si l'on reprend les conclusions de l'exégèse biblique telle qu'elle est pratiquée par Spinoza, à savoir que l'autorité des prophètes est illusoire puisqu'elle se fonde sur l'imagination et la subjectivité, que l'élection d'un peuple particulier, les Hébreux, par choix divin est contradictoire, impossible, que la véracité historique des récits bibliques est douteuse, que la notion de miracle comme dérogation aux lois de la nature est absurde, on aboutit nécessairement à une double réfutation des fondements de la foi : celle de l'orthodoxie traditionnelle déposée dans la Bible, celle de la notion d'un Dieu transcendant au monde. En revanche, la valeur morale des préceptes est incontestable, notamment tous ceux contenus dans les Evangiles. Toute créature humaine, aussi humble et modeste soit-elle, peut être sauvée par la foi et l'obéissance, comme le Sage doit l'être par la raison qui conduit à la liberté et à la béatitude. On arrive ainsi à la conclusion que les dogmes et les rites sont de peu d'importance pour un croyant sincère. Qu'une religion authentique est indépendante des Eglises, lesquelles, fondées sur la coutume et sur les contraintes du culte, et sans cesse portées à des querelles internes et toujours rivales, ne détiennent nullement la Vérité suprême. Aucune n'est en droit de rien revendiquer contre les lois de la Cité, ni ne saurait prétendre gérer à sa guise un domaine propre. Comme institution temporelle, aucune institution religieuse ne doit bénéficier d'aucun privilège. Il lui faut obéir à la volonté de l'Etat.

2. L'Eglise et l'Etat

Toute Eglise, dans sa certitude de détenir la Vérité (Vérité essentielle, suprême, surnaturelle), est forcément hégémonique. Si la liberté lui est laissée de prendre part aux affaires de l'Etat, elle ne pourra manquer de vouloir exercer le pouvoir à elle seule ou, sinon, de vouloir empêcher la souveraine Puissance d'exercer sa juridiction dans le domaine sacré ou, encore, de vouloir porter jugement et condamnation contre le Souverain lorsqu'elle sera en désaccord avec celui-ci. Spinoza donne l'exemple de l'excommunication de l'empereur Théodose : «intolérable prétention de blâmer un souverain, de l'accuser et même de l'exclure de l'Eglise» (*T.T.P.*, chap. XIX). Intolérable prétention car l'Eglise, si elle possède des institutions et des biens dans la Cité, relève de l'ordre temporel et l'ordre temporel est nécessairement sous le décret du Souverain. Lorsqu'il s'agit de la Religion *stricto sensu*, «Tout ce que nous désirons et faisons, dont nous sommes cause en tant que nous avons l'idée de Dieu — autrement dit en tant que nous connaissons Dieu —, je le rapporte à la Religion» (*Eth.*, Prp. 37, Scolie 1), il convient de distinguer la piété intérieure qui est spirituelle et propre à chaque individu, qui a donc un caractère intime, et la piété extérieure qui s'exprime dans l'Eglise par la combinaison des dogmes, des rites, des cérémonies et dont la seule destination est de canaliser et de maintenir la croyance en pliant la machine — selon l'expression de Pascal. En outre, l'Eglise a son enracinement propre dans ses biens matériels et dans l'efficience temporelle de tous ceux qui ont la responsabilité du culte : une hiérarchie complexe qui s'étend du pasteur le plus humble au Pontife suprême.

Si la piété intérieure consiste en la simplicité et la sincérité de l'âme, une véracité toute spirituelle, elle ne peut être soumise à aucune autorité publique et, réciproquement, nul ne peut être contraint par aucune puissance à croire ou ne pas croire. Il s'agit ici du droit imprescriptible de chacun à penser librement. Réprimer ce droit est impossible, et vouloir le faire est inique. La croyance religieuse est de droit strictement privé. Du plus démuni au plus sage, «chacun est souverain en matière religieuse» (*T.T.P.*, chap. XIX), «chacun a une souveraine autorité pour en juger et, par suite, pour se l'appliquer à lui-même et l'interpréter». La ferveur croyante, le culte intérieur de Dieu «relèvent de ces prérogatives si personnelles de l'individu humain qu'elles ne sauraient jamais être transférées» (chap. XIX). Par conséquent, celui qui accomplit la loi de Dieu en pratiquant la Justice et la Charité n'est redevable de rien à aucune autorité civile, non plus qu'il n'a de compte à demander à personne sur ce point ou, en l'occurrence, à cette même autorité. Par contre, l'exercice du culte et les pratiques qui en résultent — y compris les moyens humains et matériels liés à ces pratiques — doivent s'accorder avec les exigences de la communauté ou de la société civile. «Seule, la souveraine Puissance détermine le culte et en reste de tout temps l'interprète» (*ibid.*). Il s'agit, naturellement, «des célébrations religieuses extérieures» et non «de la ferveur croyante» adressée à Dieu seul et qui veut «l'honorer intérieurement d'un élan sincère». Il ne s'agit pas ici d'une simple réglementation relative à la commodité de la Cité. Il doit être entendu que le droit de régler les choses sacrées appartient entièrement au Souverain : « Jamais la Religion ne saurait acquérir force de loi et de commandement que par le vouloir de celui-ci ; et Dieu n'exerce de règne particulier sur les hommes que par l'intermédiaire des Autorités politiques ».

Position absolument intransigeante, par conséquent, déduction directe de la conception absolutiste de la Souveraineté quelle qu'en soit la forme : monarchique, aristocratique, démocratique. D'où la violence, aussi, des réactions contre Spinoza. Quelles raisons invoquer ? Elles sont diverses. Les unes d'ordre pratique et psychologique, les autres, philosophiques ou d'inspiration politique, dérivant de la situation historique précédemment décrite. On peut les regrouper en suivant le cheminement de la pensée de Spinoza dans les deux Traités, à commencer par la Préface du *Théologico-Politique*. Dans cette Préface, en plusieurs points agressive, il est dit que certains hommes professent une foi qui se fait connaître « plus à la fureur de leur attitude qu'à leur pratique des vertus », que « des honneurs démesurés sont en même temps rendus au clergé » de sorte que « la pure ardeur à propager la religion de Dieu a été remplacée par une avidité, une ambition sordides ». Si les églises dégénèrent en théâtres, si les docteurs sacrés sont des orateurs de profession, que reste-t-il de la foi authentique et de la ferveur des croyants ? Et si la lumière naturelle est méprisée, si les controverses entre prêcheurs de diverses obédiences soulèvent des passions, il ne peut en résulter que haines, désordres, séditions. Les sectateurs, par leurs excès, présentent toujours un danger pour la paix civile.

Si même l'on considère, non pas les Eglises en tant qu'institutions servies par un clergé en fonction, mais seulement les individus comme croyants, comment ne pas voir que c'est dans le domaine religieux que « les hommes sont le plus portés à se tromper et à rivaliser de fictions » (chap. XVI). De sorte que « si les sujets, dans toutes les matières qu'il se figurent toucher à la religion, étaient dispensés d'obéir à la législation de la Souveraine Puissance, le droit naturel deviendrait le jouet de caprices individuels de jugement et de sensibilité. Nul ne serait plus obligé de respecter les lois en vigueur... chacun se servirait d'un fallacieux prétexte pour s'arroger toute licence d'action » (*ibid.*). On doit se souvenir, en effet, que tant que les hommes subsistent dans l'état de nature, leurs rapports se règlent en termes de force et non selon des règles et valeurs morales, le Juste et l'Injuste, le Bon et le Mauvais, car, dans cet état, « il n'y a rien qui soit bon ou mauvais par le consentement de tous » (*Eth.*, IV, Prp. 37, Scolie 2) et les vertus n'ont aucune chance d'être pratiquées et respectées puisqu'elles ne sont point connues, ni même concevables. Au contraire, dès qu'ils entrent dans l'état social par contrat, limitant réciproquement leur droit naturel et confiant leur sécurité à une Autorité, le juste et l'injuste, l'équité et l'iniquité prennent sens et sont socialement appréciés ou blâmés, récompensés ou punis. La Puissance civile, gardienne de la loi, est responsable de la liberté de chacun. Comme elle règle la conduite de chaque particulier, comme elle ne peut ni de doit tolérer le moindre germe d'anarchie, elle est donc aussi, au même titre, gardienne et interprète du droit sacré. De même qu'elle définit les valeurs qui seront respectées par tous en étant conformes au Bien de la Cité, de même, elle distingue les fins conformes à l'exercice de la Foi de celles qui la heurtent ou l'offensent. Chaque croyant sincère comprend que les décrets divins ne sont pas des lois juridiques. Ce sont des vérités éternelles inscrites dans le cœur de chaque être, mais que aucun n'est en mesure, ni en droit, d'imposer aux autres. Du reste, de telles vérités transcendantes ne relèvent pas d'un commandement, mais de l'amour. Si l'on veut qu'elles soient temporalisées, assumées dans la Cité et respectées, la médiation des Autorités politiques est nécessaire. L'arbitrage du magistrat doit toujours supplanter l'arbitraire de fanatismes sans cesse renaissants.

Même dans la théocratie des Hébreux, même sous le regard de Dieu, il en allait ainsi : la religion ne pouvait acquérir force de loi avant l'instauration d'une législation politique. «Le règne de Dieu n'exclut pas du tout la désignation d'une majesté humaine jouissant du droit politique souverain (*T.T.P.*, chap. XVIII). On remarquera, du reste, que quand Moïse règne, ce n'est pas comme prophète, mais «comme roi au sens le plus rigoureux» (chap. XIX). Car une autorité humaine est toujours nécessaire pour s'interposer entre factions rivales y compris religieuses, lorsque celles-ci s'affrontent avec une ardeur fanatique. «La religion, qu'elle soit révélée par la lumière naturelle ou par la lumière prophétique, n'acquiert force de commandement qu'en vertu du vouloir des personnes qui ont le droit de gouverner» (*ibid.*). Non seulement ces détenteurs du pouvoir ont la puissance nécessaire pour protéger la religion et l'exercice du culte, mais de plus, eux seuls sont en mesure de juger quel ajustement doit s'établir entre toute ferveur sincère et l'intérêt public. Nul particulier, en effet, n'a les moyens de savoir ce qui est d'utilité publique s'il ne s'en rapporte aux décrets du Souverain. Qu'adviendrait-il d'une société où l'Autorité civile laisserait au domaine sacré le droit de légiférer en son domaine? Tôt ou tard, les représentants reconnus de ce domaine réclameraient le secours ou l'appui de l'Autorité sous tel ou tel prétexte, ou même n'hésiteraient pas à lui adresser des réprimandes. Ainsi, chez les Hébreux, les prophètes jouèrent un rôle souvent néfaste par leur façon de reprendre les rois, même au sujet de leur conduite, ce qui ne pouvait qu'aboutir à un affaiblissement de la puissance de l'Etat.

La conclusion s'impose donc : il n'est pas acceptable qu'un Souverain puisse être requis de service auprès de la Religion en place sans même connaître le bien-fondé des décisions prises ou en étant lui-même, soit offensé, soit compromis par de telles décisions (telle fut, par exemple, la regrettable dépendance des monarques en Espagne vis-à-vis de l'Inquisition; le tribunal du Saint-Office enquêtait, jugeait, condamnait, le Roi brûlait; mais ce «brûlement», il ne le faisait point de son propre chef; il le faisait sur l'injonction du tribunal dont il était seulement le bras séculier). «Il est très fâcheux tant pour la religion que pour la communauté politique d'accorder aux administrateurs spécialisés du droit sacré un droit exécutif ou gouvernemental quelconque» (chap. XVIII). Bien au contraire, au nom d'une meilleure stabilité sociale, il importe qu'ils se tiennent dans les limites de leur cléricature et, de préférence, en se référant «aux doctrines traditionnelles les plus courantes». Pour cette même raison — stabilité sociale —, il serait très fâcheux d'établir des lois relatives aux opinions, particulièrement en ces matières spéculatives, «car un règne politique peut en venir aux pires violences si les opinions qui relèvent du droit individuel inaliénable peuvent être traitées à la manière de crimes» (*ibid.*). C'est le plus sûr moyen d'attiser le fanatisme des foules et de pousser aux pires abus. Ainsi, Pilate laissa crucifier le Christ par complaisance pour l'intolérance haineuse des Pharisiens, bien que le sachant innocent. Le ton de Spinoza s'élève ici jusqu'à l'indignation comme s'il avait le pressentiment de tragiques événements ultérieurs (l'été 1672). «On voit de tout temps, écrit-il, des hypocrites animés d'une rage analogue — qu'ils font passer pour un zèle voué au droit divin — poursuivre des hommes de probité remarquable, de vertu éclatante et, par là même, détestés de la foule... Celle-ci, cessant de respecter la position prise en matière religieuse par l'autorité politique s'engoue pour celle des théologiens auxquels elle est persuadée que même les rois doivent se soumettre» (*ibid.*).

Pourtant, ce serait mal comprendre Spinoza que de lui imputer une attitude négative, sinon oppressive, en matière de religion. Sa position de principe est claire encore que duelle, c'est-à-dire qu'elle évolue de la fermeté et de la gravité à une sorte d'indifférence, ou même de dédain, lorsque l'on passe d'un Traité à l'autre. Dans le *Théologico-Politique*, à la fois la tolérance et la délimitation d'un domaine réservé sont définis avec netteté : «... pour conserver avec sécurité son autorité morale, la souveraine Puissance doit laisser chacun libre de penser ce qu'il veut et d'exprimer sa pensée». Une communauté publique soucieuse d'éviter des troubles en matière religieuse «ne saurait trouver de meilleur moyen que de faire consister la ferveur religieuse et la pratique rituelle dans les seules œuvres, autrement dit dans l'exercice de la charité et de la justice» (chap. XVIII). Dans le *Traité Politique*, les formes «extérieures» de la religion sont évoquées, pour ainsi dire, négligemment : «Quant aux rites servant à honorer Dieu publiquement... on ne doit pas leur accorder une importance telle qu'elle vaille la peine de troubler pour eux la paix et la tranquillité de l'Etat» (*T.P.*, III, 10). Il faut, en dernier ressort, s'en tenir à cette idée que nul, en matière religieuse comme ailleurs, ne saurait revendiquer la capacité de dire le Droit. En revanche, libre à tous de pratiquer le culte qu'ils auront choisi et d'interpréter comme ils l'entendent la parole de Dieu, «tous ces aspects de la vie religieuse étant laissés au jugement individuel».

En application de ce principe, la position de Spinoza à l'égard des sectes n'est nullement répressive. Elle consiste, au contraire, à leur reconnaître toute liberté de s'exprimer, de prêcher, de prophétiser même. S'il y a là une ambiguïté, cette ambiguïté est certainement stratégique. Il n'échappe pas à Spinoza que les sectes, si elles se répandent en toute liberté ne peuvent que provoquer, par leurs affrontements, la désunion des croyants et, par conséquent, des troubles dans la Cité ou même la dissolution de la paix civile, un retour inattendu à l'état de nature. Mais, d'autre part, comme il n'est à la mesure d'aucune Puissance d'empêcher les pensées non plus que leur circulation privée ou secrète, la violence étatique qui prétendrait imposer de tels empêchements n'aurait d'autre effet que d'accroître le caractère destructif de groupes œuvrant dans l'obscurité. Il est préférable de tolérer ou de laisser paraître au jour ce que l'on ne peut empêcher. Et l'on peut parier aussi que cette concession aura pour effet de neutraliser ce que l'on ne peut détruire. En obtenant de l'Etat qu'il les laisse parler sans contrainte, les sectes s'obligent, paradoxalement, à respecter la liberté de penser et de croire pour tous. Il se peut que cette réciprocité des discours concurrents prépare leur propre affaiblissement. Quand tout individu est réputé libre de sa croyance et de son culte, quand chacun peut professer sa foi sans crainte de répression — à la seule réserve qu'il ne commette aucun excès ni ne s'en prenne aux lois —, aucun n'est tenu de rendre des comptes à nul autre. Si cette liberté en matière religieuse ne fait pas l'union des esprits, si même elle comporte certains risques (d'où les hésitations de Spinoza quant au meilleur ajustement possible, comme on le verra ci-dessous), elle présente néanmoins l'avantage majeur d'exclure à la fois l'intolérance des fanatiques et des intégristes et l'oppression toujours possible de l'Etat.

Néanmoins, sur le fond, il ne s'agit pas d'un compromis. Il s'agit de l'application de principes fermes régissant les rapports des Eglises et de l'Etat comme ils régissent plus généralement les rapports des citoyens, comme personnes privées, libres de leurs pensées, et de la souveraine Puissance détentrice et régulatrice de l'ordre, mais étrangère à la tyrannie. Que chaque institution, comme chaque individu, trouve sa place assignée dans la société civile, mais que jamais l'Autorité ne déroge à sa maîtrise en tous domaines, y compris le domaine religieux où elle a notamment «la tâche de la propagation de la religion» (*T.P.*, III, 10). Ce qui implique des dispositions pratiques, de gestion, d'administration, de contrôle des activités religieuses en dehors de toute confrontation ou querelle spéculative. On comprend que ces dispositions puissent varier selon la forme de gouvernement, selon le régime politique, dont la souveraine Puissance est l'expression. Sur ce point, Spinoza s'en tient à l'essentiel. «L'état de société, écrit-il, revêt trois formes : à savoir, démocratique, aristocratique, monarchique» (*T.P.*, III, § 1). Puisqu'il existe un droit souverain de la nation ou droit de la souveraine Puissance selon lequel tout citoyen doit obéissance à l'Etat et n'est nullement «autorisé à interpréter les décisions ou lois nationales», il faut voir comment, en matière religieuse, ces exigences seront modelées au mieux par chaque gouvernement compte-tenu de sa structure propre.

Ainsi, dans la forme d'état monarchique, il est naturel que le monarque dispose pour le culte particulier dont il est un adepte d'une église qui lui soit réservée à la cour. Si des fidèles pratiquent un autre culte, il n'y a aucun inconvénient à ce qu'ils puissent s'y consacrer ouvertement, sous réserve que cette pratique ne comporte rien de séditieux et que, d'autre part, elle soit entièrement à la charge des intéressés. Ainsi, en régime monarchique la religion relèverait entièrement de l'ordre privé. La raison en est, sans doute, qu'il y aurait quelque danger à ce qu'un seul, le Roi, veuille officialiser sa propre religion, exerçant ainsi au seul titre de sa personnalité privée une pression abusive sur ses sujets, et alors que aucune nécessité stratégique ne l'y oblige. Par contre, dans la forme d'état aristocratique, il est impossible de s'en tenir à la formule de la religion privée pour les responsables du pouvoir. En effet, puisque ceux-ci, par définition, sont plusieurs : les patriciens, ils ne peuvent se donner à eux-mêmes la liberté de choisir des obédiences religieuses différentes au risque de s'exposer à quelque désaccord en ce domaine et, finalement, de se contrebattre au détriment de l'intérêt général et du bien public. Il est donc nécessaire qu'ils professent activement une même religion d'inspiration universaliste. Qu'ils en soient les défenseurs et les interprètes, et même les acteurs en acceptant d'officier dans les cérémonies. Cette religion officielle doit être, en somme, une religion nationale susceptible de rallier la masse des sujets (il est curieux de constater que, environ cent vingt ans plus tard, dans un contexte historique et politique différent, la Révolution française accomplit ce souhait en confiant la célébration d'un culte religio-patriotique à des citoyens-prêtres honorant la Déesse Raison). Cependant, à moins d'abus tyrannique, les autres Eglises ne sauraient être exclues de la Cité ni interdites dans leurs pratiques. Mais il leur est fait obligation d'être strictement privées. La tolérance est donc, en principe, respectée.

Dans ces deux formes de gouvernement, Spinoza retient une même stratégie : il s'agit pour l'Autorité en place d'empêcher que l'institution religieuse supplante l'Etat. Mais la tactique est différente. Une monarchie peut et même doit s'accommoder d'une règle de privatisation pour chaque Eglise, y compris celle du Prince. A l'inverse, une aristocratie doit s'imposer un culte unitariste nécessaire à la cohésion de la classe dirigeante. Quant à tous ceux qui n'ont pas accès au pouvoir et qui ne veulent point s'intégrer au culte officiel, leur turbulence possible en matière religieuse sera contenue dans les limites du domaine réservé aux cultes privés. Enfin, sur le genre de rapport qui s'établirait entre régime démocratique et religion, on ne peut rien dire que d'hypothétique puisque Spinoza a laissé le *Traité Politique* inachevé à l'endroit où il allait s'engager dans l'analyse des attributions de l'état démocratique. Cependant, si l'on admet que le réalisme politique de Spinoza, réalisme renforcé par l'expérience des tristes événements de l'année 1672, le porte à se défier de la plèbe et des exactions dont elle est toujours capable, on peut supposer que le régime démocratique ne pourrait rejeter dans la sphère du privé tout ce qui a rapport à la religion. Une Religion civile, entendue à la fois comme Religion de la Patrie, ciment social, et comme Religion morale, point de repère pour l'union des âmes doit être maintenue au-dessus des factions religieuses et de leurs permanentes dissensions.

Quelles choses importent en dernier ressort ? Est-ce la pleine et entière Autorité de la souveraine Puissance ? Oui, sans aucun doute. Et l'on ne reviendra point là-dessus. Même en un endroit du *Traité Politique* (III, § 10), Spinoza, comme excédé par cet incessant débat, finit par écrire : «Sed ad propositionem revertor», c'est-à-dire «revenons à notre sujet», ou, plus exactement — par rapport au contexte —, «parlons d'autre chose»... Mais, surtout, pour ce qui touche la Religion en son fond, en son essence même, est-ce le rituel qui importe, ou la cérémonie, ou le dogme ? Non. Ce qui importe, c'est l'amour véritable de Dieu et c'est la charité envers le prochain. Et, d'ailleurs, «le plein exercice de cet amour charitable n'a-t-il pas pour effet de propager la paix et de maintenir la concorde ? » Plus brièvement, plus nettement encore la Religion bien comprise ne peut-elle point se ramener à un seul précepte, à l'unique commandement exprimé sans ambiguité ni compromis : « Aimer Dieu par dessus tout et son prochain comme soi-même». En raison de sa clarté, de sa simplicité, de son évidence même, ce précepte n'a jamais pu être corrompu. Ni ce qu'il implique faire l'objet d'aucune controverse : «que Dieu existe, que sa Providence est universelle, qu'il est tout puissant, que par son décret l'homme pieux est un bienheureux et le méchant un malheureux, que notre salut dépend de sa grâce seule» (*T.T.P.*, chap. XII). Ce credo est repris sous une forme plus élaborée dans les dernières pages du chapitre XV où sont exposés en sept points «les dogmes exprès de la foi universelle» : Dieu souverainement bon et miséricordieux, Dieu unique, Dieu partout présent, Dieu maître absolu de toutes choses, Dieu objet d'un culte fondé exclusivement sur la justice et la charité ou l'amour du prochain, Dieu sauveur des seuls obéissants et vertueux, Dieu pardonnant leurs fautes à ceux-là seuls qui en ont le repentir. Moyennant la conformité à ces préceptes, «chacun de nous, en quelque lieu qu'il se trouve, peut rendre à Dieu un culte véritablement religieux» (*T.P.*, III, § 12). N'est-ce pas dire que tout culte officiel, national, patriotique, répond, là où il est mis en place, à quelque nécessité politique, à la fois lien social pour les citoyens loyaux et barrière protectrice contre tous les autres, impies, fanatiques, agitateurs. Mais que la Religion seule, considérée en son essence — croire et aimer — est présente en tout lieu où un croyant sincère s'incline devant Dieu.

Chapitre 9
La protection de la Cité

1. PRINCIPES ET THÈMES RELATIFS À LA PROTECTION DE LA CITÉ

Puisqu'un Etat ne connaît d'autre valeur que sa sécurité, il lui est nécessaire d'organiser sa protection de la façon la plus rigoureuse, la plus préméditée, aussi bien à l'intérieur qu'à l'extérieur de la Cité. A l'intérieur, «la législation est l'âme de l'Etat, si elle dure, l'Etat, de son côté, est nécessairement préservé» (*T.P.*, X, § 9). Mais comment résistera-t-elle à tous les dangers puisqu'elle n'est, en elle-même, qu'un «magistrat muet» (pour reprendre la formule imagée d'autres penseurs)? La réponse de Spinoza est qu'«elle doit prendre appui à la fois sur la raison et sur la disposition passionnée propre à tous les humains». Entendons par là que les régimes doivent être agencés de telle sorte et les hommes traités de telle façon que, de l'organisation de ces régimes (cohérence, homogénéité) comme de l'éducation de ces hommes animés par leur vouloir-vivre résulte un heureux équilibre. Par exemple, ce n'est point par la peur que les hommes pourront être longtemps et légitimement tenus dans l'obéissance. Il est préférable qu'ils soient «guidés assez ingénieusement pour ne pas se sentir menés mais pour s'imaginer qu'ils vivent à leur gré et en vertu d'une libre décision» (*ibid.*, § 8). Ceci n'est pas manœuvre de duplicité — comme on pourrait l'imputer à un machiavélisme vulgaire. On doit y voir, au contraire, la marque d'une bonne pédagogie politique.

Cela dit, ce serait fort méconnaître le réalisme de Spinoza et les réalités politiques en général que de penser que les mesures d'organisation inspirées de «modèles» et les mesures d'éducation des citoyens pourraient suppléer à tout. Outre le risque constant de troubles intérieurs, aucun Etat, sauf à disparaître à brève échéance, ne peut ignorer comme autant de menaces les intérêts, les ambitions, les prétentions des autres Etats qui sont entre eux dans le même rapport de forces antagonistes que le sont les hommes à l'état de nature. Par conséquent, des dispositions pratiques, des mesures matérielles destinées à garantir l'autonomie, c'est-à-dire la Sécurité pour chaque collectivité, des provinces aux nations, des clans aux empires, ne peuvent manquer d'être prises. L'étude de ces mesures fait l'objet du présent chapitre par référence à trois thèmes principaux : le commandement militaire et ses attributions, l'organisation des forces armées, la régulation (éventuelle) des relations internationales.

La question du commandement militaire est, en tous temps et sous tous les régimes, à la couture de la politique intérieure et de la politique extérieure d'un Etat donné. En ce qui concerne la politique intérieure, elle est de plus ou moins grande urgence et importance selon la situation paisible ou agitée de la Cité et selon l'équilibre des rapports sociaux. Les conceptions de Spinoza à ce sujet sont loin d'être désengagées. Elles s'inspirent, visiblement, d'un état de fait préoccupant : l'organisation très singulière de la Souveraineté dans les Provinces-Unies telle que nous l'avons décrite précédemment. Entre les gouvernements civils, les Régents — ou «Leurs Hautes Puissances», comme ils se sont désignés eux-mêmes — et le Chef suprême des armées, la tension ne peut être que permanente. Elle ne s'apaise en fait qu'en raison de circonstances privées — la mort prématurée des Princes de la maison d'Orange — ou de dispositions législatives de peu de durée — ajournement ou suppression du stathoudérat. La propre position de Spinoza à ce sujet — le commandement militaire — est tout à fait explicite, catégorique même dans tous les cas de figure, bien qu'assez brièvement exposée en quelques endroits du *Traité Politique*. Les diverses indications d'ordre historique et institutionnel fournies en d'autres chapitres aideront sans doute à comprendre cette position.

Pour le second thème que l'on peut développer selon diverses perspectives : rôle offensif ou défensif de l'armée, mode de recrutement de la troupe et des officiers, nécessité ou non d'une solde, butin en temps de guerre, etc., on verra au contraire que le point de vue de Spinoza varie selon le régime considéré et que, même, cette variation prend, à première vue, un tour paradoxal. Il est vrai que les déductions qui se tirent de l'analyse du pouvoir selon la structure qui est propre à chaque régime permettent de comprendre qu'à des nécessités différentes répondent des options différentes. On retrouve ici le réalisme logique de Spinoza selon lequel aucune partie composante d'un modèle ne peut être conçue indépendamment des autres éléments faute de compromettre l'équilibre de l'ensemble — même s'il arrive que l'ajustement de la partie considérée entraîne de nouvelles difficultés. Enfin, le troisième thème — celui des relations extérieures — renvoie à la question essentielle : peut-on envisager la possibilité d'arbitrages supérieurs susceptibles de mettre fin à des conflits entre Etats, ou faut-il s'en tenir à l'évidence que chaque Etat, du fait même de sa souveraineté, est seul en mesure de régler ses différends avec d'autres comme il l'entend et comme il le peut — c'est-à-dire à proportion de sa puissance. S'il en est ainsi, le champ où doivent se régler les rapports internationaux n'est nullement celui d'un Droit consenti par convention réciproque (utopie des faiseurs de Paix perpétuelle), mais celui d'un Droit qui n'est autre que le Droit naturel — autre nom de la Force. Un Droit à l'exercice duquel les individus renoncent pour entrer en société, c'est-à-dire en sécurité, mais non pas les Etats qui, à tout avantage, préfèrent leur Souveraineté.

Il serait certainement arbitraire d'affirmer que les positions adoptées par Spinoza sur ces diverses questions dans le *Traité Politique*, notamment au sujet du commandement militaire, ne font que démarquer les orientations et décisions prises au cours des années par le gouvernement libéral, ainsi que les propres opinions de Jean de Witt telles qu'on les trouve clairement exprimées dans ses Mémoires posthumes. Par exemple, lorsqu'il observe qu'il n'y a pas de plus grand danger pour un gouvernement libéral que de laisser un chef militaire être maître de l'armée en même temps que des villes fortifiées, «celui qui est maître de ces deux choses est maître de tout l'Etat». Cependant, même si Spinoza n'a jamais été partie prenante dans un quelconque «clan politique actif de son temps» (remarque de Madeleine Francès), ni proche — comme on l'a prétendu parfois — des hautes sphères du pouvoir, même si sa propre démarche de penseur ne lui est dictée ni suggérée par personne, il n'en reste pas moins que cette coïncidence entre des actes de gouvernement et l'attitude critique dont il ne se départit jamais vis-à-vis des chefs militaires est fort significative d'une question brûlante à son époque, mais au sujet de laquelle la réponse est, évidemment, généralisable. Enracinée dans la réalité temporelle de son pays, la pensée politique de Spinoza se développe ensuite dans l'espace mental de sa philosophie, sous forme d'une théorie critique de la Souveraineté. Cette théorie s'applique non seulement à l'Autorité souveraine Elle-même — qu'elle soutient dans son principe mais sans jeter le voile sur les erreurs localement commises —, mais aussi à toutes les forces qui, gravitant autour du pouvoir, cherchent à le supplanter. Car c'est une thèse constante chez Spinoza que les plus grands dangers qui menacent l'Etat lui viennent de l'intérieur et non de l'extérieur. «L'Etat est bien plus menacé par les citoyens, fût-ce privés de leur droit naturel, que par les ennemis» (*T.T.P.*, XVII). Et encore, menacé, l'Etat l'est-il bien davantage par ceux de ses citoyens qui, disposant déjà de certains pouvoirs à eux confiés et, parfois, auréolés d'un prestige personnel ou familial, cherchent par tous moyens à satisfaire leurs ambitions hégémoniques. L'histoire le montre sans cesse, et quelles précautions devraient être prises pour empêcher ces subversions.

2. LE COMMANDEMENT MILITAIRE

Précisément, dans le chapitre XVII du *Traité Théologico-Politique*, Spinoza, traitant de «la République des Hébreux, depuis le règne de Moïse jusqu'à l'élection des Rois», expose en détail les conditions du commandement militaire au temps de Josué et du grand pontife Eléazar. Josué, nommé Chef suprême de l'armée, avait des prérogatives étendues : il nommait des militaires à son gré, déléguait des ambassadeurs en son nom, mettait en œuvre toutes mesures utiles d'exécution, «bref, il décidait sans appel de toutes les activités relevant de la législation guerrière». En revanche, des limitations significatives lui étaient imposées : s'il avait le droit d'interroger Dieu, il ne pouvait le faire que par l'intermédiaire du Pontife Eléazar «qui, lui, entendait Dieu». Sa position de chef suprême n'était pas transmissible — «aucun successeur légitime n'avait été prévu pour recueillir de lui ces fonctions» —, il n'y avait donc pas hérédité du pouvoir militaire. Les problèmes mineurs de la guerre et de la paix devaient être résolus non par le seul Josué, mais par les douze chefs de tribus. L'armée était formée de citoyens exclusivement et ceux-ci prêtaient serment de fidélité à la religion et à Dieu, mais non pas à un chef militaire. Spinoza résume très explicitement la situation lorsqu'il écrit : «les différentes prescriptions données par Moïse aux générations futures font comprendre qu'il avait désigné des fonctionnaires, mais non pas des maîtres de l'Etat» (*ibid.*). Des fonctionnaires : le terme n'est nullement péjoratif. Il désigne ceux qui sont au service de l'Etat mais n'ont pas mission de le diriger. Le fait est que Josué ne fut remplacé par personne à sa mort, que ce fut aux chefs de tribus qu'il appartint d'incarner le droit jadis incarné en la personne de Josué et que, par la suite, ceux-ci «n'eurent besoin d'un commandement militaire suprême que dans le cas assez rare où il leur fallait unir toutes leurs forces pour combattre un même ennemi » (*ibid.*). La défiance de Spinoza envers les chefs de guerre dotés de trop de pouvoirs s'exprime en toute clarté dans ces pages du *Traité Théologico-Politique* où il est rendu hommage à la clairvoyance et à la sagesse de Moïse. En toutes circonstances, il s'agit d'écarter le risque d'une tyrannie qui, pour s'emparer du pouvoir, a besoin de l'attribution d'un commandement durable (héréditaire, si possible), d'une armée à sa dévotion, et du soutien d'une populace fanatisée.

Le *Traité Politique* reprend ces mêmes thèmes sous une forme resserrée, par argumentation logique plutôt que par illustration historique et les applique de même manière aux deux modèles monarchique et aristocratique. En régime monarchique : «... si les lieutenants et capitaines doivent être nommés à vie, le commandant de toutes les troupes d'une unité (de groupement) ne devra être désigné qu'en temps de guerre et pour une année au plus : son commandement ne pourra lui être ni prolongé, ni renouvelé » (*T.P.*, VII, § 10). Egalement, ces commandants devront être choisis parmi les conseillers du roi. L'intention de cette disposition est claire : les dignitaires proches du pouvoir sont aussi « des hommes d'âge assez mûr pour préférer un cours d'action traditionnel et sûr à des initiatives hasardeuses » (VII, § 17). La désignation au commandement en chef est subordonnée à trois conditions restrictives, trois précautions : une durée limitée non renouvelable, une situation de guerre, une relation de proximité avec le monarque. Spinoza justifie ces précautions en observant que « c'est toute la force d'un pays que l'on confie à un seul homme ». Si celui-ci dispose d'un long mandat, s'il a déjà conquis la gloire militaire, s'il est parvenu à s'attacher les troupes, il a tout le champ libre pour s'emparer du pouvoir et, ensuite, pour imposer la servitude aux autres citoyens (VII, § 17).

Ces conditions, énoncées pratiquement dans les mêmes termes, s'appliquent aussi en régime aristocratique. « En ce qui concerne le général à la tête d'un corps d'armée ou de l'armée entière, il devra être nommé en temps de guerre seulement et il ne pourra être que d'origine patricienne. Il n'exercera son commandement qu'une année sans possibilité de prolongation ni de renouvellement » (VIII, § 9). Spinoza ajoute que cette disposition réglementaire est indispensable dans l'aristocratie plus qu'en régime monarchique, « car l'histoire nous apprend que, souvent, les patriciens ont dû se soumettre à l'oppression de leurs chefs militaires... Dans une aristocratie, l'usurpation militaire entraîne le bouleversement du régime et un désastre certain pour ses personnages les plus éminents. D'un tel cours d'évènements, Rome nous a donné de lamentables exemples » (*ibid.*). Rome, sans doute. Mais, écrivant ce qui précède, il est impossible que Spinoza ne songe point au malheureux exemple de sa propre patrie : la fin tragique des responsables libéraux, l'usurpation politique réussie par Guillaume III grâce à la popularité dont la famille d'Orange bénéficiait à proportion du panache militaire de plusieurs membres de cette famille.

Il faut croire que sa suspicion et son hostilité sont sans réserves puisqu'il n'hésite pas à écrire, au sujet des lois constitutionnelles d'un Etat, que leur remise en question doit être considérée comme un crime de lèse-majesté. Même, prenant pour exemple toute proposition qui serait faite afin de «prolonger la durée de commandement d'un chef d'armée», il précise que non seulement le coupable devrait être condamné à mort et ses biens confisqués, mais que «un monument public devrait encore être élevé rappelant son exécution, afin que, pour toujours, le souvenir s'en perpétue» (VIII, § 25). Ainsi, rien ne justifie l'abandon du pouvoir à un chef militaire si renommé soit-il, même point la terreur panique à laquelle il arrive qu'une nation cède en temps de guerre. Il n'en résulte que les plus grands dommages pour la Cité. Car l'instauration d'un régime despotique est toujours à craindre lorsque le salut de la collectivité publique est entièrement remis entre les mains d'un homme de guerre renommé. «Désastreuse décision», écrit Spinoza, mais, ajoute-t-il, «inconcevable dans une collectivité publique bien organisée» (ici, l'allusion critique est directe aux insuffisances du régime libéral en 1672, trop resserré dans le seul groupe des Régents et trop éloigné des aspirations du peuple). Encore peut-on espérer — nouvelle correction — que les «partis adverses» restent assez puissants pour se manifester et protester. S'il en était ainsi, «c'est conformément aux lois existantes que serait résolue la question de l'autorité politique». Cette présomption optimiste se confirma d'ailleurs en Hollande au cours des années suivantes puisque les Régents restèrent en place sans rien céder de leurs convictions politiques à Guillaume III qui, de fait, ne put jamais imposer un régime monarchique en Hollande. Quoi qu'il en soit, pour ce qui concerne le commandement militaire, la position de principe adoptée par Spinoza est claire et sans variation : sous aucun régime et dans n'importe quelles circonstances, aucun commandant militaire ne saurait être délié de «l'obéissance ordinaire aux lois», ni de sa subordination à l'autorité civile.

3. LES FORCES ARMÉES : CITOYENS ET MERCENAIRES

Au sujet du recrutement de forces armées, les propositions de Spinoza, différentes sinon contradictoires selon qu'il s'agit du régime monarchique ou du régime aristocratique, nous obligent à confronter deux éventualités : soit une armée nationale composée de tous les citoyens, soit une armée composée d'étrangers appointés, donc mercenaire. Viennent aussi d'autres questions subordonnées : quelle est l'utilité d'une armée de terre, quelle doit être sa fonction, défensive ou offensive, quelle stratégie d'organisation territoriale doit être adoptée pour satisfaire aux besoins de la défense, etc.? Les réponses à ces questions — notamment à la première — peuvent être données à deux niveaux, comme lorsqu'il s'agit de l'organisation des régimes politiques : à savoir le niveau logique des modèles et le niveau pragmatique en rapport avec les réalités historiques du moment qui renvoient à la fois à l'ordre intérieur de la Cité (social, économique) et à la situation internationale. Il faut donc décider en dernier ressort de ce qui convient le mieux, non seulement à l'Etat selon la politique générale qu'il est déterminé à conduire, ou conquérante et dominatrice, ou défensive et protectrice, mais aussi à chaque régime selon le rapport que la Personne souveraine — le monarque, les patriciens, l'assemblée élue — entretient avec les sujets ou avec les citoyens. Dans le premier cas, le lien avec le peuple est fort, essentiel même, puisque le monarque (dans le modèle conçu par Spinoza) est la propre émanation du peuple. Dans le second cas, ce lien est faible, inexistant même, puisque les patriciens détiennent à eux seuls tout le pouvoir. La relation ne peut être que négative, d'hostilité de la part de la plèbe, de défiance et d'anxiété de la part des patriciens. Dans le troisième cas (démocratie), les citoyens sont, ensemble, le Souverain, et il est donc aisé d'imaginer quelle serait leur force armée : vraisemblablement nationale et collective (mais, par hypothèse, puisque le *Traité Politique* inachevé ne donne aucune indication sur ce point). En revanche, pour les deux autres régimes, on peut voir dans le texte que la force armée n'y est point conçue, dans son recrutement et son utilisation de la même manière, ni pour les mêmes fins.

Toute armée est formée pour la guerre, même lorsque, défensive, elle est le bouclier de la paix et se compose alors habituellement de citoyens combattant pour la sécurité du territoire, des biens et des personnes. Une armée de mercenaires, au contraire, ne vit que de la guerre et pour la guerre. La preuve en est que, en temps de paix, cette armée continue à se comporter comme en temps de guerre, se livre à des excès de toute sorte, s'en prenant à ceux qu'elle est censée protéger, se corrompant par son oisiveté et cherchant par tous les moyens à provoquer des dissensions d'où renaîtra le seul état favorable pour elle, c'est-à-dire l'état d'hostilités. Et ceci bien que, en temps de paix, les soldats de métier continuent à percevoir leur solde. De sorte que les citoyens, outre les autres désagréments, «succombent, à peu de chose près, sous le poids des redevances nécessaires à l'entretien d'une armée oisive» (*T.P.*, VII, § 17). D'autre part, ces mercenaires appointés — qui ne se battent que pour leur gain et leur butin — n'ont aucun intérêt national ni patriotique, ni ne sont liés à l'autorité civile. Ils ne dépendent que de leurs chefs et d'autant que ceux-ci possèdent des attributions de commandement permanentes. Les intérêts et les ambitions personnelles d'un chef de guerre, ses tentatives pour une prise de pouvoir écartant les autorités civiles et les citoyens pareillement méprisés comme incapables et couards, trouvent donc un appui naturel dans la troupe. Celle-ci obéit aux ordres aveuglément, non seulement parce qu'elle y est formée avec rudesse mais aussi parce que tel est son avantage. Ainsi y a-t-il une collusion constante entre les hommes de guerre payés et ceux qui les commandent.

Spinoza en fait la remarque plus d'une fois : «les tyrans ne peuvent, pour opprimer le peuple, que compter sur une armée à leur solde» (*T.T.P.*, XVII), ou bien, dans le *Traité Politique* : «on est fondé à soutenir qu'une monarchie dans laquelle sont entretenus des soldats de métier ne connaît que l'état d'hostilités; seule l'armée y jouit de la liberté, tout le reste de la population est en esclavage» (*T.P.*, VIII, 22). Autrement dit, une armée n'est tolérable que si elle est au service de tous et si, par conséquent, elle n'est pas composée de soldats de métier, «... l'Etat monarchique tel que nous l'avons conçu, c'est-à-dire où n'est engagé aucun mercenaire, donnera sans aucun doute des garanties suffisantes de prospérité au Roi» (VII, § 23). Cependant, plus nuancé que Machiavel à cet égard, il ne dénigre pas absolument l'utilité des mercenaires dans les situations périlleuses (on en trouvera la justification véritable plus loin). Leurs défauts font aussi leurs qualités. Accoutumés à subir les rigueurs de la vie militaire, une sévère discipline, la souffrance, le froid et le chaud, la faim et la soif, ils supportent mieux que des soldats-citoyens, trop souvent recrutés à la hâte et mal formés, le choc des combats, l'usure des longues campagnes ou des sièges interminables autour de villes fortifiées (en 1650, comme en 1618, les mercenaires de Nassau l'emportèrent aisément contre les milices des Etats de Hollande commandées par de jeunes officiers non aguerris, ou contre celles, levées au dernier moment, par Barneveldt).

Pourtant, en faveur d'une armée nationale, composée uniquement de citoyens, les arguments ne manquent pas non plus : «... lorsque tous luttent afin de conserver l'état de société, c'est à leur propre intérêt qu'ils veillent, c'est pour eux-mêmes qu'ils travaillent... En temps de guerre, d'autre part, l'image de la liberté figure un encouragement si beau et si puissant à la victoire qu'aucun autre motif ne saurait être plus efficace» (*T.P.*, VII, § 22); «Qui ne voit que des hommes, luttant pour leur famille et leur foyer trouvent en eux des ressources exceptionnelles d'héroïsme » (VIII, § 9). Mais s'il est vrai que le but constant de l'Etat est d'assurer la paix et la sécurité, l'argument le plus important au regard de Spinoza est, sans doute, que « l'Etat le plus stable est celui auquel ses forces permettent de défendre les acquisitions antérieures, mais non de convoiter le bien des autres. Car un tel Etat aura recours à tous les moyens pour éviter la guerre et s'efforcera avec une ardeur extrême de protéger la paix » (VII, § 28). En cela, au contraire des mercenaires qui ne vivent que pour la guerre, il est certain que cet Etat sera soutenu par ses soldats-citoyens qui n'ont, eux-mêmes, pour but que la paix. Même argument, déjà, dans le *Traité Théologico-Politique* où Spinoza note que puisque l'armée des Hébreux se composait de citoyens, « les affaires de paix et de guerre étaient donc aux mains des mêmes hommes ». L'officier, en temps de guerre, était juge au tribunal en temps de paix, le soldat, en temps de guerre, était simple citoyen en temps de paix. Aussi, aucun n'était porté à « souhaiter la guerre pour elle-même mais seulement en vue de conclure la paix et de protéger la liberté » (*T.T.P.*, XVII).

Si la préférence que l'on peut donner à l'une ou l'autre sorte d'armée est liée à des conditions de régimes, et de structures politiques — comme on le verra ci-dessous —, elle l'est également à la conception que l'on a des buts de la guerre et à l'importance que l'on accorde au lieu où les armées s'affrontent et à la stratégie appliquée en ce lieu. Si la guerre est offensive, visant la conquête de nouveaux territoires et leur occupation, il n'est pas douteux qu'une armée de mercenaires entraînés et appointés, ayant aussi des espoirs de butin, est bien plus motivée qu'une armée de citoyens n'ayant intérêt d'aucune sorte à partir en campagnes longues et périlleuses. Ce n'est pas « leur métier ». A l'inverse, ces mêmes citoyens sont beaucoup plus aptes à la défensive car ils combattent alors pour tout ce qui leur est cher : leur territoire, leurs concitoyens, leurs proches, leur prospérité et leur liberté, la paix, enfin. Si l'invasion d'ennemis par voie de terre est à craindre, alors une armée de terre est nécessaire, et comme sa fonction est principalement défensive, elle doit prendre appui sur des ouvrages fortifiés et sur d'autres dispositifs dissuasifs — par exemple un système de voies d'eau et d'écluses permettant la submersion des parties exposées d'un territoire. Ainsi, les villes peuvent soutenir longtemps des assauts ou un état de siège. Il y a là un objectif essentiel de stratégie politique et économique pour un Etat donné. L'erreur de l'oligarchie commerçante en Hollande ne fut-elle pas d'avoir privilégié la puissance maritime et les combats sur mer au détriment de la sécurité terrestre. Les tentatives de dissolution de l'armée de terre, composée de mercenaires, étaient, sans doute, en même temps que la suppression du stathoudérat, une réponse politique aux ambitions de la maison d'Orange. Mais elles furent aussi, et peut-être surtout, une réponse économique sacrificielle à l'énorme expansion mercantile et maritime. Malheureusement, en ayant affaibli l'armée de terre mercenaire, sans avoir voulu lui substituer une armée nationale, la classe dirigeante des Provinces-Unies finit par exposer sa capacité de négoce — y compris maritime — et, par conséquent, la continuité de son enrichissement, à la convoitise et à l'irritation des puissances terrestres voisines. Tel fut le paradoxe de 1672 : un pays encore économiquement prospère sur mer, mais faible militairement et ruiné territorialement.

Les réserves exprimées par Spinoza à l'égard d'une armée de soldats appointés, les liens qu'il établit dans son modèle monarchique entre le peuple et le roi, le conduisent à conclure que l'armée, dans ce régime, doit être formée «exclusivement de citoyens, aucune dispense n'étant pour ceux-ci admise au devoir militaire; en revanche, aucun étranger ne pourra servir dans ses rangs» (VI, § 10). De plus, tous les citoyens devront posséder des armes et, même, ne seront reconnus comme citoyens que s'ils justifient d'un apprentissage militaire et s'ils s'engagent à accomplir des périodes régulières de service. Et ne pourront être nommés officiers que ceux qui auront prouvé leurs connaissances en matière de retranchements militaires» (VI, § 9). Ce qui marque l'importance que Spinoza attache aux mesures défensives de fortifications — tout comme Jean de Witt dans ses *Mémoires*. Ces diverses dispositions sont justifiées dans un autre passage : «C'est en vue de maintenir l'indépendance des citoyens et de protéger leur liberté que l'armée doit se composer de citoyens, mais de tous les citoyens sans exception», et tous armés, car un homme armé est plus indépendant qu'un homme sans armes. Machiavel écrit, de même : «Entre un homme armé et un désarmé, il n'y a aucune comparaison possible; car il n'est pas logique que le fort obéisse au faible de bon gré et que le maître désarmé vive en sécurité au milieu de serviteurs armés» (*Le Prince*, chap. XIV). Quand les citoyens arment un corps défensif et lui remettent les fortifications de leur ville, ils lui délèguent absolument leur droit. Par conséquent, à tous égards, il est préférable que ce corps défensif soit constitué par les citoyens eux-mêmes (VI, § 17). Si un monarque venait à s'appuyer sur des mercenaires et non sur des «nationaux», ses propres sujets, ceux-ci seraient absolument asservis. Tolérer un tel engagement serait introduire un état de guerre permanent puisque, comme il a déjà été dit, les soldats mercenaires n'ont d'autre vocation que de faire la guerre et «leur rôle devient décisif dès que surgissent discordes et séditions intérieures» (VII, § 12).

L'argumentation est cohérente aux deux niveaux précédemment évoqués. Si le modèle du régime monarchique est celui d'une adéquation entre le pouvoir du roi et la volonté de tous ses sujets l'armée ne peut être que nationale. A l'occasion, elle protège le roi même contre ses propres excès et surtout, en étant toujours sur la défensive, elle protège la Cité dans son ensemble, c'est-à-dire les villes fortifiées qui la composent et qui jalonnent le territoire. Cette protection est, certes, tournée vers l'extérieur, vers les agressions éventuelles d'autres Etats. Elle l'est aussi vers l'intérieur, contre les émeutes et agitations toujours possibles, puisqu'un Etat a toujours à craindre de l'instabilité des ses propres citoyens. Mais ceci mérite explication faute de paraître contradictoire. Spinoza écrit que si «les principes de l'Etat monarchique sont assez solides pour ne pouvoir être détruits sans provoquer un violent sentiment de révolte dans la plus grande partie de la masse» (VII, § 2), il s'ensuit que cette masse «qui a des armes à sa disposition» (voir ci-dessus) dispose largement des moyens nécessaires pour réprimer toute tentative séditieuse. On peut supposer que l'avertissement s'adresse aussi bien au monarque tenté par un coup de force qu'à tout autre individu ou faction hostile au régime. Appliquons donc à l'Etat monarchique la règle d'or du meilleur Etat en général. L'Etat monarchique sera conforme à son modèle, selon Spinoza, lorsqu'il «s'efforcera avec une ardeur extrême de protéger la paix». Et ceci grâce à son armée nationale, composée de tous ses citoyens formés et entraînés par discipline militaire, et, de plus, détenteurs de leurs armes.

Dès lors, grande est la surprise — au moins de prime abord — pour le lecteur qui, au chapitre suivant du *Traité Politique* (VIII), trouve une argumentation toute différente, paradoxale même, en faveur d'une armée qui ne serait plus «composée exclusivement de citoyens» (VIII, § 9). Le propos initial est quelque peu embarrassé. Spinoza paraît balancer entre deux éventualités, à moins qu'il ne les propose simultanément, établissant, sinon une mixité, au moins une coexistence entre deux sortes d'armées. Il ne manque pas de signaler en premier lieu que l'exclusion des citoyens de l'armée, ou même, simplement, le refus de leur conférer un grade (réservé aux seuls patriciens en régime aristocratique), ou bien affaiblit la force la plus active du pays ou bien amoindrit son zèle. En outre, si la solde versée à des citoyens a toutes chances d'être utilisée dans l'Etat, celle payée à des mercenaires est perdue. Mais ces concessions sont toutes relatives. Car ce qui importe, «ce qu'il faut, c'est assurer aux patriciens une puissance sans comparaison avec celle de la plèbe». Autrement dit, «ils peuvent avoir besoin soit de se défendre, et de réprimer des séditions, soit de parer à toute autre difficulté» (*ibid.*). Il ne faut donc pas «que la loi leur interdise de lever une armée étrangère» (à condition que les attributions de commandement soient très rigoureusement délimitées). Proposition plus paradoxale encore — mais combien significative : les sujets (nationaux) éventuellement recrutés devront recevoir une solde, tout comme les mercenaires. La raison invoquée est que ces sujets — le peuple, la plèbe —, n'ayant aucune part active à la vie politique, « doivent être considérés comme des étrangers » (c'est pour la même raison, du reste, qu'en régime aristocratique, il est préférable que les non-patriciens soient propriétaires de leur sol plutôt que locataires de l'Etat (comme en monarchie), car « étant selon la loi des étrangers », ils pourraient, en cas de difficultés, chercher à s'enfuir).

On ne saurait exprimer plus rudement, ou plus ironiquement, le paradoxe de l'aristocratie. La logique du modèle veut que tout ce qui est absent des assemblées, exclu du pouvoir — le peuple dans son ensemble — soit considéré comme « étranger », mais en ayant, toutefois, le statut de résident et, si possible, de possédant. Le peuple sera donc retenu de fuir par intérêt et, en même temps, il sera retenu de s'agiter par peur. Car, mesure supplémentaire, d'autres vrais étrangers, les mercenaires, seront disponibles en cas d'émeutes. En dépit de l'embarras qui transparaît dans cette partie du texte, la conclusion est suffisamment claire : dans une aristocratie, la classe dirigeante a besoin, pour sa propre protection, d'une armée étrangère — plus exactement d'une armée composée d'étrangers. Elle cherche à surmonter la peur que la masse lui inspire en la lui transférant sous forme de menace potentielle. Mais qu'adviendra-t-il si un chef militaire, à la fois ambitieux et populaire, retourne l'armée contre ceux-là mêmes qui l'ont mandatée? Les réponses réelles comme les réponses théoriques sont connues : ou limiter ou même abroger le commandement militaire, ou licencier les mercenaires et leur encadrement, ou lever des milices nationales (avec le risque de subversion, de guerre civile que cela implique, sans compter l'autre risque antécédent : la défaite militaire face à des envahisseurs). Telle est l'histoire des Provinces-Unies dans la deuxième partie du XVIIe siècle. Et telle est, quels que soient les jugements tantôt élogieux, tantôt réservés de Spinoza vis-à-vis du régime des Régents, la démonstration de la fragilité et des contradictions du système aristocratique, la seule issue acceptable étant, peut-être, celle d'une aristocratie fédérale où le pouvoir est davantage partagé et proportionné.

Toutes les décisions relatives au commandement militaire et à la force armée sont, sans nul doute, intimement liées à la structure de l'Etat. Et même, on peut dire que les décisions prises sont les plus sûrs révélateurs pour un Etat ou pour un régime donné, de sa force ou de sa faiblesse, de sa cohérence ou de ses contradictions. Lorsque Spinoza s'interroge sur le fait « que l'Etat (aristocratique) des Hollandais n'a pas su se maintenir longtemps après qu'il a cessé d'être gouverné par un comte ou un

« stathouder » (*T.P.*, IX, § 14), sa réponse est à la fois, selon son habitude, de démonstration logique et de constatation — accompagnée d'une suggestion pragmatique en faveur d'une aristocratie décentralisée. Premièrement, après mise à l'écart de ce souverain (le comte), le corps politique est resté ce qu'il était, « sans tête ». Deuxièmement, le groupe des gouvernants — les Régents — s'est trouvé en trop petit nombre pour exercer un pouvoir suffisamment fort. Troisièmement, la masse gouvernée est restée dans l'ignorance de la personne en qui s'incarnait l'autorité légitime. Quatrièmement, les adversaires de ce régime décapité ont continué à se présenter comme des prétendants légitimes au pouvoir. Enfin, contre des miliciens recrutés en hâte, ils disposaient d'une armée solide de mercenaires, indifférents aux institutions « aristocratiques », celles-ci dérivant, du reste, au profit d'une oligarchie d'argent. Et c'est bien cette armée qui finit par provoquer « la chute soudaine de la République », chute facilitée par le fonctionnement imparfait du régime aristocratique et par le nombre trop restreint des Régents. Démonstration claire de la détérioration et de l'échec d'un régime (dont on peut voir ici que Spinoza est loin d'être un adulateur inconditionnel). La démonstration est, d'ailleurs, généralisable : lorsque les gouvernements laissent le peuple dans l'ignorance, en même temps qu'ils s'en éloignent, matériellement, par leur enrichissement et, idéologiquement, par la culture à eux seuls réservée, ils n'ont pas à espérer son soutien lorsque surviennent des revers intérieurs ou extérieurs. Et d'autant que les revers extérieurs résultent d'antagonismes entre Etats qui, au nom de leur pleine souveraineté, se conduisent, le plus souvent, de façon arbitraire. Tel est le contexte « naturel » des relations entre Etats.

4. LES RELATIONS INTERNATIONALES

Sur la possibilité de relations internationales stables et pacifiques, la réponse de Spinoza est strictement négative. Un simple regroupement des énoncés formulés sur cette question dans les deux Traités (notamment à propos des pactes et alliances entre nations) suffirait à mettre cette négativité en évidence. On peut en trouver la justification dans la propre expérience de l'individu Spinoza comme témoin de son temps. Cette explication n'est certes pas à négliger. Cependant, de même que pour l'étude des régimes politiques — décrits par Spinoza comme modèles —, il nous paraît nécessaire de procéder par démonstration et déduction — plutôt que par récapitulation — à partir de propositions, axiomes, définitions, etc., contenus principalement dans l'*Ethique*. Lorsque, dans le *Traité Théologico-Politique*, Spinoza écrit : « la nature crée des individus, elle ne crée pas des nations», cela implique que, entre les uns et les autres, outre les analogies possibles (que Spinoza ne manquera pas de souligner), il existe aussi des différences remarquables. La principale n'est-elle pas que, dans les rapports entre individus, lorsqu'ils se sont affranchis de l'état de nature, une Autorité nécessaire, l'Etat, a reçu d'eux délégation de puissance suffisante pour leur imposer l'obéissance, gage de paix et de sécurité, tandis que dans les rapports entre nations, aucune entité supra-nationale (à supposer qu'elle puisse exister) ne disposera jamais d'assez de force ni d'autorité reconnue pour imposer sa loi à des Etats qui, jamais, contrairement, aux individus, ne renoncent à leur droit souverain. Il y a là un paradoxe politique de premier ordre. Des individus créés par la Nature s'efforcent de «sortir» de la Nature par un contrat qui forme l'Etat. L'Etat, né de ce contrat, se comporte, dès qu'il existe, vis-à-vis d'autres Etats, comme s'il était en situation de droit naturel, c'est-à-dire comme une puissance naturellement antagoniste. Faire la logique de ce paradoxe consiste à relier les constatations sur le terrain (celles du politique empirique) à des fondations conceptuelles éloignées, sans doute, mais incontournables (celles du philosophe métaphysicien).

«Par choses singulières, écrit Spinoza, j'entends les choses qui sont finies et ont une existence déterminée» (*Eth.*, Def. 7, II Partie) et, dans la démonstration de la Proposition XI, «... ce qui, en premier lieu, constitue l'être actuel de l'Esprit humain est l'idée d'une chose particulière existant en acte». Cette chose particulière est le Corps, ainsi défini : «la substance qui est le sujet immédiat de l'étendue et des accidents qui présupposent l'étendue, comme de la figure, de la situation, du mouvement dans l'espace, est appelée Corps» (in *Principes de la Philosophie de Descartes*, Def. VII, I). «L'homme consiste en un Esprit et en un Corps et le corps humain existe comme nous le sentons» (*Eth.*, Corollaire de la Prp. XIII, II Partie). Nous pouvons considérer les êtres vivants en général, créés par la Nature, comme des nodosités composées, ayant une certaine durée indéterminée et une structure telle que les corps divers qui entrent dans la composition de chaque être sont étroitement liés, forment une unité indissoluble aussi longtemps que cet être se conserve dans son existence. De l'être humain, nous pouvons dire, de même, qu'il est un individu composé capable de conserver sa nature et son unité pour une certaine durée, tout en étant affecté d'un très grand nombre de façons par des corps extérieurs. Et aussi comme continuellement régénéré «par un très grand nombre d'autres corps» — tous ceux, par exemple, desquels il tire sa subsistance. Comme tout être vivant, l'être humain habite la nature et entretient de multiples rapports avec celle-ci et avec tous les corps et autres vivants qui la composent.

Ces rapports ne sont pas forcément de convenance et d'utilité. Ils peuvent être d'opposition et de conflit. Non seulement avec les autres vivants en général, mais aussi, en particulier, avec les semblables, les autres êtres humains. Si chacun obéit en toute circonstance à l'impératif vital qui le porte à persévérer dans son être, cet impératif se heurte inévitablement à celui de tout autre poursuivant le même but. Mais aucune force singulière n'est constamment égale à aucune autre. Aucune, non plus, n'est jamais ni la plus faible ni la plus forte de toutes. Elle s'inscrit dans une hiérarchie qui s'étend à l'infini : « Il n'y a aucune chose dans la nature qu'il n'y en ait une autre plus puissante et plus forte, mais, étant donné une chose quelconque, il y en a une autre plus puissante qui peut détruire la première » (*Eth.*, IV, Axiome). L'état de nature est, on le sait, cet état d'hostilité permanente où chacun use de sa puissance à son gré, et a autant de droit que sa puissance le lui permet. De sorte que « chacun jouit à cette fin d'un droit souverain d'exister et d'agir selon sa détermination naturelle ». Mais, comme on le sait aussi, les hommes préfèrent renoncer à cet état, y trouvant plus de déboires que d'utilité, pour entrer dans l'état de société où ils composent des Cités et se soumettent à une Autorité d'Etat.

Dès lors, qu'en est-il de cette Autorité d'Etat comme Souveraine Puissance et par voie de conséquence de ses relations avec d'autres Autorités semblables, c'est-à-dire des relations internationales ? En premier lieu, on trouve chez Spinoza diverses formules qui tendent à représenter l'Etat ou la Nation (ces deux termes étant utilisés sans distinction nette) comme une sorte d'individu composé, comme une personnalité collective animée d'aspirations spirituelles, comme un Individu d'individus. Si le corps entier de l'Etat est appelé Nation (*T.P.*, III, § 1), l'Etat est défini, « lui aussi, Corps et Esprit » (*ibid.*, III, § 2). « Des hommes vivant sous une législation générale forment comme une seule personnalité spirituelle » (*ibid.*, II, § 16). « Le Droit de la Nation est déterminé par la puissance de la nation en tant que personnalité spirituelle » (*ibid.*, III, § 7). Une formulation plus imagée est donnée à propos de la monarchie : « le roi est l'esprit de la nation, l'assemblée des conseillers l'organe de perception externe ou le corps à travers lequel l'esprit saisit une représentation de l'état et de la nation et accomplit les actes qui lui apparaissent les plus opportuns » (*ibid.*, VII, § 19). Si l'Etat est corps et esprit, personnalité spirituelle, individu d'individus, si même, par métaphore, il est rapproché d'un être organique, il n'a point cependant le statut d'individualité biologique. Il n'est pas un existant naturel : la Nature ne crée pas des nations.

Même si, du *Traité Théologico-Politique* au *Traité Politique* il y a dépassement de la thèse contractualiste selon laquelle les individus — d'abord isolés — finissent par se rencontrer et s'associer, même si Spinoza consent à l'idée que l'homme n'a jamais été seul à l'état de nature et qu'il a toujours composé des groupes, mêmes très élémentaires — tels que familles, clans, tribus —, il n'en reste pas moins que l'état de société comporte un artifice en ce sens que les individus s'engagent réciproquement et que, de plus, ils délèguent cet engagement, de quelque façon que ce soit, à une Autorité supérieure. Il est clair que cette Autorité — le Souverain, l'Etat — est d'institution et non de fait. Mais alors que les individus sortant de l'état de nature par le contrat ou par l'union renoncent à leur force propre afin d'être à la fois protégés et plus libres si possible à l'intérieur de la Cité, l'Etat, cette instance de Droit, créée par le consentement des hommes, a besoin, au contraire, de la force pour se maintenir. A la fois dans son organisation intérieure, la Cité, où il lui appartient de régir les rapports des citoyens entre eux, et vis-à-vis de lui, et dans son organisation extérieure où il rencontre d'autres Etats poursuivant les mêmes fins d'autonomie et de sécurité et prêts à user de tous moyens nécessaires pour conserver leur unité et leur identité. Tel est le paradoxe de l'Etat. Né d'une volonté de concorde des hommes qui, en pactisant, font le vœu d'écarter leur inimitié native, l'Etat, se trouve engagé, dès qu'il existe, et bien qu'il soit à la fois produit et source du Droit, dans la catégorie du conflit, non seulement à l'encontre de ses citoyens qui, occasionnellement peuvent se rebeller contre son autorité, mais aussi, nécessairement, vis-à-vis des autres Etats qui, du fait même qu'ils existent, sont les uns pour les autres des obstacles pour l'expansion de chacun et des menaces pour sa sécurité.

Il ne s'agit pas là d'une situation qui tient à la subjectivité du Souverain, à sa bonne ou mauvaise volonté, à ses sentiments négatifs ou hostiles. «Dans le domaine de la politique, l'inimitié est créée, non par un sentiment de haine, mais par une situation de droit» (naturel, *T.T.P.*, chap. XVI), telle que tout individu ou collectivité qui n'entre pas sous l'autorité d'un Etat donné (les citoyens rebelles, les étrangers, les autres Etats et nations) est nécessairement un ennemi. «Ce nom s'applique à quiconque mène une vie distincte de la nation en question, et qui n'admet son autorité ni en qualité d'allié ni en qualité de sujet» (*ibid.*). L'état de conflit résulte de l'altérité. C'est un état naturel comme l'altérité est, évidemment, chose naturelle. Si un Etat existe et perdure dans l'existence, c'est dans la mesure où, de la même manière qu'un individu, il intègre unitairement tout ce qui le compose, dans la mesure où, incarnation d'une masse humaine, les éléments ou corps de cette masse se fondent en lui. Et c'est pourquoi, aussi, son autorité doit être sans faille et les citoyens tenus à l'obéissance et au respect des lois — sous la seule condition de rationalité. Cette condition doit être soulignée puisque «la puissance et le droit de la nation diminuent dans la mesure où celle-ci pousse par son attitude un plus grand nombre de ses ressortissants à se grouper contre elle» (c'est-à-dire dans la mesure où son attitude cesse d'être raisonnable).

Par contre, tout ce qui lui est extérieur, donc étranger ou autre, est menace d'hétérogénéité et, par conséquent, de dissolution et de dispersion. Tout empiètement, toute ingérence sont à rejeter : «la nation n'est pas obligée de recevoir des indications de qui que ce soit en dehors d'elle-même afin de rester libre» (*T.P.*, IV, § 5). Plus catégoriquement encore : «l'Autorité souveraine en exercice n'est obligée de respecter les clauses (dont dépend son pouvoir) qu'à la manière dont l'homme, dans l'état de nature, est obligé de ne point se comporter en ennemi de soi-même et de ne pas attenter à sa propre vie» (*ibid.*, § 6). Pour l'Etat comme pour tout individu, il existe une hiérarchie des comportements nécessaires : au sommet, tout ce qui contribue à souder la Cité, à la rendre homogène et stable, la Cité dont, à la fois, le Bien le plus précieux et le lien le plus fort est sa propre sécurité. Si maintenir cette sécurité est la fin nécessairement poursuivie par l'Etat, tout ce qui menace cette sécurité doit être ou détruit par la force, ou, si ce n'est possible, empêché par tout autre moyen. L'Etat, cette création de droit civil, est, en face de tout Autre, «dans la situation exacte où se trouvent deux hommes à l'état de nature» (*T.P.*, II, § 19). «Dans l'état de société, ce sont tous les citoyens pris ensemble qui doivent être considérés comme un être à l'état de nature» (*T.P.*, VII, § 22). Par le jeu des forces en présence, il est toujours ramené hors du champ du droit civil où il a été formé et auquel il donne lui-même sa garantie. Par conséquent, si, pour se maintenir, il doit maintenir la paix dans la Cité, simultanément, il doit se préparer à la guerre hors de la Cité. Et, le moment venu, il doit faire la guerre.

La situation est sans échappatoire. Machiavel ne dit pas autre chose : «Un Prince ne doit avoir d'autre objet, d'autre pensée, d'autre art que celui de la guerre et des préparatifs la concernant» (*Le Prince*, chap. XIV). S'il en a la puissance et l'opportunité, un avantage quelconque sur le terrain, une meilleure stratégie, etc., il lui est loisible de s'engager à son gré. Mais, en d'autres circonstances, il peut juger préférable de différer le conflit. Puisque l'état de nature est non seulement l'état d'altérité, mais l'état d'instabilité, puisque tout ce qui existe dans la nature est soumis à des changements, fluctuations, modifications incessants, l'intérêt du Prince lui commande de choisir la meilleure adaptation présente tout en la sachant provisoire. Par exemple, il peut chercher à se renforcer contre un ennemi en concluant des alliances avec d'autres Etats ayant actuellement le même ennemi. Mais il peut aussi détourner l'entreprise guerrière de l'ennemi par des manœuvres d'apaisement, par des diversions, au besoin par la promesse de se soumettre. En principe, l'alliance entre deux ou plusieurs Etats accroît leur puissance, comme dans le cas où des individus unissent leurs forces. Encore que, lorsqu'il s'agit des Etats, cet accroissement de puissance a pour contre-partie un amoindrissement de souveraineté — sans garantie d'une Autorité supérieure. Signer la paix ou l'alliance suppose la volonté réciproque de deux ou plusieurs, c'est-à-dire une bonne volonté, mais sans arbitre. Faire la guerre est plus aisé : la volonté d'un seul suffit (*T.P.*, IV, § 15). Si une nation veut faire la guerre, qui pourrait l'en empêcher. Aucun principe ne peut lui être opposé, aucun jugement moral, « elle en a parfaitement le Droit » (*T.T.P.*, chap. XVI). Mais si n'obéissant qu'à son intérêt, elle préfère éluder ce risque, il lui faut, négociant avec d'autres, recomposer un Droit par lequel elle s'efforce, au moins temporairement, de sortir du rapport de Droit naturel.

Dans cette situation de Droit recomposé, les Etats éludent ou suppriment les risques de conflits en signant des Traités. Ici commence une autre analyse. Il s'agit d'apprécier la valeur et la portée des Traités comme moyens de trouver une issue pacifique à l'inimitié naturelle entre Nations, un point d'équilibre entre l'impératif de Souveraineté — qui exclut toute concession — et l'exigence de rationalité — qui implique la réciprocité des concessions. Selon l'impératif de Souveraineté : « la nation jouit, vis-à-vis de toute personne n'ayant pas reconnu son autorité par une espèce quelconque d'accord du même Droit que vis-à-vis de celle qui lui aurait porté un préjudice effectif. Elle sera fondée à lui imposer par tout moyen dont elle dispose soit la soumission, soit une alliance avec elle » (*T.T.P.*, chap. XVI). Dès lors, le problème est celui de la validité, et donc de la durabilité, des alliances. Selon Spinoza, cette validité est strictement pratique ou conditionnelle. Il n'y a pas ici d'impératif catégorique sauf sur le fait que « chacun jouit d'un droit souverain d'exister et d'agir selon sa détermination naturelle » (*ibid.*). Des nations s'allient pour des raisons qui leur conviennent et le contrat reste valide aussi longtemps qu'il a sa raison d'être pour chaque partenaire. Mais comme chacun aussi a réservé son autorité souveraine, si les motifs de l'alliance disparaissent, alors l'engagement cesse de lui-même.

« Aucun pacte ne saurait être valide, sinon à cause de l'intérêt qu'il présente pour celui qui l'a conclu. L'intérêt disparaît-il ? Le pacte, frappé de nullité, disparaît du même coup » (*T.T.P.*, XVI). C'est aussi le jugement de Machiavel : « Un Prince bien avisé ne doit accomplir sa promesse si cet accomplissement lui est devenu nuisible » (*Le Prince*, chap. XVIII). Aucun partenaire n'est donc tenu de se conformer à un engagement pris s'il n'y a plus d'intérêt.

On remarquera à ce sujet qu'un pacte est d'autant mieux garanti qu'il repose non pas sur serment, promesse, déclaration de bonne foi, mais sur des clauses telles que celui qui voudrait le rompre en éprouverait plus de dommage que de profit. Tout l'art diplomatique est de faire qu'un traité soit toujours au désavantage de l'autre partenaire en cas de rupture. Au rapport de puissance se substitue ici un rapport fondé sur l'intérêt futur des participants, c'est-à-dire sur leur bénéfice après négociation. Si l'intérêt de l'un est d'obtenir la signature d'un traité, il faut que l'autre trouve également intérêt non seulement à le signer, mais à ne pas le rompre. On peut très bien concevoir une proposition de Traité comme un piège où chacun fait briller à son partenaire l'avantage qu'il aurait à signer tout en lui dissimulant les risques encourus lorsqu'il voudra se désengager. Et comme, de toute évidence, il y a réciprocité dans ce comportement stratégique, chaque allié doit constamment se défier des autres et non pas croire à leurs promesses. « L'une des nations se plaint-elle d'avoir été dupée ? Elle ne saurait s'en prendre au manque de parole de l'autre, mais à sa propre sottise » (*T.P.*, III, § 14). Dans la hiérarchie des nécessités (la sécurité de la Cité au sommet), rien ne doit être fait qui pourrait porter préjudice à l'Etat : « Sinon la Personne souveraine violerait la fidélité due à ses sujets dont pourtant l'obligation passe avant toute autre et qui a fait l'objet d'un engagement sacré » (*T.T.P.*, chap. XVI).

C'est en gardant toujours cette pensée par devers soi que tout Souverain court moins le risque d'être trompé et encore moins déçu. Car il ne s'agit point ici de la malignité des hommes, facteur aggravant sans doute, mais non pas déterminant. Il s'agit du fait que : « deux nations, même associées en vertu d'un traité, n'en demeurent pas moins hostiles l'une à l'autre » (*T.P.*, VII, § 24). Aussi, compte-tenu de cette hostilité permanente, même si elle se dissimule, il est préférable que des Etats ne s'unissent jamais très étroitement. Car, par des liens trop serrés, ils accroissent les risques de désaccord entre eux au nom d'intérêts que l'un ou l'autre revendique à la suite de cette union. Spinoza donne l'exemple de la guerre de Dévolution, conséquence directe du mariage de Louis XIV avec Marie-Thérèse d'Autriche, fille de Philippe IV, Louis XIV revendiquant des territoires qui revenaient selon lui à son épouse et non à la couronne d'Autriche (*T.P.*, VII, § 24). Dans de tels cas, dont les conséquences ne peuvent être que désastreuses, mais aussi dans tous les cas où deux nations ayant conclu un traité en reconsidèrent les clauses et ne parviennent plus à s'entendre, la seule issue est la guerre. Si l'on en croit Spinoza, ce retour à l'état de guerre n'est pas l'expression d'un choix mais d'une nécessité. Assez paradoxalement, il estime que « le devoir d'être fidèle à la parole donnée, tel qu'il est prescrit et par la saine raison et par la religion, ne perd point pour cela sa valeur de principe » (*T.P.*, III, § 17). Il est néanmoins conditionnel. Spinoza tente de le démontrer. Mais cette démonstration est peu convaincante, sinon spécieuse : « L'Ecriture prescrit seulement la règle très générale qu'il faut tenir sa promesse. Elle laisse au jugement individuel les cas particuliers où une exception s'impose » (*ibid.*).

Cette affirmation de casuistique élémentaire peut surprendre chez Spinoza. Elle est cependant conforme à sa logique réaliste. Ce qui s'exprime nettement dans l'alinéa suivant, conclusion du chapitre III : «... je fais remarquer que toute ma démonstration se base sur les manifestations nécessaires de la nature humaine à travers quelque aspect qu'on la considère — en d'autres termes, sur l'effort universel qui pousse les hommes à se conserver ». Et qui se répète encore dans un autre chapitre : « une nation agit comme elle l'entend au nom de son droit naturel et ne rend de compte à personne » (*T.P.*, V, § 5). Car sa seule règle est de « ne point se comporter en ennemi de soi-même et de ne pas attenter à sa propre vie » (*ibid.*, IV, § 6). Une nation serait suicidaire si elle fondait sa défense sur le droit positif et non sur le droit de guerre, seul droit par lequel elle peut se faire craindre et respecter. Ce n'est pas qu'elle doive se montrer belliciste et conquérante, mais il est nécessaire qu'elle se maintienne dans l'existence par ce moyen en vue de retourner à la paix qui est le vrai bien et le meilleur garant de la sécurité pour tous. L'Etat lui-même est ainsi appelé à une sorte de vie qui n'est pas uniquement corporelle, mais définie par la Raison, « vraie valeur et vraie vie de l'esprit ».

Contre les chimériques et les utopistes, Spinoza fait toujours valoir qu'il y a un prix à payer. Si la paix, la sécurité, la raison règnent dans la Cité, c'est au prix que l'Etat, à l'extérieur, soit toujours sur ses gardes, prêt au combat, prêt à prendre des engagements selon son intérêt et tout aussi prêt à les rompre selon son intérêt. C'est dire que la Raison d'Etat l'emporte sur la Raison tout court. Entre l'Ordre et la Puissance, l'Etat ne peut que choisir la Puissance. L'instauration d'un organisme supra-étatique qui aurait une mission de régulation entre Etats, qui interviendrait dans le règlement des conflits, n'est pas concevable pour Spinoza. Les Etats ne sont pas des individus déterminés par une biologie, ce sont des entités souveraines dont la seule identité est institutionnelle. En cela réside, comme indiqué plus haut, le paradoxe de l'Etat. Il est institué, il est de Droit, mais ses rapports avec d'autres Etats également institués ne relèvent d'aucune institution faute pour chacun de vouloir renoncer à sa Souveraineté. Aussi, tous se retrouvent dans la situation de nature où n'existent que des rapports de force. Dans le mouvement incessant de la vie, au milieu de tumultes et de changements permanents, tous fluctuent entre les risques de soumission et les espoirs de domination. Tous les moyens utilisés sont des moyens de guerre : si, dans les combats, la force affronte la force, dans les pactes, traités, alliances, la ruse lutte contre la ruse. La vie internationale est sans ordre ni contrôle. Elle est, par essence, anarchique. Les Etats, comme autant de bâtiments sur la mer, tantôt vont ensemble, tantôt s'écartent, tantôt sont à la traverse les uns des autres. Ceci n'est pas une vision désespérée, ni l'expression d'un sentiment tragique de l'existence. Ni les êtres humains ni les Cités ne dominent la nature. Il leur appartient donc de s'en accommoder telle qu'elle est.

Conclusion

Fini dans sa nature, mais constitué dans sa finitude par la présence en lui de l'infini, engagé dans un monde fugitif, mais ayant l'intuition de l'éternité dans la méditation de sa nature changeante, différent de Dieu, et pourtant uni à cet Etre en soi et par soi, tout être humain se conduit naturellement selon sa tendance à persévérer dans son être et en obéissant au principe nécessaire d'Utilité. Lorsqu'il découvre que son utilité propre ne saurait se désaccorder de l'utilité de ses semblables, il s'achemine progressivement vers l'unification du Bien et de la Liberté. En cela, il obéit dans le domaine pratique aux conseils de la Raison, mais aussi, dans l'ordre transcendant, à l'intuition de sa réalité en Dieu. Ainsi, sans cesser de se conformer à la règle de l'Utilité, il s'élève à la plénitude de son être dans l'être de la substance divine. Il atteint cet état suprême que Spinoza nomme Béatitude.

Cette jouissance de la Béatitude repose à la fois sur la relation d'une partie infime, l'être concret singulier, à un tout unique universel, Dieu, et sur les relations réciproques de chaque partie (ou mode de la substance) à toute autre. A l'étage suprême de la métaphysique, le Sage entretient une relation d'extrême intimité avec Dieu. «L'essence de l'esprit humain est de posséder la connaissance adéquate de l'essence éternelle et infinie de Dieu» (*Eth.*, IV, Prp. XXXVI, Scolie). Toute la cinquième Partie de l'*Ethique* est consacrée à marquer ce lien entre l'intuition de Dieu comme présence nécessaire de son être «éternel et infini en notre être» (Prp. XL, Scolie) et la joie que cette intuition procure, «la plus grande satisfaction de l'esprit qui soit possible» (Pr. XXXVII). Or, cette joie, cette satisfaction de l'âme, cet Amour intellectuel de Dieu (Prp. XXXII), cette Béatitude ou Gloire (au sens biblique), tous ces termes équivalents ont encore un autre synonyme : Liberté. Liberté, ce n'est donc pas dire que Béatitude signifie passivité, fusion mystique, où le Sage s'anéantirait ou se dissoudrait en quelque sorte dans la contemplation de Dieu. En réalité, pour être au plus près de ce « panthéisme », on doit dire très différemment qu'il s'agit d'une identité dynamique par laquelle celui qui découvre en lui la présence de la divinité découvre en même temps le principe de son action libre, de son autonomie. Divinisé par cette irruption existentielle de Dieu en son propre être, il se perçoit comme absolument libre dans tous ses actes et d'abord dans la nécessité même de l'action utile par adéquation de son être concret singulier à la Volonté suprême.

A l'étage de la Politique, c'est-à-dire de la Cité dans le temps et dans l'histoire, cette relation devient multiforme. Elle s'étend concrètement à tous les êtres humains qui sont eux-mêmes engagés dans l'infinité de la Substance. L'autonomie du Sage gagne ainsi, sous les espèces de la diversité, une richesse existentielle que sa relation première à Dieu laissait seulement pressentir. Il faut donc reconnaître que la Politique de Spinoza, loin d'être indépendante de la Métaphysique, lui apporte, au contraire, une plus vaste extension (ce n'est pas sans raison que le chapitre II du *Traité Politique* commence par une référence explicite à l'*Ethique* et à « la puissance éternelle de Dieu » à propos de la notion de Droit naturel). Le Sage tel qu'il se conçoit dans sa liberté rationnelle ne saurait se désolidariser des autres hommes. Nous avons déjà cité Spinoza déclarant que le Sage est plus libre dans la Cité où il partage la vie de ses semblables que dans la solitude où il n'obéit qu'à lui seul (*cf. Eth.*, IV, Prp. LXXIII). En effet, c'est là, parmi les siens, comme Ulysse entre ses compagnons, qu'il peut mettre sa liberté en œuvre et en acte. C'est là qu'il peut contribuer, par un engagement personnel, à la formation d'un Sage en chaque citoyen — enseigner à tous comment ils doivent s'accorder selon le bien et l'utilité, et cesser de « croire qu'ils sont libres dans la mesure où il leur est permis d'obéir à leurs penchants » (*Eth.*, V, Prp. XLI, Scolie), car c'est seulement lorsque l'homme se conduit selon sa Raison qu'il peut être dit libre. De cette action engagée — qui ne se contente plus de la liberté intérieure du jugement, encore que celle-ci soit nécessaire — devrait résulter une unification des volontés, une volonté collective grâce à laquelle la Cité serait moins un système de règles vécues sous la contrainte qu'un ensemble autonome exprimant les aspirations des citoyens. On a vu que la démocratie, en son principe, est destinée à la réalisation de cet idéal. Elle s'inspire en effet des obligations de moralité et d'honnêteté qui rendent possibles la paix et la concorde entre les hommes ou, tout simplement, leur amitié.

« Le désir de bien faire qui vient de ce que nous vivons sous la conduite de la Raison, je l'appelle Moralité. Ensuite, le désir qui fait qu'un homme qui vit sous la conduite de la Raison est tenu de s'attacher aux autres par amitié, je l'appelle Honnêteté. Et j'appelle Honnête ce que louent les hommes qui vivent sous la conduite de la Raison et, au contraire, honteux, ce qui conduit à refuser l'amitié. Outre tout cela, j'ai également fait voir quels sont les fondements de l'Etat » (*Eth.*, IV, Prp. XXXVII, Scolie 1). Les fondements de l'Etat, c'est-à-dire, entre autres, le dépassement de l'état de nature, la volonté d'un mutuel secours, la promesse que personne ne cherchera à faire du mal à autrui, l'acceptation des lois, etc. En tout cela, rien n'est facile, la voie indiquée est même très ardue. Car, dans l'expansion naturelle de ses appétits et de ses désirs, chaque homme, se croyant libre, se voit en réalité, limité, contraint et déçu. Ce n'est pas qu'il y ait en lui une tare originelle, un germe de corruption, une puissance mortifère et diabolique qui le pousse sans cesse du désir au remords. C'est seulement que son ignorance, son agitation et la force de ses passions le jettent d'abord dans l'état de désordre et de servitude. Agir contre sa propre nature, méconnaître ses qualités intrinsèques et les relations réelles qui l'unissent aux autres êtres, se méprendre sur sa situation dans le monde et sur la place qu'il devrait y tenir pour être libre, voilà ce qui attend chaque homme avant qu'il n'aperçoive la voie de sa possible perfection.

Mais il en va de la conduite raisonnable et libre de chacun et du gouvernement rationnel de tous, comme de tous les chefs-d'œuvre du génie humain : « Tout ce qui est très précieux est aussi difficile que rare ». Telle est la dernière phrase de l'*Ethique* (V, Prp. XLII, Scolie).

Bibliographie

1. Œuvres de Spinoza

Spinoza (Baruch), *Œuvres*, traduites et annotées par Ch. Appunh, Paris, Garnier-Flammarion, 4 volumes, 1965.

Spinoza, *Œuvres complètes*, texte traduit, présenté et annoté par Roland Caillois, Madeleine Frances, Robert Misrahi, Paris, NRF, Pléïade, 1954.

Spinoza, *Traité Politique*, texte, traduction, avec introduction et notes par Sylvain Zac, Paris, Vrin, 1968.

N.B. : L'édition princeps des œuvres de Spinoza — mis à part les *Principes de la philosophie de Descartes*, les *Pensées métaphysiques* et le *Traité Théologico-Politique*, est de 1677. Cet ouvrage, *Opera Posthuma*, comporte l'*Ethique*, le *Traité Politique*, le *Traité de la Réforme de l'entendement*, des lettres et un *Précis de grammaire hébraïque*.

Au XIXe siècle, en France, Spinoza a été traduit par E. Saisset, *Œuvres*, en 2 vol., 1842, Paris, Charpentier. Et, auparavant, au XVIIIe siècle, par H. de Boulainvilliers, *Ethique*. Mais cette traduction n'a été publiée à Paris qu'en 1907.

A noter que le travail de traduction et de publication de Charles Appuhn a été commencé en 1904.

2. Ouvrages sur Spinoza

En 1973, Jean Preposiet a publié une *Bibliographie spinoziste* très complète — 460 pages — aux éditions Les Belles Lettres. Outre cet ouvrage de référence, on trouvera des récapitulations plus anciennes chez Huan, le *Dieu de Spinoza* (1914) et chez deux historiens français de la Philosophie : E. Brehier, *Histoire de la Philosophie*, tome II, et A. Rivaud, *Histoire de la Philosophie*, tome III. L'ouvrage de Paul Verniere, *Spinoza et la pensée française avant la Révolution*, comporte une bibliographie importante sur les auteurs du XVIIIe siècle commentateurs et critiques de la pensée de Spinoza.

Alquie, *Le rationalisme de Spinoza*, PUF, Paris, 1981.
Aron, *Etudes Politiques*, Paris, 1972.
Balibar E., *Spinoza et la politique*, PUF, Paris, 1980.
Brunschvicg L., *Spinoza et ses contemporains*, Paris, 1923.
Carre R., *Spinoza*, Paris, 1936.
Chartier R., *Spinoza*, Paris, 1949.
Chartier-Alain E., *Spinoza* (Les philosophes), Paris, 1935.
Chevalier J.J., *Histoire de la pensée politique*, Payot, Paris, 1979.
Couchoud P.L., *Benoît de Spinoza*, Paris, 1924.
Darbon A., *Etudes Spinozistes*, PUF, Paris, 1946.
Delbos V., *Le Spinozisme* (Cours de Sorbonne), Vrin, Paris, 1913.
Deleuze, *Spinoza et le problème de l'expression*, Paris, 1968.
—, *Spinoza*, Paris, 1970.
Frances, *Spinoza dans les pays néerlandais de la seconde moitié du XVIIe siècle*, Paris, 1937.
Friedmann, *Leibniz et Spinoza*, Paris, 1946.
Gueroult M., *Spinoza - I et II*, Paris, 1968.
Huan, *Le Dieu de Spinoza*, Paris, 1914.
Lachièze-Rey P., *Les origines cartésiennes du Dieu de Spinoza*, Paris, 1932.
Lagneau, «Quelques notes sur Spinoza», *Revue de Métaphysique et de Morale*, 1893.
Lecler J., *Histoire de la tolérance au siècle de la Réforme*, Paris, 1955.
Leonard E.G., *Histoire générale du protestantisme*, I et II, Paris, 1961.
Matheron A., *Individu et communauté chez Spinoza*, Paris, 1969.
Meinsma, *Spinoza et son cercle*, Paris, 1983.
Mesnard, *L'essor de la philosophie politique au XVIe siècle*, Paris, 1952.
Millet, *La pensée de Spinoza*, Paris, 1970.
Misrahi R., *Spinoza*, Paris, 1992.
Moreau, *Spinoza et le spinozisme*, Paris, 1971.
Mugnier-Pollet L., *La philosophie politique de Spinoza*, Vrin, Paris, 1976.
Negri, *L'anomalie sauvage, puissance et pouvoir chez Spinoza*, Paris, 1982.
Poliakov L., *Histoire de l'antisémitisme* (3 tomes), *De Mahomet aux Marranes*, T.P. Paris, 1951.
Polin, *Politique et philosophie chez Thomas Hobbes*, Paris, 1953.
Preposiet J., *Spinoza et la liberté des hommes*, Paris, 1967.
Renaudet, *Les Pays-Bas espagnols et les Provinces-Unies de 1598 à 1714* (Cours de Sorbonne), Paris.
Rivaud A., *Histoire de la Philosophie*, Tome III, Paris.
Roth, *Histoire des Marranes* (traduit de l'anglais), Paris, 1970.
See H., *Les idées politiques en France au XVIIe siècle*, Paris, 1923.
Segond, *La vie de Benoît de Spinoza*, Paris, 1933.
Serouya H., *Spinoza*, Paris, 1949.
Touchard, *Histoire des idées politiques*, Paris, 1959.
Tosel A., *Spinoza ou le crépuscule de la servitude*, Paris, 1984.
Verniere, *Spinoza et la pensée française avant la révolution*, Paris, 1954.
Vuillaud P., *Spinoza d'après les livres de sa bibliothèque*, Paris, 1934.
Zac, *La morale de Spinoza*, Paris, 1959.
—, *Spinoza et l'interprétation de l'écriture*, Paris, 1965.

Table des matières

Avertissement 5

Première partie
INTRODUCTION À LA PENSÉE POLITIQUE DE BENOÎT DE SPINOZA

Chapitre 1
Histoire des Juifs d'Espagne et du Portugal 11

1. 2. 3. 4. Des origines à l'Inquisition.. 11

5. L'émigration aux Pays-Bas : la communauté marrane d'Amsterdam... 25

Chapitre 2
Biographie de Benoît de Spinoza 31

Note 1. Sur l'histoire ancienne du peuple juif............................. 44

Note 2. Sur les Livres Saints du judaïsme 45

Chapitre 3
Les Provinces-Unies au temps de Spinoza 49

1. Aspects sociaux, économiques, religieux 49

2. Institutions politiques 53

3. Données historiques : «le Siècle d'Or»................................... 56

Chapitre 4
Les doctrines politiques avant Spinoza 61

1. Introduction 61
2. Le théocratisme démocratique de Thomas d'Aquin 66
3. La Réforme : de la soumission à la résistance 69
4. De la nécessité d'une puissance souveraine 86

Deuxième partie
LA POLITIQUE SELON SPINOZA

Chapitre 5
L'état de nature et le droit naturel 105

1. Comment étudier l'homme 105
2. La persévération dans l'être 106
3. L'usage du Droit naturel 110
4. La limitation du Droit naturel 113

Chapitre 6
La Politique rationnelle. La Cité 125

1. Ce qui fonde le Contrat 126
2. Du côté du Souverain : l'obéissance 130
3. Du côté du sujet : la liberté 136
4. Du Contrat à l'Union : l'exigence démocratique 141

Chapitre 7
Les régimes politiques 147

1. La notion de modèle : structure et cohérence 147
2. La monarchie 149
3. Les aristocraties 156
4. La démocratie 161
5. L'indissoluble couple : liberté-sécurité 168

Chapitre 8
La religion et la Cité 173

A. Le problème politique 173
   1. *Introduction* 173
   2. *Les sectes* 175
   3. *Débats théologiques et conflits politiques* 179

B. La croyance 190
   1. *Critique de la prophétie et du miracle* 190
   2. *L'Eglise et l'Etat* 201

Chapitre 9
La protection de la Cité 209

1. Principes et thèmes relatifs à la protection de la Cité 209

2. Le commandement militaire 212

3. Les forces armées : citoyens et mercenaires 214

4. Les relations internationales 221

Conclusion 231

Bibliographie 235